Le Sursaut français

DU MÊME AUTEUR

Finances locales, *avec François Werner, Economica, 1993*
Ce que je n'ai pas appris à l'ENA, *Hachette Littératures, 1999*
Devoir d'inventaire, le dépôt de bilan de Lionel Jospin, *Albin Michel, 2002*
Promis, j'arrête la langue de bois, *Hachette Littératures, 2006*
Un député ça compte énormément, *Albin Michel, 2009*
Manifeste pour une droite décomplexée, *Fayard, 2012*
La Bataille de la Marne, *avec Frédéric Guelton, Tallandier, 2013*

Jean-François Copé

Le Sursaut français

Stock

Couverture Coco bel œil
Photo auteur : © Julien Falsimagne

ISBN 978-2-234-08114-7

© Éditions Stock, 2016

À Nadia, si présente, courageuse et digne durant ce temps d'épreuve,

À nos six enfants que nous aimons tant et dont la solidité, l'amour et l'humour nous ont bluffés,

À ma famille et mes amis les plus proches dont l'affection et les mots d'encouragement constants m'ont tant aidé,

Tous m'ont conforté dans l'idée qu'un jour, il me faudra reprendre la cordée…

Avant-propos

Avant que vous ne commenciez la lecture de ce livre, je veux vous dire le doute qui fut le mien à l'heure de donner ce que les éditeurs appellent le « bon à tirer ».

Ces pages ont été écrites tout au long des dix-huit derniers mois, avec pour point de départ, une épreuve personnelle. Celle de ma démission de la présidence de l'UMP. Elles sont le fruit d'une réflexion guidée tout à la fois par le cœur et par la raison. Un travail de déconstruction/reconstruction nourri d'abord de la violence à laquelle j'ai dû faire face, puis ensuite et surtout des innombrables rencontres partagées depuis avec les Français.

Pourtant, au lendemain des tragiques attentats du 13 novembre qui ont endeuillé la France tout entière, je me suis interrogé. Chacun de nous l'a ressenti : ce que, individuellement, nous considérons, à un moment de notre vie, comme une épreuve n'est rien en comparaison du drame vécu par les victimes et leurs familles. Rien, à l'aune du deuil et des traumatismes que tant de nos compatriotes ont vécus dans leur chair. Rien, comparé à la douleur que, blessés ou indemnes, ils porteront en eux toute leur vie.

Alors oui, au regard de tout cela, l'« épreuve » personnelle qui a été la mienne semble tout à coup dérisoire. Une de celles que chacun a pu traverser un jour dans sa vie, avec le sentiment étrange que « son » monde basculait. Mais parce qu'elle m'a conduit, au fil des mois, à réfléchir aux racines du « malaise français », je crois finalement plus nécessaire encore de la partager avec vous. Et surtout, d'ouvrir avec vous une nouvelle voie.

L'épreuve collective que nous traversons aujourd'hui est unique. Pour chacun d'entre nous, il y aura un « avant » et un « après » 13 novembre.

Mais attention ! La tragédie du 13 novembre ne nous impose pas de penser différemment l'avenir. Elle exige en revanche que nous regardions enfin la réalité du nouveau monde dans lequel nous sommes entrés. Avec confiance mais aussi avec lucidité. Ce livre propose un Sursaut français. Parce que nous devons faire face. Et que nous ne pourrons le faire qu'ensemble.

Prologue

Je ne souhaite à personne de vivre ce que j'ai vécu lors de ce Bureau politique de l'UMP le 27 mai 2014. Je ne le souhaite pas à mes amis, à ceux que j'aime et qui ont été tout au long de cette épreuve d'une fidélité et d'une solidité remarquables. Je ne le souhaite pas, non plus, à ceux qui, ce jour-là, m'ont poignardé. Oui, ce jour-là, j'ai touché la haine du doigt. J'ai vu, dans le regard de quelques-uns des plus éminents membres de ma famille politique, de la haine.

Évidemment, je le dis d'emblée, cette épreuve n'a rien à voir avec ce qui constitue les pires drames de la vie, une maladie grave ou la perte d'un être que l'on aime par-dessus tout. Ce dont je vous parle est d'une nature très différente mais je voudrais en partager avec vous l'analyse. Parce que, tout bien réfléchi, je pense que cela peut arriver à n'importe qui…

Je n'oublierai jamais cette réunion du Bureau politique. Nous sommes un mardi. Il est 8 h 30. Je suis seul à la tribune. Tout ce que la droite française connaît de ténors est là. Anciens Premiers ministres, anciens et futurs ministres, grands élus, jeunes espoirs et vieux souvenirs : ils sont tous là !

À l'origine de la « tragi-comédie » qui va se dérouler sous les yeux du grand public grâce à Twitter, une affaire, comme la Vᵉ République en a malheureusement régulièrement connu : l'affaire « Bygmalion ». C'est le nom d'une entreprise de communication et d'événementiel qui a organisé avec ses prestataires (monteurs, éclairagistes, fournisseurs de matériels des plus simples aux plus sophistiqués) les meetings géants de la campagne présidentielle de Nicolas Sarkozy en 2012.

Le journal *Libération* vient de révéler douze jours auparavant que le coût final aurait été tellement supérieur au plafond autorisé que la décision avait été prise de faire prendre en charge le dépassement non par le compte de campagne du candidat… mais par l'UMP !

Or cette décision, folle, absurde, irresponsable, m'avait été totalement dissimulée.

Le choix avait été fait, délibérément, par ceux qui en étaient informés de ne rien m'en dire. Ils s'en sont, pour certains, expliqué : ils savaient que s'ils m'en avaient parlé avant, je m'y serais totalement opposé et que si j'en avais été informé alors que la décision avait été prise, j'y aurais évidemment fait obstacle.

Bien sûr, que je n'ai rien su peut étonner. Mais il faut que chacun comprenne ce qu'est la fonction de président d'un parti politique ; fonction qui, soit dit en passant et parce qu'on ne le sait pas toujours, n'est pas salariée et ne donne donc droit à aucune rémunération.

Comme tous mes prédécesseurs, je ne voyais ni les factures, ni les chèques. J'étais mobilisé tous les jours par des meetings en province, des émissions, des interviews, des réunions. Je n'avais, par ailleurs, aucune raison de mettre en doute la parole de mes équipes et aucune raison d'imaginer qu'elles me donnaient une autre explication que la vérité. Aucun de ceux qui étaient en charge de ces questions ne m'a jamais rien dit. Et comme je n'ai jamais eu aucun élément d'alerte, je n'avais aucune raison de me méfier, en particulier de ceux que, pour une part, j'avais nommés pour me seconder. D'ailleurs, les comptes de l'UMP avaient été, comme l'exige la loi sur le financement des partis politiques, validés par les experts-comptables et certifiés sans aucune réserve par deux commissaires aux comptes.

Alors oui, en conscience et après y avoir, vous vous en doutez, cent fois repensé, je ne pouvais savoir, ni même surtout imaginer, ce qui m'avait été sciemment dissimulé.

Et avec tous ceux qui, depuis la révélation de cette lamentable affaire, sont allés expliquer : « Mais enfin, comment se pouvait-il que Copé ne sache pas ? C'est impossible ! Soit il est nul, soit il est complice ! », je voudrais juste partager cette expérience : en vérité, aucun patron, d'aucune organisation, ne peut avec certitude garantir qu'il est en toute hypothèse informé de tout. Et je recommande à toute personne de bonne foi qui a eu à exercer des fonctions de direction, de se demander si elle est certaine de ne pas avoir eu, au moins une fois dans sa vie, à affronter ce type de situation.

J'en ai tiré une leçon : un cercle de confiance, pour un chef, quel qu'il soit, est aussi un cercle de vulnérabilité. Aussi rassurant que cela puisse être, une équipe de collaborateurs ne doit pas être monolithique. Et, aussi précieux soient-ils, les critères du dévouement et de la compétence ne peuvent suffire. Le choix de ses collaborateurs doit être guidé par la diversité : diversité d'âges, d'expériences, de profils. Parce que c'est cette diversité qui garantit que, en toutes circonstances, l'un d'eux peut décider de tirer le signal d'alarme.

Alors, oui, je me suis senti trahi. Mais il m'a paru naturel, si douloureux que cela ait pu être et soit encore, d'en assumer la responsabilité politique. Et c'est le 27 mai 2014 en un peu moins de deux heures que tout s'est joué… et que j'ai tout perdu.

Ce matin-là, le contexte est idéal pour ceux qui ont envie de voir à quoi ressemble une mise à mort en politique. L'enquête judiciaire ayant à peine commencé, chacun pouvait s'offrir son lot de supputations à charge me concernant ! Un pur régal pour ceux qui avaient quelques comptes à régler. D'autant que la désormais fameuse « Bygmalion » était pour partie dirigée par d'anciens de mes collaborateurs et qu'un hebdomadaire, peu étouffé par les scrupules, avait évoqué, sans aucune preuve, que j'aurais ainsi constitué un « trésor de guerre », ce que fort heureusement les enquêteurs ont immédiatement vérifié et infirmé quelque temps après, me rendant déjà ainsi, sans préjuger de la fin de l'enquête, une partie de mon honneur.

Lorsque j'ouvre cette réunion du Bureau politique je crois naïvement pouvoir encore les convaincre. On est toujours naïf quand on est innocent. Je m'étais trompé de combat. J'étais venu avec mes arguments précis, détaillés, apportant la preuve que j'étais totalement étranger au scandale qui courait les rédactions et qui conduisait bien trop vite à me désigner comme le responsable d'une affaire qui, en réalité, m'avait été totalement dissimulée. Je pensais ces arguments rationnels, je les savais sincères, je les ai exposés. Mais je comprends très vite en croisant les regards qu'il ne s'agira ni d'une discussion, ni d'un jugement, mais d'une exécution.

À l'image de la diatribe terrible de cette femme politique ouvrant le feu, la première : « L'affaire Bygmalion », hurlait-elle sans rien en savoir, « n'est pas liée à la campagne présidentielle de Sarkozy ! Ce sont tes amis et eux seuls ! Et toi, tu n'es pas simplement complice, tu es le coupable ! »

Certes, quelques-uns de mes amis tentent courageusement de répliquer. En écoutant l'un d'eux, plutôt inattendu, l'émotion me gagne. Mais leur voix est instantanément couverte par le brouhaha, tandis que chaque parole portée à charge est écoutée dans un silence religieux…

Pour supporter ce moment j'ai vécu un phénomène que les psychologues connaissent bien : je me suis dédoublé. Ainsi, mentalement, je me regardais faire face à l'ensemble de ceux qui, l'un après l'autre, prenaient la parole avec des arguments lapidaires pour demander ma démission de la présidence de l'UMP. Et, petit à petit, j'ai compris ce que seuls ceux qui ont eu à vivre ce type de scène, véritable phénomène de meute, peuvent mesurer. J'ai perçu l'effet d'emballement. Vous savez, ce moment très court (deux, trois, quatre semaines, pas plus) durant lequel un groupe peut perdre la raison, peut entrer dans une véritable folie collective.

René Girard, grande figure intellectuelle française décédé le 4 novembre dernier, l'explique très bien dans la passionnante théorie du bouc émissaire qu'il a développée[1].

Je me suis essayé à appliquer cette théorie à la droite française au lendemain de la défaite de Nicolas Sarkozy en mai 2012. Voilà en effet que, au lendemain de cette défaite, tous les leaders de la droite se mettent à désirer la même chose : la place de candidat à la présidentielle de 2017.

---

1. R. Girard, *Le Bouc émissaire*, Grasset, 1982.

C'est l'application du « désir mimétique » dont parle René Girard[1]. Tous se mettent d'autant plus à désirer cette place que, après avoir côtoyé Nicolas Sarkozy de très près pendant de nombreuses années ils se sont, pour beaucoup d'entre eux, imaginé qu'ils pouvaient faire comme lui et devenir à leur tour le chef de notre pays...

Comme il n'y a qu'un seul lit pour de nombreux rêves, cela crée un climat de tension de plus en plus fort qui dégénère au point d'empoisonner la vie commune de ce microcosme qu'est la direction d'un parti politique. C'est la violence qui règne à tous les étages, et bien au-delà, d'ailleurs, de ce qui pouvait opposer mes amis à ceux de François Fillon. À tel point que, pour ramener la paix, il faut désigner un bouc émissaire.

Et le bouc émissaire, pas de chance, c'était moi.

Au bout de deux heures, la quasi-totalité du venin disponible a été produite. Même si quelques seconds couteaux demandent à leur tour ma démission pour montrer à leurs mentors respectifs qu'ils leur sont tout dévoués, la messe est dite.

J'annonce mon départ sous les hourrah de quelques-uns. Les visages des procureurs se détendent. J'aperçois au fond de la salle deux amants cachés qui s'embrassent de joie. Mais mes vieux copains sont en larmes. Ils n'avaient jamais vu ça. Moi non plus.

Je sors de la salle en affrontant les regards... Drôle d'impression. Dégoût ? Pitié ? Résignation ? Surtout tenir le coup. Rester digne. La réunion suivante a lieu avec les députés copéistes. Ils viennent en très grand nombre. Je les adjure de croire en mon intégrité. Ils m'applaudissent et

---

1. R. Girard, *Mensonge romantique et vérité romanesque*, Grasset, 1961.

me jurent fidélité, seul rayon de soleil de la journée. Dix-huit mois plus tard, ils ont tenu parole et sont toujours là.

Au-dehors, la clameur de la ville n'est pas belle à entendre. Sur une chaîne d'information continue, un éditorialiste parisien connu jubile à l'antenne : « Copé va disparaître dans les égouts, c'est sa place ! »

Mais il faut aller au bout de la journée. À 20 heures, sur le plateau de TF1, je redis mon innocence et j'annonce aux Français que je vais entrer dans une longue phase de silence, et qu'après ce temps, je ferai de la politique autrement.

En sortant du studio de TF1 avec mon épouse Nadia, mon téléphone sonne. C'est… Manuel Valls. Je n'en crois pas mes oreilles. Il m'adresse des phrases de réconfort qui, vous l'imaginez, dépassent tous les clivages. Nous qui ne cessons l'un et l'autre depuis des années de bousculer les tabous dans nos partis respectifs tout en nous affrontant dans les débats, avons eu ce soir-là un échange court, vrai, profond.

Puis vient le retour à la maison. Fatigue. Grande fatigue. Les images se bousculent dans ma tête, comme le bruit des voix entendues le matin.

Les paroles d'une chanson d'Yves Montand soudain me reviennent : « ils m'ont frappé sur la tête, je ne me souviens plus très bien ; parce que j'en suis mort ». Je positive en me disant que j'aurai enfin des vacances, que je retrouverai mon piano. Et surtout nos six enfants. Nos enfants chéris. Éprouvés bien sûr de voir leur père et beau-père sali, insulté, brocardé sur toutes les télés, les radios et les réseaux sociaux. Mais tellement dignes. J'en prends la mesure lorsque arrive le lendemain matin. Parce que, si incroyable que cela puisse paraître, même dans ces moments-là où la nuit semble inter-minable à force de garder les yeux ouverts, le jour finit par se lever. Un SMS apparaît : « Papa tu es le meilleur, je t'aime. » C'est François-Xavier. Mon fils aîné. 19 ans. C'est la première fois depuis que la technologie des SMS a été inventée qu'un de mes enfants m'écrit une chose pareille. Je me précipite pour l'appeler. Il étudie à Londres. Lui, dont la voix est toujours forte et assurée, me lance timidement un « Ça va ? » qui, dans mon esprit, résonne comme l'appel de toute sa fratrie, comme une sourde inquiétude du genre « Ils vont nous le tuer ! »

Ma réponse claque comme un réflexe immédiat : « Évidemment que je vais bien, même si c'est violent ! Mais tout est relatif. Pense à ton grand-père qui à 13 ans a échappé à la rafle des nazis à Aubusson ! C'est ça les vraies épreuves ! »

« Ah ! oui, bien sûr ! » réagit tout de suite François-Xavier retrouvant toute sa voix, après avoir mesuré que je ne me jetterais pas dans la Seine…

Dans ma famille, la référence à la rafle de novembre 1943 qui eut lieu à Aubusson, c'est comme un code. Le signe qu'une petite lumière nous protège quand tout semble perdu. Cette lumière, il y a soixante-dix ans, avait pris le visage d'une femme, Mme Léonlefranc. Une Juste. Épouse d'un tapissier, elle a, ce jour-là, au péril de sa vie, ouvert la porte à une famille qu'elle n'avait jamais vue, la famille Copé. Elle les a cachés dans la chambre de son petit appartement. À l'officier SS qui a sonné à sa porte quelques minutes plus tard, elle a répondu avec un tel calme, que le miracle s'est produit : il a jeté un œil dans l'entrée, un regard vers la cuisine attenante puis il est reparti.

Cette histoire nous a tous construits. Parce que, dès notre plus jeune âge, mon père l'a racontée mille fois à chacun de ses trois enfants. Et il nous a répété mille fois ce même message : « Ne laissez jamais dire par personne que la France est raciste ou antisémite. Parce qu'il y a eu des salauds, mais il y a eu aussi des Justes ! Des Justes ! »

« Et réfléchissez sans cesse à la manière de rendre à la France ce qu'elle nous a donné ! »

Alors, dans notre famille, on aime passionnément la France.

Et pour moi, dès le plus jeune âge, il est apparu comme une évidence que servir la France me commandait l'engagement politique.

Autant vous dire que cette histoire et la conscience de cette petite lumière ont pesé lourd, très lourd, au lendemain de la curée haineuse du 27 mai 2014.

Car, pourquoi le nier, je me suis sérieusement, sincèrement, profondément demandé si je devais continuer l'action politique ou tout arrêter. Renoncer, simplement. Renoncer face à la violence des attaques, à l'ampleur des calomnies.

Il y avait de quoi en vouloir à la terre entière !

À ces proches qui avaient trahi ma confiance. À ces alliés qui m'avaient oublié. À ces concurrents qui m'avaient frappé debout, assis, couché... puis laissé pour mort. À cette arène politicienne où le bouc émissaire avait servi durant un court moment de cible pour une réconciliation factice et provisoire entre des hommes et des femmes rongés par la détestation mutuelle.

Laisser tomber. Abandonner. Renoncer. Lâcher prise. Changer de route. Destin brisé.

Et, tout à coup, un déclic. Une petite voix qui dit non.

Non parce que renoncer c'est choisir la facilité. Or toute ma vie j'ai refusé la facilité : en étant élu à Meaux plutôt qu'à Neuilly ; en construisant une identité parlementaire alors que Nicolas Sarkozy m'avait interdit l'accès au gouvernement ; en menant des combats, tel celui pour l'interdiction de la burqa ou, dans un autre registre, en faveur de la parité dans les conseils d'administration.

Non parce que renoncer c'est donner tort à ces quelques voix venues me dire : « Tenez bon ! Prenez le temps qu'il faut pour que la Justice confirme votre innocence aux Français, et revenez ! »

Non enfin parce que renoncer, c'est oublier le serment fait à mon père, en mémoire de Mme Léonlefranc.

Mais alors, ne pas renoncer, c'était m'imposer deux exigences absolues : pardonner d'abord ; mais aussi accepter de me remettre profondément en cause.

Pardonner, c'était répondre à une question : est-ce que je leur en veux ?

Est-ce que je leur en veux ? Non, car la pression autour de l'événement aurait fait perdre la raison au plus froid des esprits.

Non. Ils ne pouvaient pas savoir qu'au moment même où je me débattais, ma mère se débattait aussi mais contre la mort à l'hôpital.

Non. La folie de l'instant a fait que même les plus courageux n'ont pas réussi à aller contre l'inexorable besoin de me condamner.

Non. De moi-même, j'ai compris qu'il fallait un bouc émissaire pour ramener la paix dans ma famille politique. Volontairement, j'ai pris mes responsabilités. Je me savais innocent. J'étais sacrifié.

Ils m'ont rendu service : cette démission je l'ai très vite considérée comme un mal pour un bien, une souffrance indispensable. Peut-être même une chance. De cette épreuve, j'ai décidé de puiser une force.

Parce que là s'imposait la seconde exigence : accepter de me remettre en cause.

Jusqu'à présent, ma conception de la politique avait été celle d'un parcours initiatique au service de mon pays avec une progression étape par étape pour apprendre, pour comprendre et pour agir : maire, député, ministre, président de parti... Une sorte de parcours d'un jeune homme bien sous tous rapports, à qui globalement tout réussissait.

Mais justement, c'est aussi là que le bât avait blessé. Vous connaissez cela très bien. C'est un piège classique. À force de vouloir faire la course en tête, on se laisse déborder par ses défauts au point de devenir la caricature de soi-même. Et ça, ce n'était pas la faute des autres ! D'ailleurs, démissionner de la présidence de l'UMP était aussi pour moi une manière d'assumer les choses aussi dignement que possible. « Tu es arrogant, cassant », « arrête d'avoir réponse à tout », « pourquoi as-tu ce sourire narquois de l'énarque qui toise tout le monde à la télé », « montre-toi plus humain, redeviens ce que tu étais avant ! ».

Il faut vous le dire : j'étais tellement assommé, que les reproches tournaient autour de ma tête comme ces étoiles qui tournoient au-dessus de la tête des Romains une fois qu'Obélix a fini le travail... Je n'avais pas d'autre choix que de les entendre, incapable d'y répondre.

Donc si, malgré les injures et les mensonges publics, je décidais de poursuivre le combat au service de cette France qui m'a tant donné, alors je ne pouvais plus faire l'économie d'une profonde remise en cause. Une remise en cause que je sentais nécessaire depuis longtemps et que j'avais toujours reportée, par manque de temps – ma vie à l'époque était une succession frénétique de réunions, meetings, déplacements, médias, sans pause ni réflexion possible – mais surtout, avouons-le, par manque de volonté. En clair, même si je mesurais la violence des autres, il n'était plus question pour moi désormais de nier que mes propres défauts y avaient contribué…

Et puis, il y a les faiblesses du système politique tel qu'il est. Bien sûr, j'ai passionnément aimé présider ma famille politique. J'ai aimé le choc des idées, la chaleur des militants, leur engagement total, désintéressé et courageux. La politique, c'est la réflexion puis l'action, mais ce sont aussi des rencontres, une grande aventure humaine.

Cependant, déjà dans l'exercice de mes fonctions de chef de parti, les limites de la politique à l'ancienne m'apparaissaient clairement. Des limites qui n'épargnent personne et qui concernent tous les partis, des plus centristes aux plus extrêmes : le peu d'emprise des appareils partisans hors du petit monde politique, les combinaisons et la lutte des ego plus fortes que la formulation de solutions pour les Français, la recherche de compromis au prix d'incompréhensibles contorsions idéologiques, le goût irrésistible de la petite phrase qui tue, la course aux matinales et aux chaînes info, le décalage grandissant entre les beaux discours parisiens et la réalité du quotidien en France… Mais comment changer tout cela quand on est accaparé par les exigences d'un parti politique ?

Alors ce recul par rapport au monde politique a été, c'est vrai, une épreuve mais, paradoxalement, il a aussi été une vraie chance. Une chance pour souffler. Pour entamer un profond travail de résilience et redevenir moi-même. Pour trouver des réponses personnelles à la question troublante que me posaient un peu tristement tant de mes administrés à Meaux : « Pourquoi l'homme que l'on connaît et que l'on aime ici apparaît-il si différent, si arrogant à la télé ? »

Mais aussi et surtout, une chance pour comprendre quelles peuvent être les racines de ce malaise qui « sinistre » la politique et désenchante notre pays.

Dès l'été 2014, j'ai pris ma voiture avec ma famille et nous sommes partis retrouver un peu de ce contact simple, direct et franc, avec les Français. Ce contact qui me manquait tant dans le tourbillon médiatique parisien.

J'ai choisi d'abord le Massif central, cette terre qui a donné Georges Pompidou, Valéry Giscard d'Estaing et Jacques Chirac à la France. J'y ai vu des gens heureux dans leur vie personnelle mais souvent déçus, désabusés, voire dégoûtés par la politique. J'ai vu des Français résignés ou désespérés qui ne voyaient plus d'issue pour notre pays, qui s'inquiétaient pour leurs enfants. J'ai entendu des compatriotes qui me disaient, ce sont leurs mots, sans haine mais froidement : « on ne vous croit plus », « la droite et la gauche, c'est pareil, ça fait trente ans qu'elles échouent », « il ne nous reste plus qu'à renverser la table », « si on ne réagit pas maintenant, après nous serons foutus… ».

Je les ai longuement écoutés. J'ai réalisé que mon devoir était de comprendre et d'analyser ce désespoir. De ne pas le rejeter. D'assumer un regard critique sur nos échecs. De me mettre à l'écoute, de chercher et de trouver, avec eux, des solutions pour sortir de l'impasse. En d'autres termes, de faire de la politique autrement.

Alors je me suis astreint à une discipline : du silence, du travail, du terrain. Plus de politique politicienne. Plus de médias. Du fond. Prendre le temps. Je ne pouvais pas renoncer. Je devais continuer, mais autrement. En un mot : re-commencer !

J'ai pris mon bâton de pèlerin. J'ai parcouru cette France dite « profonde » et de plus en plus « périphérique » : Cantal,

Cher, Dordogne, Oise, Corrèze, Vaucluse, Nord, Nièvre, Haute-Garonne, Finistère… Cette France si belle mais parfois délaissée où les Français se sentent souvent tenus à l'écart, victimes de la mondialisation, alors qu'ils possèdent en eux tant d'atouts et d'énergie. J'ai rencontré aussi des chercheurs ou des entrepreneurs « connectés », leaders dans leurs domaines, qui réfléchissent hélas souvent à construire leur avenir ailleurs. J'ai échangé avec des experts qui se projettent dans les trente ans qui viennent. Génération France, club que j'ai lancé en 2006, a entamé un cycle régulier de réflexions passionnantes, avec une liberté d'expression totale, sur l'éducation, la politique internationale, la lutte contre le terrorisme… J'ai donné un cours à Sciences Po. Certains étudiants étaient français, la plupart étrangers. On y a parlé d'économie, de droit, de mondialisation. L'occasion d'une stimulante émulation intellectuelle. D'une ouverture sur le monde. Je me suis rendu aussi à l'étranger pour m'inspirer de ce qui fonctionne ailleurs, sans jamais oublier que tout n'y est pas forcément toujours plus beau qu'en France.

Et puis surtout, avec mon équipe municipale, j'ai redoublé d'efforts à Meaux, cette ville populaire et généreuse, que j'aime profondément. Un concentré de France, planté dans la Brie, à quelques kilomètres de Paris

Certes, l'envie de réagir publiquement à tel ou tel événement intervenu en France ou dans le monde m'a parfois taraudé. D'où ce blog ouvert au début de l'année 2015, pour raconter par petites chroniques successives mes découvertes, mes émotions dans les domaines les plus variés de la vie humaine, et que je vous invite à parcourir et à partager.

C'est vrai aussi que, ayant choisi de m'abstenir de tout discours, meeting, réunion publique, la vue régulière d'un micro à proximité m'a fait le même effet traumatique qu'un ancien fumeur invité à une soirée où les cigarettes sont consommées en masse, mais qui n'en accepte aucune ! Autant dire que c'est aussi une période où je confiais à mes amis mon entière disponibilité pour animer leurs cérémonies de mariage, communions et anniversaires, seul support que je m'autorisais pour glisser, entre deux compliments, ce que je pensais de la France…

Tous ceux qui, sur le plan professionnel, ont eu à connaître ce type d'épreuve le savent : ce sont les moments où les vrais amis sont là. Présents, attentifs, touchants, inattendus même. Alors que tant m'avaient condamné d'office, ils ont bien voulu me croire lorsque je leur ai juré mon innocence, en attendant que la justice le confirme. Sans oublier mon épouse Nadia, qui travaille à mes côtés depuis six ans, impressionnante de solidité. Nos enfants, notre cercle familial le plus intime, eux aussi si courageux et dignes.

Et puis il y a le temps. Le temps qui a passé et qui, au fil des jours, est devenu mon meilleur allié.

Le temps de réfléchir, le temps de mettre en perspective, de penser un projet. Dix-huit mois pour remettre de l'ordre dans mes idées. Des idées qui ont toujours été les miennes mais dont, pris par le rythme de l'actualité et l'emballement des sollicitations médiatiques, j'avais trop souvent oublié de mettre en évidence l'articulation, la cohérence et la continuité. Des idées forgées et confortées, au fur et à mesure, par l'expérience de mes fonctions de maire, de député et de ministre. Dix-huit mois d'une véritable quête pour formaliser ce que je sais de la France et des Français. Et ce que je veux pour la France et les Français.

Cette quête est aujourd'hui suffisamment avancée pour que le temps soit venu d'en partager les fruits avec les Français de bonne volonté qui, quelle que soit leur sensibilité politique, philosophique, religieuse, ont envie, à l'aube du grand débat national qui va s'ouvrir, de s'engager, de dialoguer, de débattre.

Pendant dix-huit mois, je n'ai eu qu'une ambition, un unique objectif : trouver les voies et moyens de réconcilier les Français avec la politique afin de mettre en œuvre, ensemble, les solutions qui vont permettre à la France d'opérer son sursaut. J'ai voulu m'adresser à tous ceux qui nous disent « on ne vous croit plus », « vous savez ce qu'il faut faire, nous savons ce qu'il faut faire, tout le monde sait ce qu'il faut faire, alors pourquoi ne le faites-vous pas lorsque vous êtes élu ? ».

C'est à cette question que, par ce livre, je veux répondre. La France est familière des grands et prestigieux débats idéologiques sur le « quoi » et le « pourquoi » de la politique. Les responsables politiques en parlent avec talent et lyrisme, spécialement lors des campagnes électorales. Mais à l'heure où le consensus se fait assez largement sur ce terrain, c'est le « comment » qui seul importe et sur lequel on ne s'interroge que rarement. « Comment allez-vous faire », « qu'est-ce qui nous prouve que vous avez trouvé les outils qui permettront de contourner ou de surmonter les conservatismes ? ».

Le discrédit du politique et, plus largement, la déception autant que le pessimisme dans l'avenir trouvent un terreau fertile dans les grandes promesses de changement. Chacun, en campagne quasi permanente, outre qu'il se présente comme la condition *sine qua non* du redressement, donne une lecture outrancière et simplificatrice de son programme ciblant son objectif et son ennemi. Mais la déception résulte toujours du même constat : d'une part les politiques français ne font pas ce qu'ils ont promis, souvent parce qu'ils ont fait des promesses qu'ils savaient ne pas pouvoir tenir, et d'autre part ils ne font pas tout court, faute d'avoir réfléchi au « comment », c'est-à-dire à la méthode de gouvernement.

L'objet de ce livre est donc d'ouvrir une autre voie. De faire le pari que l'on peut sortir de la spirale de la déception et de la désillusion. Faire le pari que l'on peut réconcilier « conquête » et « exercice du pouvoir » en se plaçant sur le terrain de la méthode. Montrer que toutes les conditions sont réunies pour un sursaut. Et que le Sursaut français passera par une offre politique totalement nouvelle, plus ambitieuse dans l'obsession du résultat et plus sobre dans la liste des objectifs à atteindre.

Parce qu'il s'agit d'imaginer les remèdes à ce qui s'analyse aujourd'hui comme un véritable malaise français, je veux avec vous d'abord en identifier les symptômes et poser le diagnostic.

Première partie

AU MILIEU DES FRANÇAIS : LES SYMPTÔMES DU MALAISE

Parcourant la France au milieu des Français, j'ai vu un pays qui va à la fois très mal et très bien !

I

Le cri du cœur : « On ne vous croit plus ! »

On ne vous croit plus ! Vous ne le faites jamais quand vous êtes élu ! Qu'est-ce qui nous prouve que vous le ferez la prochaine fois alors que vous ne l'avez pas fait avant ?

Ces trois interpellations, simples et brutales, ont constitué le point de départ de mon travail de questionnement au milieu des Français. À partir de ces trois phrases, à mes yeux capitales pour comprendre le malaise de nos compatriotes, j'ai souhaité conduire ma réflexion. Attardons-nous sur chacune.

« On ne vous croit plus ! » La phrase illustre, avec beaucoup de brutalité, la perte considérable de crédit des hommes politiques français membres des partis dits « de gouvernement », de droite comme de gauche. Elle rappelle que beaucoup de nos compatriotes considèrent comme peu crédibles les engagements et les promesses. D'où l'immense travail de fond et de forme qu'il nous faut accomplir pour reconquérir leur confiance.

« Vous ne le faites jamais quand vous êtes élu ! » La formule est plus précise et sévère. Elle vient rappeler, plus encore à la droite qu'à la gauche, combien il y a de décalage entre les attentes suscitées le jour de l'élection et le peu de résultats obtenus à la fin du mandat. C'est l'idée selon laquelle les Français n'acceptent plus que les programmes sur lesquels les hommes politiques se font élire ne soient pas mis en œuvre. Certes, il y a aussi des contradictions dans ce message car chacun sait bien que les facteurs de blocage, sur lesquels je reviendrai tout au long de ce livre, sont nombreux, et souvent liés aux réticences des Français eux-mêmes. Mais voilà qui rappelle à tous que la première définition du courage politique c'est de faire ce pour quoi on a été élu et, le cas échéant, de reconnaître lorsque l'on s'est trompé. Deux éléments dont, avouons-le, beaucoup de responsables politiques ont pu se montrer dépourvus...

« Qu'est-ce qui nous prouve que vous le ferez la prochaine fois alors que vous ne l'avez pas fait avant ? » La question vient achever le procès des responsables politiques issus des partis de gouvernement. Elle s'adresse tout particulièrement à la droite française qui aspire à retrouver les responsabilités à la tête de notre pays en 2017. Elle nous renvoie bien sûr à nos propres responsabilités. Comment ceux qui ont gouverné au plus haut niveau pendant les années qui viennent de s'écouler et qui ont été désavoués par le suffrage universel pourraient-ils demain convaincre qu'ils feront ce qu'ils n'ont pas fait lorsqu'ils étaient en charge ? Cette question, s'ajoutant aux deux autres, est centrale et elle explique largement l'importance du travail d'introspection auquel j'ai souhaité me livrer avec les Français. Paradoxalement, ce sont les militants et les sympathisants de notre famille politique, pourtant les plus solides soutiens et les plus indulgents de nos électeurs, qui m'ont alerté en premier. Parce que chaque militant a dans l'âme qu'il est aussi là pour expliquer et convaincre tout autour de lui et que, pour cela, il a besoin d'être, lui-même, convaincu.

Être capable d'apporter à chacune de ces trois questions une réponse courageuse et surtout convaincante, c'est franchir une première étape majeure dans la reconquête des esprits et des cœurs. Car en politique comme en toute autre matière humaine, les uns ne sont rien sans les autres.

Reconquérir les esprits consiste à donner des arguments rationnels par lesquels on expose avec rigueur une liste de réponses indispensables, assortie d'un agenda précis, pour créer les conditions d'un nouvel élan français après tant d'années de recul et de décrochage.

Mais une telle démarche est vaine si l'on ne vient pas aussi reconquérir le cœur. Le cœur, c'est-à-dire donner toute sa place à la sensibilité, à l'émotion, à l'humain, au caractère unique de chacun de nos concitoyens. Pour cela, deux conditions sont indispensables. La première est de proposer une vision, à la fois claire et profonde, de ce que l'on veut pour notre pays, et de dire aux Français, sans langue de bois, ce que sera le rôle de chacun. Il n'est pas de grande vision si elle n'est pas pleinement partagée. D'où l'importance de veiller à ce que chaque citoyen se sente concerné, impliqué. Mieux encore : que chacun soit convaincu que, sans son engagement personnel, rien d'essentiel ne peut être mis en œuvre pour notre pays. Cette approche sensible, « horizontale », est majeure. Elle se combine avec la seconde condition qui est celle d'une approche « verticale » : déterminer celui ou celle qui est capable de définir et de porter cette vision. En un mot l'incarner. L'incarner par sa personnalité, son intégrité, sa hauteur de vue, son charisme et surtout son aptitude à prendre les décisions nécessaires sans que, jamais, la main ne tremble.

Depuis que j'ai quitté mes fonctions à la tête de l'UMP ce 27 mai 2014, il ne s'est pas passé un jour sans que je me consacre à cette réflexion. Je l'ai imaginée et conçue comme un long voyage, une sorte de quête pendant près de dix-huit mois au milieu des Français. Pour raconter et partager avec vous ce que j'ai entendu, ce que j'ai compris et ce que je propose. Un peu à l'image de mon collègue et ami le député Jean Lassalle qui a traversé la France à pied, j'ai encouragé les gens à m'accoster, à me parler, à se confier.

Et c'est souvent à Jacques Chirac que j'ai songé. Entre 1993 et 1995, trahi, abandonné, lynché par tous ceux qu'il avait lui-même beaucoup aidés dans leurs carrières, il s'était retrouvé quasiment seul, avec son carré d'indéfectibles fidèles. C'est alors qu'il a entrepris, en solitaire, ce travail en profondeur pour essayer de diagnostiquer les maux de notre pays et de revenir en proposant un projet. Cette démarche de l'homme solitaire – alors qu'avec quelques autres « bébés Chirac » je cheminais modestement à ses côtés – m'avait alors énormément impressionné.

Ah ! Jacques Chirac. Lui à qui je dois tant. Notamment, un parcours ministériel passionnant au service de notre pays. Le ministère des Relations avec le Parlement auprès de Jean-Pierre Raffarin, de l'Intérieur auprès de Dominique de Villepin, du Budget avec Thierry Breton, sans oublier cinq ans comme porte-parole et ainsi associé au plus près mais à ma place, au cercle le plus intime des décisions gouvernementales à l'Elysée comme à Matignon.

Jacques Chirac, dont le charisme, l'autorité naturelle, cette incroyable capacité à vous convaincre que, sans vous, il ne réussira pas, mais aussi l'attention portée aux autres – et notamment aux plus fragiles – m'ont marqué à jamais.

Je repense souvent à cette jolie phrase qu'il avait prononcée le soir de son incroyable élection en 1995 : « Ce soir, je pense à mes parents, je pense aux patriotes simples et droits dont nous sommes tous issus. J'aurai accompli mon devoir si je suis digne de leur mémoire. »

Certes, il n'a pas autant réformé que je l'aurais souhaité... Mais il a si souvent vu juste ! Sa connaissance remarquable de l'Orient compliqué, son ouverture courageuse aux Arts premiers, son discours historique sur la responsabilité de Vichy, sa préoccupation constante – à laquelle je suis très sensible – pour les personnes souffrant d'un handicap.

Et, enfin, cette incroyable solidité face aux épreuves.

Depuis dix-huit mois, son exemple m'a constamment inspiré et guidé.

Pour enrichir ma réflexion, j'ai souhaité donner une grande place à des matières auxquelles je ne m'étais pas suffisamment référé dans le passé : la psychologie, la géographie, la démographie.

La psychologie, parce qu'il m'a semblé essentiel de m'attarder sur les caractères et les personnalités. La psychologie est cette discipline qui permet de mieux comprendre les comportements et les processus mentaux, aussi bien individuellement qu'en groupe. C'est une approche indispensable pour mieux analyser les évolutions de notre société.

La géographie, ensuite, est injustement délaissée. Notre réflexion, qu'elle soit politique, économique ou intellectuelle, ne prend pas suffisamment en compte, de façon générale, la diversité et la réalité de nos territoires. Il me semble que cela est devenu aujourd'hui pourtant un des enjeux majeurs des difficultés françaises. Rien de tel que de lire les études de Christophe Guilluy[1] sur la réalité de la France périphérique pour comprendre combien de responsables politiques, de gauche comme de droite, sont passés à côté de réalités cruelles laissant sur le bord du chemin une part majoritaire de la population française. La géographie est une dimension nécessaire pour comprendre et proposer un projet à la France.

Enfin, la démographie. La connaissance d'une population donnée dans sa diversité culturelle, historique, générationnelle est absolument essentielle. Là encore, en s'abstenant de prendre en compte cette matière, le discours politique s'est appauvri, se laissant aller à des caricatures qui ont de plus en plus accentué la déconnexion avec les attentes de nos compatriotes.

Psychologie, géographie, démographie, trois domaines qui aujourd'hui sont au cœur de toutes les analyses que je fais pour notre pays.

Un jeune entrepreneur dont l'activité s'est développée énormément à l'international m'a pris un jour à part et m'a posé la question de manière très crue : « Monsieur Copé, comment un pays, en l'occurrence la France, qui représente seulement 0,9 % de la population mondiale tout en réalisant l'exploit d'être le 6e PIB mondial, est-il à ce point prisonnier d'une spirale de déprime ? Pourquoi La France, me dit-il, qui est un des pays du monde où l'on se loge le mieux, où on se nourrit le mieux, où on éduque le mieux les enfants, où on se soigne le mieux, qui a parmi les meilleurs équipements de transports et de services publics au monde, est-elle à ce point frappée par le syndrome du doute et de la crise identitaire ? »

---

1. Ch. Guilluy, *Fractures françaises*, François Bourin éditeur, 2010.

« Eh bien, me dit-il, la réponse je l'ai : la France, son principal problème c'est un problème de mental comme on dit en sport. Tout est organisé pour décourager les gens qui prennent des risques, qui créent, qui s'engagent. Et les Français, ils aiment gagner ! Le goût de la victoire leur manque. » « Or, pour remporter de nouvelles victoires, il faudrait qu'ils fassent preuve de bienveillance. »

Bienveillance ? Mais oui, bien sûr ! C'est cet état d'esprit qu'il nous faut adopter pour entrer dans notre époque et créer les conditions du Sursaut français. Et c'est en y réfléchissant et en m'en imprégnant que j'ai commencé à explorer et à comprendre les raisons du malaise français. C'est le manque de bienveillance qui permet de comprendre deux choses capitales et explique nombre des paralysies françaises. En premier lieu, la France fonctionne beaucoup trop à la recherche permanente de boucs émissaires. En second lieu, lorsqu'elle en a fini de traquer les boucs émissaires, elle s'arrange toujours pour que ceux qui la composent se sentent observés, scrutés, critiqués, pour le dire autrement, pointés du doigt. Les « boucs émissaires » sont quelques centaines ; les « pointés du doigt », des millions… Ce sont deux France qui se rejoignent contre une même cible.

II

Deux France face à une cible unique

C'est à la rencontre de la France des « boucs émissaires » puis de celle des « pointés du doigt » que j'aimerais, pour commencer, vous emmener. Ils ont une cible commune : les politiques.

La France des boucs émissaires : « C'est de sa faute ! »

Je l'avoue, c'est l'expérience de ma propre épreuve politique qui m'a conduit, naturellement, à m'intéresser au concept du bouc émissaire tel que René Girard l'a théorisé. Antidote au poison qu'est le désir mimétique, il fait office de paratonnerre, cristallisant à son encontre, pour mieux les évacuer, les haines et les rancœurs d'une société tout entière.

En réfléchissant un peu, on s'aperçoit qu'il n'est guère difficile d'appliquer cette théorie à la France.

Il y a, dit-on, en France, une aversion traditionnelle pour ceux de nos compatriotes qui réussissent. C'est, à ma connaissance, le seul pays démocratique frappé par ce syndrome.

À l'opposé des Américains, des Japonais, des Anglais, des Allemands ou encore des Italiens, qui partagent avec nous les PIB les plus élevés, les Français succomberaient à la tentation – pourtant peu flatteuse – de dénigrer et considérer le succès comme suspect, de titrer sur les échecs et de relativiser, voire minorer les réussites. C'est ainsi que s'est ancrée l'idée qu'on ferait progresser l'égalité en rabotant par le haut et qu'on a joué sur le mental de ceux qui ont du mal, en leur inculquant que c'est à cause de ceux qui font mieux qu'eux.

Ainsi l'espace réservé à la réussite est-il présenté comme un cercle figé à tout jamais. Ceux qui occupent ce cercle sont réputés, par le simple fait de l'occuper, empêcher les autres d'y accéder et, par là même, le figer.

C'est là qu'interviennent les responsables politiques ! On pourrait penser que leur rôle est de contribuer, par leurs mots et par leurs décisions, à valoriser les gens qui réussissent pour qu'ils servent d'exemple à la jeune génération. N'est-ce pas d'ailleurs leur mission première que de faire le lien entre la réussite d'un pays et celle de ses enfants ? D'expliquer qu'il n'est pas de redistribution possible sans création préalable de richesse ? Or, c'est tout l'inverse qui se produit. Parce que les hommes politiques français ne réussissent pas dans l'accomplissement de leurs missions, c'est-à-dire dans la réalisation de leurs engagements, ils le masquent en joignant leur voix à ceux qui grondent. Ainsi a-t-on imaginé les surtaxes et surréglementations, parfois *ad hominem*, qui incitent nécessairement à l'exil ceux dont la réussite financière conduit directement à être l'objet de toutes les suspicions. Cela permet à de grandes métropoles étrangères telles que Londres, Bruxelles, Milan ou la Silicon Valley d'accueillir à bras ouverts des Français remarquables qui ne versent plus un euro d'impôt à notre pays...

Voilà appliquée la théorie du bouc émissaire. Victimes expiatoires, ceux qui réussissent se voient présentés comme responsables de tous les malheurs, légitimant leur punition que constitue leur exclusion forcée. Ainsi, le groupe peut, symboliquement, se laver de toutes ses fautes, se purifier et se sentir plus fort.

Cette obsession française de créer des boucs émissaires susceptibles d'apparaître comme la source de tous les maux a des effets ravageurs dans notre société et sur le regard que nous portons sur notre pays. Elle explique la difficulté de construire autour de grands entrepreneurs mais aussi de grands artistes, de grands responsables politiques, la notion d'exemplarité. Elle conduit, en particulier, beaucoup de nos jeunes à se détourner de ce type de modèle ou à considérer qu'il est impossible de le devenir en France.

Je voudrais insister sur l'extrême cohérence de cette théorie du bouc émissaire appliquée à la réussite qui, d'une certaine manière, s'apparente à une doctrine de la pénurie, du malthusianisme, du repli sur soi. Elle repose sur un raisonnement qui est parfaitement logique et tout aussi parfaitement faux, à l'image, par exemple, de ce qui a prévalu lorsqu'on a décidé de réduire le temps de travail hebdomadaire à 35 heures. Au même titre qu'on n'a pas voulu admettre que plus d'activité génère un surcroît d'activité (en d'autres termes, plus on travaille plus on produit, plus on produit plus on génère des besoins d'activité supplémentaires, selon la vieille définition de l'exponentialité en mathématiques), on refuse de voir cette évidence que la réussite génère la réussite !

Mais la fausse cohérence du raisonnement pénurique est en première analyse implacable. Dès lors que le cercle dédié au succès est figé, la régulation par l'impôt, par la loi ou par l'exil forcé veille à ce que, régulièrement, des têtes tombent pour apaiser la supposée colère de la population. On pourrait imaginer que, lorsqu'un bouc émissaire est exécuté, la population s'en trouve satisfaite et voit ses conditions de vie et son pouvoir d'achat s'améliorer ? Évidemment, cela n'est jamais le cas, bien au contraire !

En exposant les choses ainsi, j'ai bien conscience de ne pas pleinement répondre à vos attentes. Après tout, peut-être pensez-vous que celui qui a réussi et, par conséquent, s'est enrichi ne le doit pas à ses seuls mérites. Combien de salariés a-t-il « utilisés » (« usés ») ? Combien de concurrents a-t-il devancés, absorbés, ruinés ? Combien d'usines a-t-il fermées ou délocalisées ?

Bien sûr, vous avez raison, et le nier serait faire de la langue de bois... mais, à l'inverse, ne parler qu'en ces termes, c'est nier la réalité et succomber au politiquement correct.

Voilà pourquoi, dans le chemin que nous commençons à prendre ensemble, je propose que nous changions d'état d'esprit. En France, tout doit être clivage et opposition, violent si possible. On est dans le « ou/ou » exclusif et manichéen. On doit choisir son camp et s'opposer le plus fortement possible à celui de l'autre.

Bienveillance interdite ?... Bienveillance interdite !

Mais, au fait, qu'est-ce que la bienveillance ? Un sentiment, une disposition d'esprit faite de compréhension et d'indulgence envers autrui. Cette belle idée selon laquelle on commence par saluer les points forts d'une initiative avant de pilonner ses faiblesses au bazooka ! Un état d'esprit qui veut qu'on ne résolve pas ses problèmes en en rejetant la faute sur le dos des autres. En d'autres termes, une intelligence du collectif, comprendre qu'il y a des choses qui ne peuvent se faire qu'ensemble, d'un même élan. Un état d'esprit qui donne l'envie de faire et réussir ensemble en partant du principe que chacun écrit son propre chemin et, ce faisant, contribue à celui de notre pays.

L'une des leçons de la quête que j'ai entreprise est que, si nous voulons sortir de nos paralysies, nous devons renoncer au « ou/ou » et nous habituer à lui substituer un « et/et ». Au lieu de choisir son camp – en l'occurrence la mort ou le salut des « riches » –, je propose que chacun fasse un pas l'un vers l'autre, au nom du bien commun et dans un esprit de bienveillance.

Cela semble d'autant plus nécessaire que, à bien y réfléchir, les boucs émissaires ne sont pas les seuls à ressentir un malaise et à se sentir rejetés. S'il n'y avait qu'eux, ce ne serait pas trop grave... ils ne sont que quelques centaines et puis ce sont les autres. Mais, en réalité, ce sont tous les Français qui ressentent ce malaise pour eux-mêmes et se sentent pointés du doigt !

La France des pointés du doigt : « Y a pas de raison ! »

Qu'y a-t-il de commun entre une infirmière libérale, un concessionnaire automobile, un ostréiculteur, un intellectuel, un demandeur d'emploi, un sdf victime de l'alcool, un maire, un agriculteur, un entrepreneur qui fabrique des drones, un immigré résidant légalement en France, un musulman, un juif ou un catholique ? Tous ont une raison de se sentir pointés du doigt !

L'infirmière libérale se voit reprocher d'être supposée gagner plus d'argent qu'une infirmière hospitalière à temps plein. Un ostréiculteur se voit suspecté de ne pas respecter la législation du travail lorsqu'il doit travailler de nuit pour cause de tempête. Un intellectuel est pointé du doigt pour avoir pourfendu le politiquement correct en abordant, avec plus ou moins de diplomatie, une question qui peut concerner tous les Français. Un demandeur d'emploi se voit suspecté de profiter de la générosité de la collectivité nationale. Un sdf qui subit les ravages de l'alcool essaie en vain d'expliquer que c'est une maladie alors que sa famille le rejette, considérant qu'il s'agit d'un vice. Le maire se voit reprocher d'augmenter les impôts locaux alors qu'il y est obligé pour faire face à des charges sans cesse nouvelles. L'agriculteur est suspecté de ne vivre que de subventions européennes. Le constructeur ultraperformant de drones qui se débat avec la concurrence américaine est soupçonné d'aider les terroristes. L'immigré se voit reprocher de manger le pain des Français. Le musulman est suspecté d'être un djihadiste en puissance, le juif accusé d'être responsable de la situation en Palestine et, bien sûr, le catholique d'incarner toutes les formes les plus réactionnaires de la pensée humaine…

Tous ceux que j'ai rencontrés m'ont dit, avec leurs mots, leur sentiment d'être pointés du doigt. À l'inverse des boucs émissaires, ils ne sont pas poussés à l'exil hors de France, mais à l'exil intérieur (on se cache, on se défie, on n'ose pas assumer son salaire ou sa réussite, on ne fréquente plus que des gens comme soi qui, eux, pourront comprendre).

L'exil hors de France, c'est pour les boucs émissaires ; l'exil intérieur, c'est pour les pointés du doigt. Dans les deux cas, c'est mortifère.

Là encore, chacun se croit obligé de choisir son camp. Comme lors d'un sondage. Le oui contre le non. Le gentil contre le méchant. La vertu contre le vice. La moralité contre l'immoralité. Qui en est juge ? Tout le monde et personne ! La frénésie des idées préconçues entraînée par le flux continu de l'hyperactualité qui interdit tout recul, toute prise de hauteur... et bien sûr, toute bienveillance.

La logique est perverse et la spirale infernale, car, *in fine*, chacun de nous est concerné. Chacun a ses « pointés du doigt », le même étant, inévitablement, le « pointé du doigt » d'un autre !

Je sais de quoi je parle. Dans ma vie « d'avant », celle qui a précédé le 27 mai 2014, j'étais de tous les clivages. Je pouvais en un instant déterminer avec assurance le choix du « bon » camp contre le « mauvais ». À force d'être manichéen, presque « pavlovien », sans m'en rendre compte, j'ai dû exiger la démission d'une dizaine de ministres du gouvernement ou alors je répétais à l'envi, sans plus m'en rendre compte, cette formule « je suis profondément choqué » à chaque annonce de la gauche... Cela m'a valu l'honneur d'un hashtag « profondément choqué » sur Twitter... Mon action pouvait sans hésitation aucune chevaucher ma réflexion, voire la précéder. Les sollicitations médiatiques étaient, il est vrai, innombrables.

C'est à force de consacrer du temps à de longs entretiens avec les Français rencontrés au fil de mes journées – du temps et du silence – que j'ai pris la mesure des inhibitions et des frustrations accumulées. Frustrations à force d'être pointés du doigt ; inhibitions pour éviter de l'être... Et tout cela ne fait que créer artificiellement des tensions qui, petit à petit, par effet de répétition, nous semblent naturelles alors que, par accumulation, elles créent surtout les conditions d'une France paralysée, bloquée et, pour finir, paniquée.

Là encore, il faut en finir avec le réflexe mortifère du « ou/ou » et de la catégorisation pour y substituer le « et/et » qui rétablit le lien. Chacun a sa part de bon sens, de raison, de vérité. Chacun est respectable. Chacun est important. Chacun doit être reconnu pour ce qu'il est.

Renoncer au « ou/ou », par nature exclusif, et lui substituer le « et/et » : une des clés pour reconnaître la place de chacun et construire une société bienveillante, respectueuse et enrichie de ses différences.

À bien y réfléchir, ce malaise vient sans doute d'un malentendu historique dont les Français sont victimes : la contradiction et la confusion entre égalité et égalitarisme. Les Français sont viscéralement attachés au principe d'égalité. Il est un des acquis de la Révolution française, le cœur de la devise de la République où il fait en quelque sorte le lien entre liberté et fraternité. Pourtant, et ce n'est pas le moindre des paradoxes, alors que le principe d'égalité signifie d'abord que nous sommes tous également libres, ceux qui pointent du doigt lui substituent l'idée du « Y a pas de raison ! Pourquoi pas moi ? ». Au-delà de l'envie ou de la jalousie que parfois elle traduit, la démarche est surtout un travestissement du principe d'égalité qui jamais n'a signifié une égalité de résultats mais une égalité des chances garantissant que chacun puisse s'accomplir conformément à son libre choix.

Plus encore, lorsque, ponctuellement, ont été engagées des politiques que l'on peut qualifier de discrimination positive afin de corriger effectivement des inégalités, il n'a pas été rare que ceux-là mêmes qui les réclamaient au nom du principe d'égalité/égalitarisme aient ensuite pointé du doigt ceux qui, indûment à leurs yeux, en bénéficiaient ! Paradoxe, dira-t-on. Démonstration des effets pervers de la vision binaire du « ou/ou » qui, dans une situation puis son exact contraire, conduisent à ce que chacun se retrouve à front renversé sans toujours prendre conscience de ses contradictions.

À l'échelle du pays, parce que chacun alternativement se retrouve dans la position du « pointeur » puis du « pointé du doigt », le résultat est dévastateur. Outre le malaise, c'est un climat de tensions généralisé qui gâche la vie de chacun et paralyse l'ensemble de la société. Toute réforme est d'abord analysée comme profitant à certains et, par voie de conséquence, désavantageant les autres. C'est avec ce travers que nous devons impérativement rompre pour construire un projet commun.

En un mot, changer d'état d'esprit : bienveillance !

Mais une autre chose m'est apparue évidente. Tous, qu'ils soient boucs émissaires – quelques-uns – ou se sentent pointés du doigt – en fait, la totalité des Français – ont en commun une même cible qu'ils estiment responsables du malaise qu'ils ressentent : les politiques.

Une même cible : les politiques

Le dédain, le rejet à l'égard des responsables politiques est aussi vieux que la démocratie. Au fil des siècles, les auteurs n'ont jamais manqué pour commenter ou relayer, avec colère ou humour, le sentiment de leurs contemporains dans ce domaine.

La France n'a pas échappé à la règle. Elle a même souvent été en pointe. Il y a sans doute dans cette approche le vieux fond monarchiste d'un pays qui aime être commandé, guidé et ne s'est jamais complètement remis d'avoir – dans un de ces brefs moments de folie où le pire est possible – guillotiné son roi. Un pays en recherche constante du chef providentiel qui lui imposera les décisions parfois un peu difficiles qu'il sait nécessaires pour préparer l'avenir.

Vieux dilemme qui sommeille dans l'esprit de chaque citoyen français.

Il voit parfaitement que des bouleversements immenses sont en cours. Il sait au fond de lui que des réformes doivent être engagées pour s'y adapter. Mais l'esprit de controverse, le doute cartésien, l'attachement au présent aussi, l'amènent à préférer « laisser du temps au temps ».

Derrière ces atermoiements, qui conduisent à enchaîner les reports, se dissimule une déception profonde : la faiblesse de commandement. Comme si le Français, au tempérament supposé conservateur ou contestataire, attendait de son chef qu'il n'ait pas la main qui tremble au moment de décider... et ce quel que soit le niveau sonore des protestations qu'il émet.

Mon voyage au cœur de la France me l'a confirmé à chaque étape. L'expression d'une grande tension née du sentiment qu'on « n'arrive plus à gagner ensemble » alors qu'« avant » on était – nous Français – souvent premiers, capables d'incarner aux yeux du monde notre spécificité. Les premiers à affirmer dès 1315 que « selon le droit de nature, chacun doit naître franc » et que « le sol de France affranchit l'esclave qui le touche », c'était nous ! Les Lumières, c'était nous ! Le champagne, la vapeur, les déclarations des droits de l'homme, le vaccin, le cinéma, le TGV, le Concorde, c'était nous ! Mais voilà que, comme un passage de témoin, si la France a envoyé le premier homme dans le ciel (le 21 novembre 1783, les frères Montgolfier font voler dans un ballon Jean-François Pilâtre de Rozier et François Laurent d'Arlandes), ce sont les États-Unis qui ont envoyé le premier homme sur la Lune (Neil Armstrong, le 20 juillet 1969)… Changement d'époque !

Frustration. Décrochage. Nostalgie de la grandeur passée. Évocation fréquente des grands Français d'autrefois.

Tout est bon pour dire aux dirigeants politiques français, qu'ils soient de gauche ou de droite, qu'ils sont incapables. Incapables de prendre les bonnes décisions. Incapables d'avoir des résultats. Incapables en un mot de permettre aux Français de gagner ensemble, de remporter des victoires qui leur donnent un sentiment de fierté collective et individuelle.

Articles, livres, écoles de pensée, tous viennent apporter leur part d'explication à ce syndrome. Cela mérite que l'on s'y attarde en adoptant le regard du citoyen. Je voudrais commencer par le catalogue des idées reçues (souvent vraies, parfois fausses, toujours insuffisantes) pour expliquer cette incapacité à faire. Je le dis d'emblée, aucune n'est suffisante ni même satisfaisante.

III

La faute à qui ?

La liste pourrait être longue. Limitons-nous à celles auxquelles vous pensez spontanément.

La faute aux syndicats et aux grévistes ?

Si vous saviez combien de fois j'ai entendu cette phrase : « Vous n'y arriverez jamais ! À la première réforme le pays sera paralysé par les grèves ! Comme à l'automne 1995 ! Les syndicats, CGT en tête, organiseront des blocages dans les transports et les services publics… et vous serez obligés de céder, alors qu'ils ne représentent que 7 à 8 % des salariés français ! »

C'est peu ou prou ce que m'a dit Ivan, le jeune dirigeant d'une entreprise bluffante de simulation de vols, près de Roissy. Il faut dire qu'en ce jour de canicule, en juin dernier, j'avais eu toutes les peines du monde à rejoindre en voiture le siège de sa société à cause du blocage des routes par les taxis en colère…

L'automne 1995 ? Un cauchemar. Alain Juppé, alors Premier ministre, avait lancé simultanément la réforme des retraites, de la sécurité sociale… et surtout des régimes spéciaux – plus favorables que le droit commun –, applicables notamment à la retraite des agents de la SNCF, de la RATP, d'EDF… Pendant deux mois et demi, la France avait été paralysée, jusqu'à ce que le gouvernement capitule. D'autres réformes ont connu le même sort depuis, comme celle du contrat de travail pour les jeunes, le fameux CPE, en 2006. Je parle en connaissance de cause, j'étais alors porte-parole du gouvernement ! Là encore, même schéma : une décision courageuse prise par Dominique de Villepin pour assouplir les conditions d'embauche des jeunes – à l'instar de ce qui existe en Grande Bretagne et en Allemagne – est présentée comme un outil d'« asservissement par les employeurs ». Mobilisations, grèves, manifestations… et capitulation gouvernementale.

Tous les gouvernements de droite bien sûr, mais aussi de gauche, vivent dans la hantise que ce type de scénario ne se reproduise. Les reculades successives sur les dispositions les plus innovantes de la loi Macron concernant le travail du dimanche ou de la loi Rebsamen sur les seuils sociaux en fournissent les illustrations les plus récentes.

Notre image dans les pays étrangers en souffre terriblement. Les médias internationaux adorent montrer, lorsqu'il s'agit de la France, les images de protestations et de manifestations les plus spectaculaires. À leurs yeux, la grève est souvent perçue comme un élément fondateur du folklore français au même titre que la baguette de pain et le verre de vin rouge…

Je me souviens d'avoir été « piégé » en 2006 lors d'un voyage officiel à Singapour. Alors ministre du Budget, je donnais une interview en direct dans un média singapourien comparable à notre émission « Les 4 vérités » de France 2. Alors que je vantais l'attractivité de la France pour les investissements étrangers, j'ai découvert qu'étaient diffusées en fond d'écran les images des manifestations – impressionnantes et parfois violentes ! – des lycéens et des syndicats contre le CPE… Dévastateur !

Question d'état d'esprit, là encore. Lorsque des réformes, si courageuses et nécessaires soient-elles, sont engagées, puis paralysées par un enchaînement de grèves et de reculs, je n'ai pas souvenir qu'on ait jamais réellement soutenu et encouragé le gouvernement.

Les sondages montrent le soutien de l'opinion publique aux contestataires, sans que personne ne puisse vraiment mesurer la part d'info ou d'intox. Les médias embraient sur le mode « la réforme est peut-être bonne mais la communication est désastreuse ! ». Et très vite, l'objectif de retour au calme est privilégié par rapport à la nécessité de changer les choses. Au motif qu'il ne faut « humilier personne », c'est systématiquement le gouvernement qui perd la face…

Donc, c'est vrai, dans les éléments incontestables d'explication de l'incapacité et de l'impuissance des politiques en France, le poids des blocages syndicaux a toute sa place. Le nier serait faire de la langue de bois. Pas mon genre.

Mais il serait injuste aussi de ne pas relever que les responsables syndicaux sont parfois entraînés à leur corps défendant dans les blocages. J'ai régulièrement l'occasion de discuter avec certains d'entre eux. En privé, ils admettent bien souvent la nécessité des réformes et se disent prêts à la discussion mais se retrouvent otages d'une base syndicale militante d'autant plus extrême qu'elle s'est spectaculairement réduite. La CGT comptait 4 millions d'adhérents en 1948 ; ils sont moins de 700 000 aujourd'hui dont la moitié a plus de 50 ans... Cette faiblesse du syndicalisme est typiquement française. En Allemagne, connue pour sa culture du consensus, 17,7 % des salariés sont syndiqués. Au Royaume-Uni, souvent dépeint en France comme une jungle économique, c'est le cas de 25,4 % des salariés... Une des solutions pour arriver à un syndicalisme plus équilibré et réformateur serait bien sûr qu'un nombre croissant de Français s'y investissent. À titre personnel j'y suis très favorable. Mais ce n'est pas franchement la tendance qui se dessine et, comme il n'est pas question d'obliger les Français à se syndiquer, les blocages perdurent.

Pour les surmonter, on a presque tout essayé. Presque ! Du dialogue négocié au plus haut niveau, au passage en force par la loi, la palette quasi complète des outils démocratiques a été testée. Le résultat obtenu n'est jamais – loin s'en faut – à la hauteur de l'ambition initiale.

Tout essayé ? Non. Et c'est en cela que faire reposer la responsabilité du conservatisme français sur les seuls syndicats n'est pas satisfaisant. En vérité, les causes de ces échecs répétés n'ont jamais fait l'objet d'une analyse approfondie par les dirigeants politiques. Rassurés d'avoir ramené le calme, le plus souvent en sauvant leur tête, convaincus que la prudence et le conservatisme sont pour eux une garantie de longévité, beaucoup de gouvernants, en France, préfèrent faire le dos rond. Comment leur en vouloir ? Ce sont des périodes de grande violence verbale pendant lesquelles les critiques et attaques personnelles fusent sans retenue et les cotes de popularité s'effondrent. Il n'y a pas une minute à consacrer à l'autopsie d'un échec qui, pourtant, permettrait d'analyser et de comprendre les erreurs commises sur le fond comme sur la méthode.

Et c'est ici la méthode qui nous intéresse. Je vous l'ai dit dès les premières pages de ce livre : parmi les conditions du Sursaut français, il y aura, en tout premier lieu, la proposition d'un changement radical dans la méthode de gouvernement. Avec une idée simple. Ce n'est pas le principe de la décision qui doit faire l'objet d'une opposition ou, le cas échéant, d'un blocage. Ce sont la mise en œuvre et les résultats qu'elle produit au bout de douze ou dix-huit mois qui doivent être évalués et débattus. J'ai été frappé par une déclaration de Margaret Thatcher reprise dans un documentaire diffusé dans les jours qui ont suivi son décès en avril 2013. Elle expliquait sa réussite par une méthode simple : « Pendant la première année de mon mandat de Premier ministre, disait-elle, toutes les grandes décisions avaient été prises. Les dix ans qui ont suivi ont été consacrés à les mettre en œuvre. »

Cette méthode a un nom : le pragmatisme. Voilà. C'est dit. Le mot est lâché. Loin de ces idéologies corsetées du XXe siècle, libéralisme, socialisme, le XXIe siècle est le temps du pragmatisme, c'est-à-dire de la capacité d'adaptation aux situations. Mais à une condition : que cette capacité d'adaptation soit toujours respectueuse du corps de valeurs, je dis bien « valeurs » et pas « doctrines », que nos parents et nos professeurs nous ont enseignées, au premier rang desquelles le respect, le travail, l'effort et le dépassement de soi.

Le pragmatisme, ce n'est jamais que reconstruire la maison du bon sens en s'appuyant sur ses valeurs. En bref, un rendez-vous de bon sens et d'intelligence. Intelligence ? Amusez-vous dans un groupe de personnes à tester la définition du mot intelligence. Érudition ? Culture ? Diplômes ? Maturité ? Réussite ? Non. La première définition de l'intelligence, c'est la capacité d'adaptation. Et la capacité d'adaptation, pour les individus comme pour les organisations, est le premier moteur de la réussite économique.

Capacité d'adaptation ? Une clé pour le Sursaut français !

Car si l'on s'extrait de la formule clivante, et finalement manichéenne, du « ou/ou » exclusif, qui exige que l'on choisisse son camp – en l'espèce syndicat ou gouvernement –, force est de reconnaître que les syndicats sont dans leur rôle. Et que beaucoup de leurs représentants, en privé, m'ont confié qu'ils préféreraient agir sur la mise en œuvre pratique d'une décision (évaluation concrète, comparaison avec des exemples étrangers…), plutôt que sur son principe (qui renvoie nécessairement à un repère idéologique) mais qu'ils n'ont pas confiance dans la parole des hommes politiques français.

J'en conclus que les torts sont partagés ; « pointer du doigt » les seuls syndicats n'est pas une explication suffisante, ni même satisfaisante.

La faute aux patrons ?

Allez, soyons justes. En France, apporter son soutien aux « patrons » n'est pas un gage de popularité pour un homme politique. Le chapeau haut de forme (que plus personne ne porte), le gros cigare (de moins en moins consommé), les paquets de billets (tout de même très rares dans l'économie légale), sont des clichés encore solides dans l'imaginaire français pour dénoncer « profiteurs » et « exploiteurs ». Là encore, les observateurs étrangers s'en amusent : lors d'un déplacement officiel aux États-Unis début juin, avec le groupe d'amitié parlementaire France-États-Unis que je préside, certains entrepreneurs que j'ai rencontrés m'ont dépeint sans rire la France comme le dernier pays communiste du monde avec la Corée du Nord. « Même Cuba sera bientôt plus libérale que la France ! » Cela était évidemment très caricatural, mais il est vrai que je ne connais pas d'autres pays qui soient plus enclins que le nôtre à considérer que les personnes riches ou, pire, qui se sont enrichies doivent faire l'objet de suspicions *a priori*.

À droite bien sûr, mais aussi parfois à gauche (de Pierre Bérégovoy à Emmanuel Macron), on a tenté à de nombreuses reprises d'expliquer qu'un patron était le plus souvent un entrepreneur dont l'ambition était de créer de la valeur, par l'investissement et par l'emploi. Bataille impossible, lutte du pot de terre contre le pot de fer. La formule des « licenciements boursiers » a tout emporté sur son passage ; l'hypermédiatisation de quelques « patrons voyous » a considérablement dégradé l'image de l'ensemble des entrepreneurs ; l'accumulation de textes inadaptés dont les effets n'ont été ni anticipés ni mesurés a fait le reste…

Les « licenciements boursiers », d'abord ! Invention du parti communiste reposant sur un syllogisme d'une redoutable efficacité en termes de démagogie.

On le doit au député communiste du Nord, Alain Bocquet, et je note qu'il est régulièrement repris au FN, par exemple par Marion Maréchal-Le Pen. Comme souvent, les extrêmes se rejoignent ! De quoi s'agit-il ? De laisser croire qu'une entreprise – bénéficiaire ou non – licencie des salariés non pas parce qu'elle est en difficulté ou pour des raisons stratégiques vitales mais uniquement pour faire remonter son cours en Bourse et satisfaire ses actionnaires. En clair, des travailleurs seraient sacrifiés à la voracité de financiers. Il suffirait donc d'interdire par la loi les « licenciements boursiers » pour limiter, voire empêcher le chômage…

L'expression est trompeuse, évidemment. D'abord, elle ne rend pas compte de la réalité. Pour donner un ordre de grandeur, dans notre pays, environ 25 000 nouvelles sociétés sont créées chaque mois, mais moins de 1 000 entreprises sont cotées en Bourse ! On ne peut discréditer l'ensemble des entreprises alors qu'une infime minorité d'entre elles est cotée… Ensuite, les économistes ont montré qu'un plan de licenciement ne fait pas remonter les cours de Bourse. Le brillant économiste français David Thesmar a établi que l'annonce de licenciements est interprétée par les marchés comme un signe de faiblesse de l'entreprise, ce qui se traduit par une baisse des cours. Ou alors, si hausse il y a, elle ne dure pas. Exemple : en 1999, Michelin supprime 7 500 emplois, ce qui s'était traduit par 20 % d'augmentation quasi immédiate de son cours de Bourse. Ces gains spectaculaires ont été intégralement effacés dans les jours qui ont suivi. Enfin et surtout, vouloir interdire des licenciements quand une entreprise est bénéficiaire, c'est méconnaître le fonctionnement de l'économie. Une entreprise peut avoir besoin de fermer une usine pour financer l'ouverture d'un centre de recherche. Elle peut décider, pour sa survie future et celle de ses salariés, d'abandonner une activité menacée par les évolutions technologiques pour se concentrer sur une autre qui a plus d'avenir. Bref, licenciement ne signifie pas forcément « gavage » du méchant financier ! À l'inverse, c'est souvent un choix cornélien pour un entrepreneur qui cherche à sauver sa société.

Ensuite, les fameux « patrons voyous ». Le patron prêt à tout pour faire fortune qui part avec la caisse, force au travail dissimulé, harcèle ses salariés. Ce n'est pas un mythe. Cela existe. Je pense au cas de ce chef d'entreprise du Mans qui gérait une activité dans le développement durable. En 2012, ses salariés sont arrivés un matin à l'usine et ont trouvé porte close. Stupeur et consternation. Le patron était parti du jour au lendemain en emportant fonds, stocks, machines, bureaux… Rattrapé par la justice, il est condamné. En 2014, il récidive, cette fois en faisant travailler une quinzaine de salariés sans les déclarer. Il est de nouveau condamné ; sa peine : dix ans d'interdiction de gérer une entreprise. Le type même de comportement voyou, isolé mais médiatisé, qui fait beaucoup de mal à l'image de l'ensemble des chefs d'entreprise.

Mais de grâce, parce que ces cas sont isolés, ils ne doivent pas nous mener à des raccourcis rapides ou à des caricatures haineuses qui rejaillissent sur l'ensemble des entrepreneurs français.

Pourtant, là encore, trop d'hommes politiques français ont capitulé. C'est ce que montre la multiplication des normes. François Hollande, pour donner des gages à son aile gauche, avait ainsi, en plus de sa fameuse taxe à 75 % pour les plus riches, finalement supprimée en février 2015, promis durant sa campagne l'encadrement des salaires ou l'interdiction des licenciements boursiers… Je pense aussi à l'idée de cette loi, dite Florange, improvisée en pleine campagne depuis le toit d'une camionnette de l'intersyndicale devant des salariés chauffés à blanc. L'engagement de campagne a abouti à un texte alambiqué prétendant obliger un employeur à accepter une offre de reprise sérieuse sous peine de sanctions. Comme si un entrepreneur pouvait faire autre chose que trouver un repreneur quand il est dans la difficulté ! Texte censuré par le Conseil constitutionnel en mars 2014 car portant atteinte à la liberté d'entreprendre et au droit de propriété…

Plus globalement, feignant d'oublier qu'il était périlleux de promettre la redistribution d'une richesse qui n'était pas encore produite, les hommes politiques français ont, depuis trente ans, multiplié les créations de droits et d'avantages sociaux les plus généreux de toute l'Europe. Et les ont financés par des hausses d'impôts et de charges sociales d'abord, par de l'endettement ensuite.

Ainsi s'est-on retrouvé dans un système qui a structurellement privilégié la demande, c'est-à-dire la consommation, au détriment de l'offre, c'est-à-dire la production. Pour encourager la consommation des Français, les gouvernants successifs ont depuis trente ans multiplié les aides et subventions à caractère social. Les dépenses sociales rapportées au PIB, donc à la richesse nationale produite en France, sont passées de 20,6 % en 1980 à 32 % en 2014 alors que la moyenne de l'OCDE est inférieure à 22 %. Et pour financer ces aides, ils ont augmenté les prélèvements obligatoires passés de 40,4 % du PIB en 1981 à 44,9 % en 2014, dont les charges sociales, payées par les employeurs et les salariés, représentent environ le tiers. Ces charges reposant quasi exclusivement sur les salaires versés, les entreprises ont vu leurs coûts de production, via le coût du travail, dépasser ceux des autres pays européens.

À ce premier phénomène, s'en est ajouté un deuxième : le passage du temps de travail hebdomadaire de 39 à 35 heures au début des années 2000. Initiée par la gauche, maintenue par la droite, cette réforme généreuse (et qui n'a donc généré ni grève, ni manifestation) reposait sur l'idée qu'on réduirait le chômage en « partageant » le travail entre l'ensemble des actifs. Le raisonnement, très à la mode il est vrai il y a quinze ans, comportait deux faiblesses. D'une part, on considérait que la quantité de travail serait constante et, donc, qu'en diminuant le temps de travail de 10 % on pourrait augmenter l'embauche de 10 %. Idéologiquement et *in abstracto*, le raisonnement tenait la route. En pratique, les entreprises, en particulier les PME, ont besoin de flexibilité pour répondre aux variations de demande de leurs clients. Compte tenu des rigidités réglementaires à l'embauche (et au licenciement), beaucoup d'employeurs ont préféré ne pas embaucher les 10 % de salariés qui manquaient. Ils ont fait avec. La seconde faiblesse est née de ce que les salariés ont travaillé 35 heures par semaine (et non plus 39) mais ont continué d'être payés au prix de 39 heures. Cela s'est traduit par un tassement des salaires : les Français ont payé de leur poche le passage aux 35 heures ! Et pour compenser cette augmentation mécanique de 10 % du coût du travail pour les entreprises, les gouvernements successifs ont décidé que l'État compenserait intégralement cette perte. L'État, c'est le contribuable. Coût budgétaire 20 milliards d'euros par an. Pour donner une comparaison, le budget de l'éducation s'élève à plus de 90 milliards d'euros. Celui de la défense à 31 milliards.

Cette législation des 35 heures, appliquée indistinctement pour les entreprises (toutes tailles, tous secteurs confondus) et pour le service public (État, collectivités locales, sécurité sociale), est unique au monde. Tout le monde l'a acceptée sans trop évoquer les conséquences de long terme pour notre compétitivité et nos emplois. Difficile, il est vrai, de partir en croisade contre une demi-journée de congé hebdomadaire. C'est même devenu un tabou puisque la droite au pouvoir de 2002 à 2012, craignant l'impopularité, ne l'a pas supprimée.

Rappelez-vous la question « pourquoi feriez-vous demain ce que vous n'avez pas fait lorsque vous étiez au pouvoir ? ».

Pire, la droite a inventé un faux-nez ! Pour ne pas revenir sur les 35 heures, elle a inventé la « défiscalisation des heures supplémentaires » : toute heure travaillée en plus ne coûtera pas de charges sociales à l'employeur et au salarié. Ne coûtera pas ? Donc sera payée également par l'État, c'est-à-dire le contribuable. Coût budgétaire : 3,5 milliards pour près de 10 millions de salariés concernés.

Nous étions donc, jusqu'à la suppression de ce dispositif par la gauche en 2012, le seul pays dans lequel le contribuable payait pour qu'on travaille moins (35 heures payées 39) et pour qu'on travaille plus (heures supplémentaires défiscalisées) !

L'absurdité poussée à son comble ! Même si beaucoup des salariés que j'ai rencontrés, en visitant des usines, me l'ont dit : ces « heures sup » avaient quand même permis d'améliorer leur ordinaire.

Mais un troisième carcan s'est ajouté aux deux premiers : le code du travail. Comme aime à le rappeler mon ami Gérard Cherpion, député des Vosges et expert du domaine, nous entrons là dans le monde fou d'Ubu Roi ! Le code du travail est passé de 600 articles en 1973 à 12 000 aujourd'hui… On dénombre ainsi 38 contrats de travail différents et plus d'une dizaine de seuils qui déclenchent des obligations légales distinctes. Pour ne prendre que cet exemple connu : nombre de PME préfèrent rester à 49 salariés, car elles savent que passer le seuil de 50 salariés rime avec l'arrivée d'une foule de tracasseries bureaucratiques supplémentaires… Le pire est quand cette foule de normes, parfois incompréhensibles, donne lieu à contrôle par des inspecteurs du travail qui outrepassent leur rôle. Un exemple parmi tant d'autres que j'ai glanés au cours de mon tour de France. En avril dernier, j'étais à Cancale.

Dans cette baie sublime, j'ai rencontré les ostréiculteurs. Des passionnés. La production des huîtres est régie par la nature. S'il y a une tempête le mardi, impossible de travailler. En revanche si le temps est idéal le dimanche ou la nuit, il faut y aller sans hésiter ! Les salariés de ce secteur le savent et l'acceptent sans rechigner. Mais pas l'inspecteur qui, me disent-ils, voudrait les voir pointer à des horaires d'entreprise du CAC 40 et ne cesse de leur poser des problèmes en invoquant des dispositions kafkaïennes du code du travail...

Et que dire des autres contraintes administratives chronophages ? Les normes environnementales par exemple. Tout le monde s'accorde sur l'impératif écologique mais faut-il rentrer dans un degré de détail ahurissant ? Des éleveurs que j'ai rencontrés en juin à Vieux-Reng dans le Nord, près de la Belgique, m'ont raconté le harcèlement dont ils étaient l'objet sur la taille des haies qui bordent leurs champs... Je suis allé vérifier, la réglementation en vigueur est assez incompréhensible : cinq pages pour définir ce qu'est une haie, comment l'entretenir et quelles sont les sanctions prévues en cas de non-respect desdites règles...

Bien sûr, c'est la croissance, et non pas la suppression des seuils sociaux ou de certaines normes, qui créera de l'emploi mais chacun se porterait mieux si l'on évitait de mettre des bâtons dans les roues des entrepreneurs !

Les entrepreneurs, ces fameux « patrons » français, écrasés par les charges sociales, les contraintes d'organisation liées aux 35 heures et par un code du travail qui les paralyse largement, n'ont donc pas forcément la tâche facile.

C'est l'une des explications des délocalisations à l'étranger et des licenciements massifs en France, dans un monde qui au XXIᵉ siècle est totalement ouvert à la circulation des hommes, des marchandises et des capitaux.

J'en conclus que, là encore, les torts sont partagés. « Pointer du doigt » les seuls patrons n'est pas une explication suffisante, ni même satisfaisante.

La faute aux médias ?

J'attendais ce point avec impatience pour mettre les pieds dans le plat !

Ah ! Les médias ! Partout où je me suis rendu, j'ai entendu le même son de cloche ! Il ne faut pas lancer un militant des Républicains sur le sujet ! Je me souviens notamment de Martine, une septuagénaire à qui on aurait donné facilement vingt ans de moins, engagée à droite depuis « Chirac 88 », qui m'a lancé lors d'un déjeuner dans le Cantal : « Ils sont tous de gauche, ces journalistes, les Caron, les Guillon et compagnie, la vérité ne les étouffe pas hein ! Ils ont fait perdre Nicolas et puis après ils se sont attaqués à vous... Tant qu'ils seront là on ne pourra rien espérer... Moi je ne veux plus payer une redevance qui finance les porte-parole du PS ! »

Donnant raison aux enquêtes d'opinion (un sondage Ipsos pour *Le Monde* de janvier 2014 montrait que 77 % des sondés n'avaient pas confiance dans les médias, *ex aequo* avec les députés, mais bien pire que les banques à 65 %), les Français que j'ai rencontrés, toutes catégories confondues, m'ont confié ressentir la même réticence à l'égard des journalistes que des politiques. Match nul. Pour le dire sommairement, ils leur reprochent d'être tout à la fois partiaux, superficiels et exclusivement concentrés sur la manière de « faire vendre » leur journal quitte à tordre la réalité des faits.

Bon ! C'est à peu de chose près ce que disent aussi les responsables politiques des journalistes, surtout lorsque ces derniers les ont pris pour cible.

Aussi ai-je souvent entendu, à la suite de l'apostrophe « vous n'arriverez pas à faire cette réforme », l'argument suivant : « En France, les médias soutiendront toujours les syndicats et les grévistes pour vous faire échouer ! »

Ce point n'est pas entièrement faux. J'ai regardé la tonalité de la presse britannique et allemande lorsque les gouvernements de leurs pays ont lancé des réformes de structure. Il est intéressant de voir que les médias de ces deux pays – qui représentent à mes yeux les deux comparaisons les plus pertinentes – ont une approche plus équilibrée. Là où les nôtres sont plus naturellement portés à la description (le *storytelling*) de la protestation et de son ampleur qu'à évaluer la pertinence de la réforme proposée, les leurs font dans leur ensemble une analyse plus poussée du contenu, y compris après que les vagues de protestations sont lancées. Cela est en partie lié à la relative faiblesse de l'audience de notre presse économique par rapport à l'étranger : le *Financial Times*, il est vrai diffusé internationalement et en anglais, rencontre par exemple un lectorat de 2 millions de personnes par jour, contre moins de 500 000 pour *Les Échos*.

Parmi les responsables politiques français, je suis l'un de ceux qui ont consacré le plus d'énergie entre 2011 et 2014 à critiquer les journalistes. Durant cette période, rien de ce qu'ils ont dit ou écrit sur mon action n'a trouvé grâce à mes yeux ! Plus les articles me concernant étaient durs, plus je me raidissais. Et plus je devenais agressif à l'égard de leurs auteurs, plus eux-mêmes en rajoutaient. Je regrette aujourd'hui d'avoir trop souvent considéré les journalistes comme des adversaires politiques. Certains spécialistes en communication m'ont expliqué que le désamour a commencé lorsque je suis devenu en 2011 secrétaire général de l'UMP et que j'ai décidé de soutenir activement Nicolas Sarkozy, lui-même alors très malmené par la presse. Il est vrai que dans la période précédente (2007-2010), je présidais la majorité UMP à l'Assemblée nationale et que mes relations avec l'ancien président de la République étaient beaucoup plus tendues car je désapprouvais le fait que la politique qu'il conduisait était dans de nombreux domaines insuffisamment réformatrice à mes yeux.

À cette époque, les commentaires de presse me concernant étaient assez élogieux. Cinquante journalistes et éditorialistes, interrogés par le cabinet de conseil Vae Solis Corporate, m'avaient même classé « meilleur communicant politique » en 2010, derrière Daniel Cohn-Bendit. Énorme, non ?

La formule mille fois rabâchée du « lécher, lâcher, lyncher » a du vrai. Rien de nouveau ! Rappelez-vous les *Illusions perdues* de Balzac. Sa description de la presse est d'une incroyable cruauté : « Le journal est [...] une boutique où l'on vend au public des paroles de la couleur dont il les veut. S'il existait un journal des bossus, il prouverait soir et matin la beauté, la bonté, la nécessité des bossus. Un journal n'est plus fait pour éclairer, mais pour flatter les opinions. Ainsi, tous les journaux seront dans un temps donné, lâches, hypocrites, infâmes, menteurs, assassins ; ils tueront les idées, les systèmes, les hommes, et fleuriront par cela même. Ils auront le bénéfice de tous les êtres de raison : le mal sera fait sans que personne n'en soit coupable. »

De nombreux journalistes en font eux-mêmes l'analyse avec honnêteté. Je vous recommande par exemple *L'Horreur médiatique* de Jean-François Kahn[1] qui l'illustre sans concession.

Je peux témoigner qu'être à un moment donné la cible de la presse est une épreuve ! Sa capacité à « instruire à charge » est impressionnante, car il se trouve alors toujours des concurrents politiques – c'est triste mais c'est humain – pour l'alimenter en rumeurs les plus glauques. C'est particulièrement vrai dans le traitement réservé aux hommes politiques lorsqu'ils sont mis en cause, à tort ou à raison, dans une affaire judiciaire. Soupçonnés, ils sont l'objet de toutes les insinuations de manière bruyante et lancinante. Relaxés ou innocentés par la justice, l'information est relayée de manière minimaliste.

Mais je l'ai aussi vécu en direct lors du lamentable feuilleton qui m'a opposé à François Fillon au lendemain de mon élection à la présidence de l'UMP en novembre 2012. Plus de trois longues années se sont écoulées depuis et je n'ai plus le goût à la polémique. La seule chose que je veux vous dire ici, c'est que, contrairement aux allégations de l'époque, j'ai vraiment remporté cette élection alors que tous – responsables de l'UMP, sondeurs, journalistes – me prédisaient battu.

Ce fut au prix d'une campagne passionnante et physiquement très dense. Une aventure humaine – j'y ai forgé des liens d'amitié extraordinaires avec les militants – et intellectuelle, qui m'a profondément marqué en tant qu'homme. Une aventure tout au long de laquelle m'a accompagné une équipe de parlementaires et d'élus qui, à l'image de mon amie Michèle Tabarot, ont fait preuve d'une solidité

---

1. J.-F. Kahn, *L'Horreur médiatique*, Plon, 2014.

et d'une pugnacité hors du commun. J'y proposais une ligne politique aux électeurs de l'UMP : celle visant à faire émerger – enfin – une « droite décomplexée ». C'est une ligne politique que vingt années d'expérience m'ont amené à façonner, le fruit d'un premier diagnostic. Contrairement à ce qui a été dit, il ne s'agissait pas de proposer la ligne d'une droite excessive, encore moins extrémiste, mais d'une droite assumée, fière de son histoire et de ses valeurs. Une droite dont la main, désormais, ne tremblerait plus lorsqu'il s'agirait de prendre des décisions difficiles dans l'intérêt du pays, mais une droite humaine en même temps. En quelque sorte, une droite marchant sur ses deux jambes.

C'est en réalité cette ligne politique et la manière dont je pouvais l'incarner qui l'ont emporté contre tous les pronostics, d'une courte majorité. Trop courte. Il m'a été beaucoup reproché d'avoir annoncé ma victoire avant la proclamation officielle des résultats par la commission de contrôle, la fameuse « COCOE », dont le sigle, assez ridicule, ajoutait au caractère tragi-comique de la situation. Que n'ai-je entendu à ce sujet ! Certains ont voulu y voir la précipitation malsaine d'un ambitieux prêt à tout pour « forcer son destin », d'autres l'aveu de la culpabilité d'un tricheur pressé de revendiquer son « putsch »… Rude à encaisser ! La vérité est tout autre. Toutes les remontées d'informations dont je disposais me donnaient vainqueur. À l'image de ce qui se passe pour toutes les élections – qu'elles soient locales ou nationales – le candidat informé de sa victoire est heureux d'en faire l'annonce pour remercier ses électeurs et en appeler au rassemblement. Or, ce soir-là, il n'y avait aucun doute.

Et, de fait, cette commission a confirmé mon élection le lendemain. Puis le surlendemain commence le psychodrame : mes adversaires dénoncent, à juste raison, le fait qu'une partie des votes de deux collectivités d'Outre-Mer (en particulier, la Nouvelle-Calédonie), dont les résultats étaient arrivés de manière décalée par rapport au scrutin en métropole à cause du décalage horaire, n'a pas été comptabilisée, ce qui pouvait inverser le résultat...

Sidéré par cette nouvelle qui me semblait à peine croyable, je décide, conformément aux statuts du parti, de saisir la Commission des recours pour éclaircir tout cela, opérer un nouveau décompte et ne laisser aucune place au doute. La Commission des recours, où siégeaient des personnalités proches de François Fillon et de moi-même, après recomptage intégral des votes et annulation de certains bureaux qui avaient été l'objet d'irrégularités graves – notamment, et c'est un comble, en Nouvelle-Calédonie –, a décidé qu'au final je conservais la victoire, avec même un score encore plus important. Cette fraude s'ajoutait, en effet, à celles dûment attestées par des procès-verbaux d'huissiers accablants dans deux bureaux niçois dont les résultats ne pouvaient qu'être annulés par la Commission des recours...

Mais il était trop tard ! La bataille n'a jamais été livrée sur le plan juridique car mes adversaires savaient bien au fond d'eux-mêmes que ce terrain leur était défavorable. Contrairement à ce qui a été raconté avec force mensonges, ça n'a jamais été une histoire de tricherie. Mais bien plutôt de « mauvais perdant ». En revanche, sur le plan médiatique, c'est moi qui ai perdu. Loin des caméras et des lumières, alors que plus de trois ans ont passé, je le dis sans ambages : ma courte victoire électorale s'est transformée en un fiasco politique et médiatique. Quels que soient les arguments que je pouvais mettre en avant, le « procès à charge » avait été instruit. L'histoire à raconter, celle du « *bad boy* » prêt à tout pour l'emporter, était sur les rails et rien ne pouvait l'arrêter. Le tourbillon des chaînes info nourrissait un feuilleton – du pain béni pour elles ! – dont je n'arrivais pas à me dépêtrer. Comme une personne se débattant dans des sables mouvants, tous les efforts que je faisais pour me sortir de la nasse ne faisaient que m'y enfoncer plus profondément. Concurrents politiques et éditorialistes se donnaient le mot pour cogner le plus fort possible. Mes cotes de popularité se sont effondrées alors qu'un hebdomadaire me qualifiait à la fin de l'année 2012 d'« homme politique le plus détesté de France ».

Il m'a fallu trois semaines pour parvenir à un accord politique, mais plusieurs mois pour apaiser le plus gros des tensions.

Avec le recul, j'ai mesuré combien mon obstination à vouloir avoir raison contre tous était absurde.

En cette fin 2012, décidé quoi qu'il arrive à ne laisser personne me voler cette victoire électorale, je n'ai pas voulu voir que celle-ci n'avait plus aucun sens dès lors qu'elle était politiquement et médiatiquement contestée.

J'aurais dû – cela me paraît tellement évident aujourd'hui – provoquer immédiatement une nouvelle élection qui aurait seule permis d'en sortir par le haut. Hors contexte, c'est facile à dire. Mes amis, engagés comme jamais sur le terrain, m'enjoignaient de tenir et je ne voulais pas leur donner un sentiment de faiblesse. Ma fermeté affichée leur a plu, naturellement. Elle correspond à mon tempérament. Mais cette fois, parce qu'elle avait trait à un enjeu personnel qui n'intéressait en rien l'avenir de notre pays, c'était une erreur.

Je m'en suis souvenu le 27 mai 2014 lorsque, pris pour cible par les mêmes et avec la même haine dans cette lamentable « affaire Bygmalion », j'ai décidé de me sacrifier alors que la vérité des faits, celle de mon innocence totale, n'était pas celle que l'on voulait entendre.

Mais mon propos est ici d'évoquer la capacité des médias lorsqu'ils choisissent une cible à la dissuader de toute action en la discréditant personnellement et professionnellement. Il y a encore deux ans, j'aurais été intarissable pour le démontrer.

Aujourd'hui, avec le recul qui m'a été imposé par la vie, je suis beaucoup plus nuancé dans mon appréciation. Certes, le phénomène des chaînes d'information continue et d'Internet exige que le public relativise, avec le plus de vigilance possible, chacune des informations qui lui sont transmises. Certes, on regrettera toujours que les actions que l'on conduit ne soient pas l'objet de plus de compréhension et d'indulgence *a priori* que de critiques.

Mais on ne saurait oublier que les premières critiques proviennent des adversaires du camp d'en face ou des concurrents de son propre camp.

On ne saurait oublier que la pluralité des médias écrits et audiovisuels se répartit en fait plus équitablement qu'on ne le dit entre gauche et droite. Avec des journalistes solidaires entre eux – certains disent moutonniers – mais en fait très différents les uns des autres.

On ne saurait oublier que les médias, en particulier la presse écrite, traversent une très grave crise économique qui pousse parfois certains patrons – faut-il les en blâmer ? – à privilégier le sensationnalisme qui fait vendre à l'exactitude des faits, sans doute moins rentable.

On ne saurait oublier qu'à côté de la presse politique, nécessairement attentive – même si on peut le regretter – à la politique « politicienne » et au décryptage des arrière-pensées, il y a la presse économique, sociale, internationale. C'est cet ensemble qui concourt à la mission d'information.

On ne saurait oublier enfin que le monde a profondément changé. Le poids de l'image est infiniment supérieur à celui de l'écrit.

Cela prête souvent à la caricature et aux raccourcis sélectifs.

Je l'ai mesuré à mes dépens comme l'a montré cette malheureuse photo de moi dans la piscine de Ziad Takieddine, en un temps où il n'était l'objet d'aucune mise en cause. Une image privée délibérément offerte à la presse.

En outre, la diffusion de l'information a vu sa vitesse et sa quantité se démultiplier à l'infini au point d'étourdir les journalistes, eux-mêmes pris dans l'obsession légitime d'être les premiers à annoncer les nouvelles, à produire les meilleures analyses. Avec un tel rythme, il n'y a plus de place pour sanctionner l'imprécision, voire la déformation lorsqu'elle est « légère ».

Mais cela ne doit pas détourner le décideur politique de sa mission : agir pour le bien de son pays. Mettre en œuvre sans faiblir les décisions qui s'imposent. Privilégier le temps long par rapport au temps court, l'action dans la durée par rapport à la pression psychologique de la dépêche d'agence ou du journal télévisé du soir.

Là encore, il appartient à l'homme politique de prendre la hauteur qui s'impose. Il sait pertinemment que la critique médiatique est consubstantielle à l'action qu'il conduit. Que cette critique, au nom d'une certaine conception de la démocratie et pour peu que les sondages ne soient pas bons, sera globalement négative. C'est un fait, il faut l'accepter.

Je vous renvoie au fil conducteur de ce livre, la réponse au terrible « on ne vous croit plus ». Cela commande de privilégier la méthode de gouvernement : plus les décisions structurantes seront prises rapidement, c'est-à-dire dès le début du prochain quinquennat, plus les critiques porteront non pas sur le principe de la décision mais sur son application concrète. C'est pour l'avoir oublié que les décideurs politiques français ont été successivement désavoués par les Français.

Voilà pourquoi j'en conclus une nouvelle fois que les torts sont partagés. « Pointer du doigt » les seuls médias n'est donc pas une explication suffisante, ni même satisfaisante.

La faute à la nature même des hommes politiques ?

Poursuivons notre travail de « déconstruction » avant la « reconstruction ». S'essuyer les pieds sur les responsables politiques est, en France comme ailleurs, une pratique courante. Je vous rapporte le témoignage d'Yvonne – avec un tel prénom, une gaulliste évidemment ! – qui m'avait lancé lors de la visite d'une entreprise de frigos à Lyon : « Franchement, pouvez-vous me citer un homme politique depuis le Général qui ait été désintéressé ? Pompidou, à la rigueur... mais depuis, ils ont tous fait passer leur carrière avant la France ! Il est là le problème ! ».

Les reproches formulés à l'encontre des responsables politiques sont innombrables et bien connus. Je voudrais en décrypter deux plus particulièrement car ils sont les plus corrélés au procès en incapacité et en impuissance qui leur est fait.

Premier reproche : les hommes et les femmes politiques vivraient entre eux, dans un monde fermé dont ils empêcheraient délibérément l'accès aux nouveaux entrants. Minés par les querelles d'ambitions où se mêlent passion et raison, ils ont une tendance naturelle à confondre l'amitié, sentiment profond et durable (« parce que c'était lui, parce que c'était moi », écrivait Montaigne à propos de La Boétie), avec une hypersensibilité égocentrée, sentiment superficiel et éphémère, l'ensemble étant conforté par une approche féodale « suzerain, vassal, rival »... Je reconnais que l'expérience des dernières années a, à cet égard, été pour moi formatrice. Il n'y a d'ailleurs aucune raison de qualifier d'amitié ce qui le plus souvent n'est qu'un rapport d'intérêts communs et partagés entre deux ou plusieurs acteurs. Ce n'est pas vrai qu'en politique. Chacun a pu expérimenter à un moment ou un autre de sa vie professionnelle l'alliance tactique que l'on peut établir avec un collègue, un supérieur, un subordonné, pour atteindre un objectif commun.

Mais dans une entreprise ou une administration, une alliance comme un conflit ne sont jamais sous le feu des projecteurs. Et surtout, lorsque la relation personnelle est intenable, on peut tôt ou tard changer de poste ou de structure, et ainsi rompre tout lien avec son « ennemi ». En politique, c'est impossible. Nous vivons les uns sur les autres en vase clos pendant quarante ou cinquante ans. Et je l'ai observé, c'est un monde que l'on quitte rarement et où l'on ne meurt que très, très vieux.

Autant dire que lorsqu'un citoyen pousse la porte d'un de nos bureaux pour demander à être candidat à une élection c'est la panique ! Je l'ai constaté quand j'ai préparé les élections municipales en tant que président de l'UMP. J'ai cherché à faire émerger une nouvelle génération, motivée, compétente, engagée. J'y ai parfois réussi, par exemple avec l'élection de Bruno Beschizza à Aulnay-sous-Bois, de Brice Rabaste à Chelles, d'Alexandre Vincendet à Rillieux-la-Pape, de Florence Berthout dans le 5e arrondissement de Paris, de Gaël Perdriau à Saint-Étienne. Mais combien de fois me suis-je heurté à la résistance acharnée de maires qui refusaient de passer la main et se montraient prêts à tout pour savonner la planche à des candidats dont le seul défaut était d'être plus jeunes qu'eux !

Endogamie maximale donc, et permanence du scénario trahison/réconciliation entre les uns et les autres, le tout avec une maîtrise consommée de la théâtralisation. J'avoue avoir été moi-même un spécialiste du genre, exagérant systématiquement l'amitié ancienne et donc la trahison déchirante de ceux qui, pour des raisons de simple calcul et d'opportunisme, ne m'ont pas soutenu à telle ou telle occasion. J'ajoute que, pour beaucoup, cette hypersensibilité joue souvent plus en négatif à l'égard des « traîtres », qu'en positif à l'égard des amis restés fidèles dans la tempête. La caricature venant de ceux qui, parmi les leaders politiques, se font une spécialité de rejeter systématiquement leurs fidèles pour promouvoir leurs ennemis. Ça crispe les premiers, sans adoucir les seconds. Et surtout, cela crée des rivalités mortifères au sein des équipes gouvernantes.

C'est là que réside le problème. Personne ne peut s'offusquer de l'existence de concurrences exacerbées entre les uns et les autres. C'est le propre de la nature humaine. L'expression des ambitions est légitime, je serais bien mal placé pour le nier...

En revanche, le spectacle offert aux citoyens de ces stratégies étalées au grand jour a forcément un effet dévastateur.

Certes, les « petites phrases » ont toujours existé. Celles de Clemenceau par exemple, aux yeux duquel aucun homme politique de son temps ne trouvait grâce, étaient d'une méchanceté effroyable et d'un goût inégal. « Mandel n'a pas d'idées, mais il les défendrait jusqu'à la mort… », disait-il de celui qui était pourtant l'un de ses proches.

Mais lorsque les gouvernants successifs n'obtiennent pas de résultats probants ces petites phrases, cette « politique politicienne » déprécient leur image et leur crédibilité. Elles sont même odieuses quand le quotidien de tant de Français est marqué par le chômage, l'insécurité ou l'angoisse des fins de mois. À quoi bon être le roi des bons mots quand plus de 6 millions de Français sont inscrits à Pôle emploi ?

Reconnaissons-le, c'est la quadrature du cercle : il y a peu de postes pour d'innombrables candidats, tous persuadés de leurs immenses aptitudes. Beaucoup pensent que, pour réussir, il leur faut d'abord empêcher les autres. Et les Français attendent légitimement de leurs responsables politiques un comportement collectif, entièrement tourné vers « l'esprit de mission au service du pays… ».

Alors ne nous plaignons pas d'être, sur ce point, critiquables et critiqués. Et surtout, d'incarner par cette attitude l'incapacité et l'impuissance.

Il est pourtant de rares moments où les choses sont différentes. Lorsqu'un groupe politique donné accepte de se reconnaître un chef. Et c'est alors tout l'art de ce chef de conduire son groupe, par ses mots et par ses actes, à retrouver cet esprit de mission. C'est ce que j'appelle l'aptitude au commandement : écouter, décider, expliquer, organiser, agir, assumer.

Second reproche à l'endroit des responsables politiques qui consacre encore l'image de leur impuissance : ils ne pensent qu'à leur réélection et n'agissent donc qu'en fonction du nombre de voix que chaque décision – ou non-décision – pourra leur rapporter.

L'argument est redoutable ! Nous en sommes venus à penser qu'un maire, un député, le Président de la République, même, ne saurait avoir de préoccupation supérieure à celle d'être reconduit dans ses fonctions à l'issue de son mandat !

Combien de fois ai-je entendu des candidats à l'élection présidentielle depuis 1995 répondre à haute voix à ceux qui leur enjoignaient de proposer aux Français un programme de réformes courageuses, « soyons élus, on verra après ! ».

C'est le raisonnement du pire puisqu'il consiste à penser que c'est en ne faisant rien que l'on garantit son élection puis sa réélection.

Sauf que, dans les faits, depuis le général de Gaulle, aucun président, hors les cas désastreux de cohabitation lorsque le septennat existait, n'a jamais été réélu !

De sorte que l'on peut, d'une certaine manière, parler de « double peine ». Les candidats ont eu peur de proposer de grandes réformes tout en promettant le « grand soir ». Une fois élus, ne les faisant pas, ils n'ont pas obtenu les résultats attendus. Et légitimement les Français les sanctionnent en élisant leurs adversaires.

Pourtant les contre-exemples existent : David Cameron en Grande-Bretagne, Angela Merkel en Allemagne. Tous les deux ont mené des campagnes électorales de vérité, en disant sans démagogie ce qu'ils allaient faire. Je vous recommande à cet égard de regarder le débat de David Cameron en avril 2015 : des citoyens britanniques l'interpellent très directement sur son choix de réduire les dépenses de l'État-providence anglais, le fameux *Welfare State*, et sur certaines situations dramatiques que cela a entraînées pour des jeunes qui se retrouvent à la rue ou des familles qui ne survivent que grâce à l'aide de la banque alimentaire. Un homme politique français aurait sans doute « biaisé » et promis un avenir meilleur sans s'engager précisément. Pas David Cameron. Il leur répond droit dans les yeux que oui il va continuer à baisser les dépenses du *Welfare* car il ne pense pas qu'on puisse vivre grâce aux aides de l'État mais en trouvant un travail. Brutal, parfois, mais limpide et sans ambiguïté. Tous les deux ont mis en œuvre les réformes pour lesquelles ils avaient été élus (baisse des dépenses publiques, assouplissement du marché du travail...). Tous les deux ont obtenu des résultats : 4,7 % de chômage en Allemagne, 5,6 % au Royaume-Uni. Tous les deux ont été réélus triomphalement !

Ainsi, je retire de ces deux critiques que deux antidotes à l'impuissance existent : l'affirmation d'un leadership d'abord, mettre en œuvre le programme de réformes pour lequel on a été élu, ensuite. À chaque fois que ces deux conditions ont été réunies dans une démocratie, le gouvernement « sortant » a été réélu...

Voilà pourquoi les torts sont partagés. « Pointer du doigt » les seuls responsables politiques n'est pas une explication suffisante, ni même satisfaisante.

La faute aux Français ?

« Pourquoi voulez-vous faire demain ce que vous n'avez pas fait lorsque vous étiez au pouvoir ? De toute façon les Français sont ingouvernables. » Ingouvernables. Quel déjeuner de famille ou dîner entre amis n'a pas abouti à cette conclusion lorsque l'idée de réformer notre pays est venue dans la conversation ?

Les critiques du tempérament français sont innombrables et intemporelles. Jules César, déjà, ne décrivait-il pas les Gaulois comme un peuple batailleur, querelleur, éternellement divisé ?

Pas question pour moi de reprendre à mon compte la liste de toutes les critiques à l'encontre des Français. Je suis courageux mais pas téméraire !

Et puis, tous les grands peuples ont leurs traits de caractère qui ajoutent leur originalité et leur richesse aux fondamentaux de la nature humaine.

Mais en même temps, il serait absurde de se défausser. Je ne peux analyser les raisons de l'incapacité des responsables politiques français à obtenir des résultats et dissimuler la part que les Français, dans leur ensemble, y prennent eux-mêmes…

Prenons quelques exemples de reproches couramment entendus.

D'abord les Français seraient jaloux, envieux, arguant sans cesse des « y a pas de raison ! », « pourquoi pas moi ? ». Ce n'est pas tout à fait erroné. C'est même, nous l'avons vu ensemble, ce qui conduit à ce que chacun se sente pointé du doigt. Mais c'est le fruit d'une confusion : égalité n'est pas égalitarisme. Et puis nous savons quel est le remède : changer d'état d'esprit et faire le choix de la bienveillance.

Autre reproche classique : les Français sont passionnément épris d'histoire et de politique mais sont récalcitrants lorsqu'on leur parle économie ou géographie. Vrai, là encore, et pas sans effet.

L'histoire est le premier ciment de notre identité. Vercingétorix, Clovis, Charlemagne, Hugues Capet, Saint Louis, Louis XI, François Iᵉʳ, Henri IV, Richelieu, Louis XIV, Louis XVI, Napoléon, Louis Philippe, Napoléon III, Jules Ferry, Clemenceau, de Gaulle. Quoi que l'on puisse dire des trous de mémoire vrais ou supposés de nos jeunes générations, ces noms, dans leur grande majorité, résonnent dans l'inconscient collectif français.

La richesse de notre patrimoine monumental – joyau de notre attractivité touristique et culturelle –, le très important travail collectif de mémoire porté par les responsables politiques nationaux et locaux, soutenu par de nombreux mécènes privés, ainsi que l'engagement de bénévoles passionnés y sont pour beaucoup. Je pense à Jean-Claude Descamps, puits de science, rencontré en juin à Maubeuge, qui a consacré quarante ans de son énergie, de son temps, de son argent à sauvegarder la très belle citadelle Vauban.

Je peux en porter témoignage à travers le très grand succès populaire du musée dédié à la Première Guerre mondiale que nous avons fait construire avec le soutien des élus du Pays de Meaux.

Le Musée de la Grande Guerre de Meaux, c'est un pari un peu fou qui a commencé par une rencontre avec un homme extraordinaire à la culture encyclopédique, Jean-Pierre Verney. À l'automne 2004, il me fait visiter une exposition sur la bataille de la Marne. Il me parle alors d'un appel téléphonique qu'il a reçu, quelques jours auparavant, d'un collectionneur de Boston qui veut lui racheter les 30 000 objets sur la Grande Guerre qu'il a rassemblés durant toute sa vie. Mon sang patriotique ne fait qu'un tour : pas question de laisser partir cette collection hors de France ! La décision est prise instantanément. C'est ainsi qu'est né le projet d'un grand musée à Meaux, présentant au public la plus importante collection privée d'objets de 14-18. Cela avait du sens : le Pays de Meaux a été marqué dans sa chair par la bataille de la Marne en septembre 1914. Ce miracle qui montra aux yeux du monde que, même lorsqu'elle semble irrémédiablement perdue, la France est capable des sursauts les plus inattendus au prix de sacrifices admirables. Péguy fut ainsi fauché à Villeroy, aux portes de Meaux. C'est une immense fierté pour moi d'avoir réalisé ce projet qui a déjà attiré plus de 400 000 visiteurs du monde entier. Quels que soient nos parcours personnels, nous avons tous un peu de cette terrible Grande Guerre en nous… Nous devons transmettre sa mémoire.

La politique, les Français – quoique parfois ils s'en défendent – en sont passionnés. Rien de tel que de les questionner sur les hommes et les débats du moment pour voir que rien ne leur échappe. Ils ont même, je l'ai souvent observé durant ces dix-huit mois passés à échanger avec eux, une perception assez juste des tempéraments et des caractères de ceux qui nous gouvernent ou aspirent à le faire.

Et s'il est exact que les débats technocratiques les ennuient, ils sont en revanche très au fait de ce que sont et font leurs maires au service de leurs territoires.

Mais, et là réside, à mes yeux, une faiblesse réelle de nos compatriotes, il est tout aussi vrai qu'ils sont très peu intéressés par deux domaines pourtant indispensables pour entrer de plain-pied dans le XXIe siècle : l'économie et la géographie.

L'économie d'abord. Cette activité qui consiste en « la production, la distribution, l'échange et la consommation de biens et de services » est à la source de tout lien social entre les hommes. Ses ressorts, ses mécanismes, parfois complexes mais souvent plus simples qu'on ne le croit, sont essentiels à la compréhension du monde d'aujourd'hui. Or contrairement aux peuples anglo-saxons, pour lesquels l'histoire et la politique ont moins d'importance mais qui sont très naturellement ouverts aux raisonnements économiques, les Français conservent une réticence à s'y intéresser. Et cela contribue à expliquer pourquoi les dirigeants politiques ont tant de mal à réduire les dépenses publiques, à remettre en cause tel ou tel avantage social, alors même que notre pays n'a plus les moyens de le financer.

Pourquoi ? De nombreux arguments ont été avancés pour comprendre ce phénomène. Les Français préféreraient les lettres aux chiffres. On prétend par exemple que lorsque Valéry Giscard d'Estaing vint à la télévision avec des graphiques pour expliquer aux Français les ressorts du choc pétrolier, il fit un « flop ». Depuis, aucun autre responsable politique n'a osé refaire l'exercice. C'était pourtant il y a plus de quarante ans !

Autre explication, la faiblesse de l'enseignement de l'économie au lycée. Il serait trop « prisonnier de carcans idéologiques », sous-entendu de gauche… Il est vrai que la lecture de certains manuels de 1re ou de terminale ES laisse rêveur. J'ai feuilleté récemment l'un de ceux de la rentrée 2015. Pour illustrer le chapitre sur les inégalités (thème légitime, évidemment !), on voit un dessin intitulé « Les patrons du CAC 40 sont les mieux payés d'Europe ». Deux hommes en polo se prélassent sur des chaises longues, avec chapeaux et lunettes de soleil. Une bouteille flotte dans un seau à champagne posé entre eux. Ils sont manifestement sur un yacht. Il fait beau. Je vous livre le dialogue. Le premier demande : « mais qui pourrait expliquer aux gens toutes nos responsabilités et les risques de nos postes », « mais certainement pas nous, Edmond », répond le second. Bien sûr, c'est caricatural, humoristique et pas bien méchant. Mais, insidieusement, cela enferme les patrons dans le personnage du type arrogant, égoïste et profiteur. Malsain et inexact. J'avance dans le manuel et tombe sur un chapitre qui détaille la pensée de Karl Marx. Cela ne me choque pas : je ne suis pas d'accord avec beaucoup de ses analyses, mais c'est l'un des monuments de la pensée économique. Il faut bien sûr l'enseigner. Ce qui me dérange, c'est le chapitre suivant intitulé « Les analyses en termes de classe sociale sont toujours d'actualité »... En résumé, la vision de Karl Marx n'aurait pas pris une ride. La grille de lecture de la société et de l'économie contemporaines est toujours celle de la lutte des classes ! Dangereux.

Autre explication encore : la réserve supposée extrême des Français pour l'argent et la richesse, dans la ligne de leur tradition catholique. C'est la thèse « classique » de Max Weber, dans *L'Éthique protestante et l'Esprit du capitalisme*[1], qui oppose sur ce point catholiques et protestants, ces derniers réputés enclins à considérer la réussite financière comme un signe d'élection divine. Ce à quoi les défenseurs de la laïcité s'opposent, préférant mettre en avant le combat pour l'égalité – ou l'égalitarisme – né des idéaux révolutionnaires du XVIIIe siècle.

---

1. Max Weber, *L'Éthique protestante et l'Esprit du capitalisme*, 1905 ; Pocket, 1991.

Bref, toutes ces explications ont leur part de vérité, mais aucune ne vient à mes yeux excuser l'inexcusable : la compréhension des grands phénomènes économiques doit devenir une priorité absolue pour les Français s'ils veulent créer les conditions d'un sursaut et renouer avec le succès individuel et collectif. D'ailleurs, les écoles d'économie française sont reconnues dans le monde entier. Il suffit de penser à Jean Tirole qui a reçu le prix Nobel en 2014.

L'économie est une matière qui, avec le droit, m'a toujours passionné.

Je le dois avant tout à mon professeur de lycée, Robert Jammes, qui fut dans les années 70 un des pionniers de cet enseignement que la France découvrait et qui était fort justement dénommé « sciences économiques et sociales ». Cette passion ne m'a jamais quitté, d'abord tout au long de mes études à Sciences Po puis l'ENA, puis lorsque, passant de l'autre côté, j'ai eu la chance de l'enseigner à l'université Paris 8 Saint-Denis, avec les finances publiques. Par la suite, j'ai souvent essayé, dans mes interventions télévisées, notamment lorsque j'étais ministre du Budget, de présenter les faits et les chiffres avec le souci de les partager avec les auditeurs. De montrer que ce qui relève de l'économie d'un ou plusieurs pays – ce que l'on appelle la macro-économie – a beaucoup de points communs avec le fonctionnement d'un ménage ou d'une entreprise – c'est-à-dire la micro-économie.

Ainsi, un père ou une mère ne dira jamais à son enfant que s'il veut réussir dans la vie, il faut qu'il travaille moins à l'école. Alors comment justifier les 35 heures ?

Un ménage sait pertinemment que s'il dépense durablement plus qu'il ne gagne à revenu constant, il se trouvera un jour en risque de surendettement. Alors comment justifier le niveau élevé des déficits publics ?

Un jeune qui voudrait trouver un emploi à l'issue de sa formation doit savoir qu'il vaut mieux choisir un domaine d'activité qui embauche, plutôt qu'un domaine où les créations d'emplois sont en déclin. Alors comment justifier un système éducatif qui néglige autant l'apprentissage ?

Une entreprise sait qu'elle doit anticiper en permanence les évolutions du marché et ne pas craindre de se développer à l'international. Elle sait aussi que, pour surpasser ses concurrents, il lui faut allier la qualité de ses produits et/ou services à des coûts aussi bas que possible. Elle sait enfin, comme un ménage, que de ses arbitrages dépendront son développement et l'harmonie de ceux qui la composent.

L'autre grande faiblesse française, c'est la géographie.

Est-ce l'attachement viscéral des Français à leur commune, à leur territoire, et leur réticence plus forte que d'autres peuples à la mobilité ? Les études actuelles montrent pourtant que notre pays n'a pas échappé aux phénomènes de migration : exode rural à partir de 1945 puis « rurbanisation » depuis quelques années (depuis 1990, les espaces périurbains ont enregistré un taux de croissance en moyenne trois fois plus élevé que celui des centres urbains) au point de provoquer des fractures terribles avec ce que Christophe Guilluy appelle « la France périphérique »[1]. Il montre ainsi que 40 à 60 % des Français – qui vivent dans cette France périphérique, périurbaine, rurale – sont coupés de la France des grands centres, qui vit au rythme de la mondialisation et en tire profit.

Résultat, une paupérisation qui s'accentue : 85 % des ménages pauvres ne vivent pas dans les quartiers sensibles ; le taux de pauvreté dépasse les 19 % dans les Ardennes, en Corse, dans l'Aude, dans la Creuse, contre une moyenne

---

1. C. Guilluy, *Fractures françaises*, Jean-François Bourin éditeur, 2010.

nationale de 14,3 %. Une paupérisation d'autant plus angoissante et insupportable qu'elle ne passe pas au journal de 20 heures et ne fait pas l'objet de politiques publiques ciblées alors que les banlieues, elles, bénéficient d'aides massives et d'une grande couverture médiatique. Un phénomène qui peut développer ressentiment et repli sur soi. La boucle est bouclée quand ces Français de la France périphérique se retrouvent en quelque sorte enfermés dans leur territoire car ils ont pris un crédit pour s'acheter un pavillon qui a perdu de la valeur et n'est pas vendable sur le marché... J'ai été frappé de voir cet été que deux maires de villages ruraux, à Berrien (Finistère) et Parlan (Cantal), ont eu l'idée de vendre des terrains à 1 euro le mètre carré. À Berrien, le mètre carré de terrain ne trouvait pas preneur à 9,50 euros...

Si au XX\ siècle les réticences des Français à la mobilité au sein de l'Hexagone se sont de fait réduites, celles relatives à la connaissance des autres pays demeurent très fortes.

« On a toujours peur de celui qu'on ne connaît pas », dit le philosophe. Les Français, hélas, illustrent trop souvent cette faiblesse. Le constat n'est pas nouveau. Montaigne, déjà, regrettait au XVIe siècle le comportement grégaire et fermé des Français qui, lorsqu'ils se trouvaient à l'étranger, restaient entre eux plutôt que de s'ouvrir car « il leur semble être hors de leur élément, quand ils sont hors de leur village. Où qu'ils aillent, ils se tiennent à leurs façons, et abominent les estrangieres. Retrouvent-ils un compatriote en Hongrie, ils festoient cette aventure : les voilà à se rallier, et à se recoudre ensemble ; à condamner tant de mœurs barbares qu'ils voient. Pourquoi non barbares, puisqu'elles ne sont françaises ? » Et de conclure « Au rebours, je pérégrine très saoul de nos façons, non pour chercher des Gascons en

Sicile, j'en ai assez laissé au logis : je cherche des Grecs plutôt, et des Persans : j'accointe ceux-là, je les considère »[1] !

Ces réticences, il nous faut réfléchir à les surmonter, avec indulgence et compréhension, mais sans hésitation. Je ne vous parle pas ici de celles vis-à-vis des étrangers qui vivent en France. J'y reviendrai plus loin. Je parle des réticences à mieux connaître les mœurs, coutumes et systèmes des autres pays, y compris les plus proches. C'est pourtant le seul moyen, à mes yeux, de faire évoluer les mentalités sur des décisions trop longtemps retardées alors qu'elles apporteraient les plus grands bienfaits.

Parmi les facteurs qui peuvent expliquer notre difficulté à nous ouvrir aux autres, beaucoup ont évoqué le fait que les Français n'avaient jamais été un peuple commerçant. Plus préoccupés d'inventer, de créer, d'innover, que de produire en masse et de commercialiser. Dans *Le Mal français*[2], dont la lecture reste passionnante quarante ans après sa publication, Alain Peyrefitte montrait que les Français avaient toujours été plus prompts à imaginer un prototype, et plus rétifs à passer du prototype au stéréotype dans le but de le commercialiser. Il est vrai aussi que la France n'a pas exploité son immense façade maritime autant qu'on aurait pu l'espérer. Le Havre, premier port français, n'est que le 50e mondial… Ceci peut sans doute expliquer pour partie l'incapacité de nos concitoyens à se départir d'une approche franco-française.

Mais l'autre facteur, qui semble être un grand tabou, est notre très insuffisante maîtrise des langues étrangères et, en particulier, de l'anglais.

1. Montaigne, *Essais*, Livre III, chapitre IX, « De la vanité ».
2. A. Peyrefitte, *Le Mal français*, Plon, 1976.

On peut regretter que l'anglais soit aujourd'hui la première langue des échanges internationaux mais c'est ainsi. Rien ne sert d'être dans le déni de réalité, le temps où le français était la langue de la diplomatie et de la culture est révolu et la formule de Charles Quint selon laquelle « la langue française est langue d'État, la seule propre aux grandes affaires » n'est plus d'actualité.

Loin de moi l'idée de renoncer au combat pour l'expansion de la francophonie partout où cela est possible. Il faut au contraire réfléchir, à l'instar de ce qu'avait fait Jacques Toubon il y a une vingtaine d'années, au moyen de donner une nouvelle impulsion à cette action. Mais l'enseignement de l'anglais dès le plus jeune âge dans une approche bilingue devrait être aujourd'hui une priorité absolue. C'est une assurance-vie pour entrer dans le monde du travail. Combien de patrons de PME ou de salariés ai-je rencontrés, qui m'ont confié que leur méconnaissance de l'anglais était un frein terrible au développement de leur entreprise à l'international. Le problème des Français avec les langues étrangères n'est pas une légende. Selon l'Enquête européenne sur les compétences linguistiques, publiée en 2011 par la Commission européenne, la France est avant-dernière dans la maîtrise de la première langue étrangère (l'anglais dans quasiment tous les pays).

Une piste pour changer la donne ? Les Français ne sont confrontés à l'anglais qu'en cours, alors que les élèves des pays nordiques ou des Pays-Bas regardent fréquemment à la télévision des films ou des émissions en VO et sous-titrés dans leur langue maternelle, les coûts de postsynchronisation n'étant pas rentables pour les langues les moins parlées. Cette différence est décisive ! Pourquoi aujourd'hui n'adopterions-nous pas la même politique en France ? Les films ou les séries anglo-saxons qui sont diffusés à la télévision française pourraient l'être systématiquement en anglais et sous-titrées en français, au moins sur le service public. Ce serait d'ailleurs l'occasion de faire « d'une pierre trois coups » : les Français amélioreraient mécaniquement leur maîtrise de l'anglais mais aussi leur niveau de français via la lecture des sous-titres, tandis que les malentendants pourraient enfin profiter davantage de la télévision ! Je crois que cette proposition – même si elle ne peut pas changer toute la donne à elle seule – mérite d'être étudiée sans tabou, d'autant qu'elle ne coûterait pas un euro à l'État français !

L'enjeu des langues étrangères est déterminant. Comme nous sommes un peuple fier, nous ne voulons pas montrer nos lacunes. Résultat : on ne parle pas à ceux qui ne parlent pas notre langue et on finit par ne parler qu'entre nous ! Et cela réduit considérablement le volume et l'originalité de nos sujets de conversation...

On a souvent expliqué aussi que, de cet esprit relativement fermé au monde qui nous entoure, viendrait la résistance des Français au changement. Auquel s'ajouterait le syndrome bien connu du « *not in my backyard* » (« pas chez moi ») qui voudrait que l'on accepte les réformes pour les autres mais pas pour soi.

Chacun connaît cette histoire. Lorsqu'un homme ou une femme politique (généralement à droite) fait campagne et promet dans un meeting des baisses d'impôt s'il est élu, tout le monde l'applaudit. S'il a l'honnêteté de vouloir éviter la démagogie, il ajoute que cela impliquera de baisser les dépenses publiques d'autant. Les applaudissements recommencent mais moins nombreux. Et s'il vient par exemple à suggérer qu'on pourrait arrêter de réduire le nombre d'élèves par classe ou à envisager de fusionner à terme trois hôpitaux locaux qui vivotent à trente minutes de distance pour améliorer la qualité des soins, il risque la sortie de route électorale.

Il y aura en effet toujours dans la salle quelqu'un pour lui dire, « vous faites ce que vous voulez, mais pas dans l'école de mes enfants ou dans l'hôpital de ma ville »...

Alors, les Français ? Ingouvernables ? Fermés aux autres ? Franchouillards ? Allergiques aux efforts qui les concerneraient ? En un mot, coresponsables, par leur conservatisme, de l'incapacité de leurs dirigeants à moderniser notre pays ?

Oui.

Et non.

Certes, personne ne peut nier que ces traits de caractère ne constituent pas des moteurs très puissants pour le changement et la capacité d'adaptation.

Mais comment expliquer alors que la France soit dans le peloton de tête des grandes nations du monde ? Sixième place en matière de PIB (5e jusqu'à l'an dernier) derrière des pays aussi puissants que les États-Unis, la Chine, le Japon, mais devant l'Inde, le Brésil, la Russie. Comment expliquer son leadership mondial dans des domaines aussi variés que l'agroalimentaire, les énergies, le BTP, le luxe ? Sans oublier, quoi que l'on dise chez nous, la qualité de nos grands services publics, la santé, le transport, l'éducation même. Savez-vous, par exemple, que l'un des leaders mondiaux dans le secteur des drones est français ? Il s'appelle Parrot et a son siège à Paris, je l'ai visité en mars dernier : bluffant...

Et puis les Français ont de plus en plus conscience de la nécessité de réformer. Le jeune économiste Robin Rivaton, avec lequel j'ai échangé, montre, sondages à l'appui, que l'adhésion de principe des Français aux réformes ne cesse d'augmenter depuis dix ans. Un exemple : en juillet 2008, 44 % des sondés se sentaient proches de l'idée selon laquelle « il est nécessaire de faire des économies budgétaires compte tenu de l'ampleur des déficits publics et de la dette quitte à fermer certains services publics ». En juillet 2014, la proportion d'adhésion à cette proposition était passée à 65 %.

Contradiction, sans doute. Mais aussi signe que rien n'est perdu. Je vous l'ai dit dès le début de ce livre. Nous changeons d'état d'esprit et de méthode. Là où, en d'autres circonstances, chacun se sentirait obligé (moi le premier) de choisir son camp entre les pessimistes et les optimistes, je propose de combiner les deux approches.

Une nouvelle fois, le « et/et » plutôt que le « ou/ou » !

Car tous ces succès ne sont pas tombés du ciel. C'est le fruit du travail de toute une nation. Le moment est venu de retourner à Jules César : s'il décrivait les Gaulois comme un peuple querelleur, batailleur, éternellement divisé, il le disait aussi capable, quand les circonstances l'exigent, de se rassembler derrière un grand chef.

Il pensait à Vercingétorix, dont l'image d'Épinal et le cortège de clichés plus ou moins exacts ont tant inspiré l'imaginaire français. En deux mille ans d'histoire, notre pays a eu cette capacité d'engendrer les « chefs » qui ont créé les conditions de nouvelles impulsions et de grands sursauts.

En ce début de XXIᵉ siècle, les Français que j'ai rencontrés semblent l'attendre tout en n'y croyant plus vraiment. Il est vrai que ce siècle, comme les précédents, porte en lui une donne profondément nouvelle qui exige que le futur leader soit capable d'incarner tout autant un projet qu'une méthode profondément nouvelle. Aussi, « pointer du doigt » les Français en leur imputant à eux seuls la responsabilité du conservatisme est une explication beaucoup trop courte qui, pour tout dire, n'est pas suffisante, ni même satisfaisante.

Je pourrais encore poursuivre l'énumération de ceux qui, « pointés du doigt », sont présentés comme la cause des paralysies de la France. Le propos serait répétitif et la conclusion identique : erreur d'analyse que de penser que l'on puisse imputer à quelques-uns la responsabilité de notre sort commun. Pourtant, c'est dans cette veine que prospèrent ceux qui prétendent avoir des solutions radicales à tous nos maux : les extrêmes !

IV

Les faux remèdes des extrêmes

Le moment est venu d'évoquer le succès rencontré, au fil des échéances électorales, par les partis extrémistes.

En préalable, j'observe deux choses. Première observation : l'essor de ces partis n'est pas propre à la France. De l'UKIP en Grande-Bretagne, au désastreux Syriza au pouvoir en Grèce, en passant par Podemos en Espagne, le mouvement des déçus de la démocratie représentative en Europe ne cesse de prendre de l'ampleur. Ma seconde observation a trait à la France. Pour des raisons de réécriture historique, l'extrême gauche (dont le PCF) a toujours bénéficié de plus d'indulgence que l'extrême droite. De sorte que le PS a pu faire des alliances électorales avec l'extrême gauche ; à l'inverse, la droite a toujours refusé – et c'est son honneur – toute alliance électorale avec le FN et notamment tout accord de désistement pour le second tour. C'est dire combien l'équation électorale pour la droite est complexe car il lui faut gagner seule là où la gauche bénéficie de reports de voix plus favorables.

Sur le fond, il est éclairant de constater qu'extrême gauche et extrême droite ont fondé leur succès relatif sur la France des « boucs émissaires » et la France des « pointés du doigt ».

Et puisque la première partie de ce livre est dédiée à l'analyse du malaise français, avant de parler d'avenir, il me faut achever ce travail de déconstruction par deux « pointés du doigt » qui font les délices des extrêmes : l'euro et les immigrés.

La faute à l'euro, au libre-échange et à la mondialisation

À entendre les deux leaders de l'extrémisme français, Marine Le Pen et Jean-Luc Mélenchon, l'euro serait la source de beaucoup de nos malheurs économiques. En sortir permettrait notre salut avec, à la clé, un concept diabolique imaginé par les théoriciens du Front national : le « protectionnisme intelligent ».

L'analyse repose sur l'idée que l'inclusion de la France dans un système de monnaie unique européenne lui enlèverait une part de souveraineté et d'indépendance en lui imposant de faire converger son économie avec celles des meilleurs élèves et, notamment, l'Allemagne. Ainsi l'euro nous « imposerait »-t-il de réduire nos déficits et notre dette publics et nous conduirait-il à une « austérité » qui « étrangle » les Français. Son cours élevé expliquerait en outre notre déficit commercial (nos produits sont plus chers à l'export) et une part des délocalisations de nos entreprises industrielles. Enfin, l'absence d'inflation, imposée par la BCE[1], pèserait sur notre dette publique et sur notre capacité à la rembourser.

_____

1. BCE : Banque centrale européenne.

Quelle solution donc pour le FN comme pour le Front de gauche ? Quitter l'euro pour revenir au franc et dévaluer notre monnaie pour que nos produits à l'export soient moins chers.

On complète ce dispositif par le « protectionnisme intelligent » qui vise à restaurer des barrières douanières sélectives (c'est en cela qu'il est qualifié d'intelligent), c'est-à-dire limitées aux secteurs dits « stratégiques ». S'y ajoute, en corollaire, l'interdiction aux capitaux étrangers de prendre le contrôle majoritaire d'entreprises françaises.

Tout ce raisonnement a pour exigence de « produire français » et de « consommer français ».

Présenté de la sorte, si personne ne vient porter la contradiction en montrant le caractère factice de chaque étape du raisonnement, le programme économique du FN et du Front de gauche repose sur une rhétorique très convaincante.

Très convaincante pour l'ouvrier de l'automobile qui voit son usine délocalisée en Chine ou au Maroc et qui se retrouve au chômage tandis que les Français continuent d'acheter des voitures fabriquées ailleurs au gré de la conjoncture.

Très convaincante pour l'agriculteur écrasé de charges sociales et de normes (souvent européennes mais encore plus souvent françaises) qui voit le marché français inondé de produits alimentaires importés moins chers et qu'il considère de moindre qualité.

Très convaincante pour le patron de PME, sous-traitant d'une grande entreprise, qui est submergé par les concurrents étrangers qui contournent les législations françaises (y compris sur les marchés publics) et fabriquent à bas coût pour vendre en France leurs produits intermédiaires.

Très convaincante enfin pour ceux – et ils sont des millions – qui en ont marre de ne plus s'en sortir à la fin du mois alors qu'ils se privent de tout en travaillant et qui voient dans l'euro et le libre-échange un bouc émissaire (tiens, tiens !) qui vient s'ajouter à tous les autres.

Je n'ose vous dire combien de ceux que j'ai rencontrés m'ont confié sur le pas de la porte : « Au FN, ils n'ont pas tort sur tout ! Et puis, un coup de pied dans la fourmilière ne peut pas faire de mal ! »

Ce n'est pas un hasard si *Le Suicide français* d'Éric Zemmour, habilement écrit, a rencontré un tel succès populaire. Et ce n'est pas un hasard si, en guise de réponse, j'ai intitulé mon livre *Le Sursaut français*. Je trouve d'ailleurs qu'on a eu tort, dans les cercles politiques et intellectuels parisiens, de le prendre de haut. Mieux vaut, me semble-t-il, prendre le temps de décortiquer le raisonnement pour en montrer le caractère vain et, pour tout dire dangereux, pour la France. Je vous recommande en particulier la remarquable étude d'Emmanuel Combe et Jean-Louis Mucchielli *Le « protectionnisme intelligent » est une imposture*[1]. Sa lecture vient confirmer que c'est faire un tel choix qui conduirait au suicide français.

C'est à ce travail que je voudrais m'atteler avec vous tant je suis convaincu que, dans le débat qui va s'ouvrir pour la prochaine élection présidentielle, ce point sera l'un des sujets majeurs.

Reprenons ensemble chacun des arguments.

— L'euro porterait atteinte à notre indépendance en nous imposant de coller à l'Allemagne par une baisse de nos déficits et de notre dette, c'est-à-dire une politique d'austérité qui étrangle les Français

---

1. E. Combe et J.-L. Mucchielli, *Le « protectionnisme intelligent » est une imposture » 8 arguments contre les idées fausses du Front national*, Génération Libre, mars 2015.

Ce qui porte atteinte à notre indépendance, ce n'est pas d'être « obligé » de réduire nos déficits, c'est d'avoir des déficits et d'être endettés ! Lorsqu'en 2007 j'ai quitté mes fonctions de ministre du Budget, la France était à 2,5 % de déficit budgétaire sur le PIB (le plafond était à 3 %) et sa dette à 66 % du PIB (le plafond était à 60 %). La France est aujourd'hui à près de 4 % de déficit et 96 % de dette[1]. Certains objectent à juste raison que la crise financière de 2008 a eu un énorme impact négatif sur nos économies. Seulement, j'observe que l'Allemagne, qui a subi un choc récessif deux fois plus rude que la France en 2008 et 2009, est aujourd'hui à 74 % de dette et en excédent budgétaire chaque année depuis 2012.

Donc la réponse est simple. La véritable atteinte à notre indépendance lorsque nous avons des déficits élevés n'est pas vis-à-vis de l'euro, qui nous aide à nous endetter à des taux très bas. Elle est vis-à-vis de nos créanciers, c'est-à-dire des banques auprès desquelles nous sommes obligés, comme n'importe quel ménage, d'emprunter pour financer nos déficits. Réduire nos déficits, notamment en baissant les dépenses publiques, c'est réduire notre niveau d'emprunt. C'est ainsi que nous retrouverons notre indépendance et notre souveraineté pour gouverner plus librement au service de notre compétitivité et de nos emplois.

– Le cours élevé de l'euro expliquerait notre déficit commercial

C'est vrai que lorsqu'une monnaie est plus chère que les autres, les exportations sont plus coûteuses. Mais, à l'inverse, les prix des produits importés sont plus bas. Pour

---

1. Les chiffres de l'exécution 2014 donnés dans le projet de loi de finances pour 2016 sont de 3,9 % de déficit et 95,6 % de dette.

la France, qui dépend énormément de l'extérieur pour ses achats, en particulier les matières premières, un euro fort est utile. Regardons notre solde commercial. Pour 2014, il est en déficit de 54 milliards d'euros. L'Allemagne, qui a la même monnaie et les mêmes concurrents, a enregistré un excédent de 217 milliards. Alors, dans ces cas-là, on invoque une exception allemande. Faux encore ! En 2013, le Danemark, l'Italie, les Pays-Bas ont enregistré des excédents... Ajoutons enfin que les déficits bilatéraux les plus importants de la France (hors Chine) sont avec des pays de la zone euro (Allemagne, Belgique, Italie, Pays-Bas Irlande) quand nos excédents les plus importants sont avec des pays hors zone euro (Royaume-Uni, Hong Kong, Singapour, Australie)... Bref, nous sommes faibles avec les pays qui ont la même monnaie que nous et forts avec ceux qui ont une autre monnaie... L'euro n'est donc pas le problème !

Alors, osons dire que les raisons de notre déficit commercial structurel sont franco-françaises. J'en retiens trois. D'abord, la difficulté à se projeter vers l'étranger que j'évoquais plus haut avec la question de la maîtrise de l'anglais. La France compte deux fois moins d'entreprises exportatrices que l'Italie et trois fois moins que l'Allemagne. Ensuite, la question de la compétitivité-coût : la France est le pays de l'OCDE où les dépenses publiques sont le plus élevées (56,4 % du PIB contre 46 % en moyenne), les prélèvements obligatoires les plus hauts (44,9 % contre 35 %)[1], les dépenses sociales les plus fortes (32 % contre 22 %), tout cela financé par des taxes sur le travail. Si on rajoute les 35 heures et l'empilement des normes, nos entreprises

---

1. Chiffres de l'exécution 2014 donnés dans le projet de loi de finances pour 2016.

partent dans la compétition mondiale avec un énorme boulet au pied. Enfin, la question du positionnement. La France réussit dans l'aéronautique, l'agroalimentaire, le luxe, la pharmacie… Sécurisons ces secteurs ! En revanche, nous avons fait des erreurs de positionnement, en privilégiant le moyen de gamme dans l'industrie (pour l'automobile notamment) là où nous n'avons pas d'avantage comparatif face à nos concurrents européens et encore moins asiatiques…

– L'euro expliquerait une part des délocalisations de nos entreprises industrielles

Bien sûr chaque délocalisation entraîne des drames humains très douloureux. Mais, en regardant les chiffres, on prend conscience que seules 4,2 % des entreprises implantées en France ont eu recours à des délocalisations entre 2009 et 2011. Ce qui représenterait 7 000 emplois par an. C'est toujours trop. Mais un chiffre qui, rapporté à l'emploi total en France, doit être regardé avec nuance. J'ajoute que 60 % de ces délocalisations ont eu lieu au sein… de l'Union européenne. Encore une fois, ce n'est pas une question de monnaie !

– On quitte l'euro, on revient au franc et on dévalue pour stimuler nos exportations

C'est l'une des plus belles impasses logiques du FN ! Marine Le Pen affirme que le retour au franc permettra de dévaluer, et donc de gagner en compétitivité, mais que toutefois un franc vaudra toujours un euro, la baguette coûte un euro elle coûtera un franc, etc. Il faut choisir : si l'on a un nouveau franc égal à un euro (ce qui est de l'ordre de la pensée magique, car on ne peut pas décréter la valeur de sa monnaie et il est au contraire probable qu'une sortie de l'euro ferait couler la valeur du nouveau franc), il n'y a pas de dévaluation, donc pas de gain compétitif. On ne peut pas à la fois garder une parité franc/euro et dévaluer... Mais l'on comprend pourquoi le FN n'assume pas l'idée d'une forte perte de la valeur du franc car tout cela ruinerait les plus fragiles, retraités, allocataires sociaux, petits épargnants, fonctionnaires en bas de l'échelle dont les revenus sont indexés sur l'inflation...

– Instaurer un protectionnisme « intelligent »

Vraiment ? Si l'on augmente nos barrières douanières, il ne faut pas croire que nos concurrents resteront les bras croisés ! Un exemple concret le démontre : en 2013, l'Union européenne décide de taxer les importations de panneaux solaires chinois... En réaction, la Chine annonce qu'elle va faire de même pour les vins et spiritueux européens. Catastrophique pour la France. Résultat : intelligemment, Chine et Europe préfèrent transiger !

Par ailleurs, la hausse des droits de douane risque de baisser le pouvoir d'achat des Français. Depuis dix ans, les produits de consommation dont les prix ont le plus baissé proviennent pour l'essentiel des pays émergents (comme les téléviseurs dont le coût a chuté de 70 %). Il a été calculé que le fait de remplacer ces produits de base issus de l'étranger par des produits *made in France* pourrait coûter de 1 270 à 3 620 euros par an aux ménages français. Le jeu en vaut-il la chandelle ?

Dernier point. Il est à la mode de parler du « *made in France* ». Ce slogan séduisant est pertinent pour les biens agricoles et alimentaires qui sont issus d'un terroir. Mais aujourd'hui, en matière industrielle ou manufacturière, plus rien n'est vraiment issu d'un seul pays. Par exemple, un Boeing 787 – produit américain emblématique – est un puzzle dont les composants viennent à 70 % d'autres pays que les États-Unis... Vous seriez étonné de découvrir que même la plus petite des PME françaises a souvent recours à des fournisseurs étrangers pour fabriquer ses produits. Il ne faut donc pas se tromper de combat. Vouloir imposer un « *made in France* » exclusif est tout simplement impossible. Le « *made in France* » doit être un objectif pour développer effectivement sur le territoire français de nouveaux produits et de nouvelles filières industrielles à forte valeur ajoutée et non un simple slogan qui flatterait les esprits nostalgiques.

Vous le voyez, de manière objective, méthodique et sans polémique, on peut montrer le danger du programme économique du FN et du Front de gauche.

Je peux néanmoins témoigner qu'il est beaucoup plus facile pour Mme Le Pen ou M. Mélenchon de présenter leur programme de sortie de l'euro dans une France en crise, que pour nous de le décortiquer comme je viens de le faire ! Trop techno ! Trop long !

Et bien sûr, le sempiternel : « Alors pourquoi, avec votre politique, la France n'a-t-elle pas de meilleurs résultats sur les déficits, la dette et le chômage toujours élevés, si ce n'est pas à cause de l'euro ? »

Je l'admets volontiers, la démonstration que je viens de faire parle à la raison, mais pas au cœur. Il lui manque, et c'est énorme, la dimension sensible, humaine qui doit toucher chaque Français en particulier. L'agriculteur, le patron de PME, l'ouvrier, le citoyen, tous sincèrement convaincus que sans les contraintes de l'euro, comme le disent les partis extrémistes, la France irait mieux. « D'ailleurs, ajoutent-ils, vous n'avez qu'à essayer ! Ainsi, vous sortirez de l'alternance classique Les Républicains/parti socialiste, pour une véritable alternative, une autre politique. »

On pourrait déjà répondre que cet argument du « vous n'avez qu'à essayer » vient de tomber de haut, depuis qu'un pays voisin du nôtre « a essayé » : la Grèce.

Nous avons sous les yeux l'exemple dramatique de l'application de ce programme par Syriza en Grèce. Pourquoi croyez-vous que M. Tsipras a finalement fait adopter un programme économique très proche de celui de son prédécesseur de droite, M. Samaras, et à l'opposé des promesses électorales qui l'avaient fait élire ? Tout simplement parce qu'il a compris que sortir de l'euro conduirait à une situation infiniment pire que d'y rester, que le « Grexit » se traduirait par un choc de défiance majeur, la Grèce ne pouvant plus emprunter à des taux raisonnables auprès de créanciers échaudés. Une dévaluation de 50 à 60 % de la nouvelle monnaie et donc un pouvoir d'achat en baisse, d'autant que la Grèce importe deux fois plus qu'elle n'exporte. *In fine* une incapacité à financer la dette comme le train de vie courant du pays qui se serait traduit par une asphyxie économique bien pire que la crise actuelle. Terrible pour le peuple grec…

Mais ce n'est pas encore assez. Oui, il manque à mon argumentaire cette dimension humaine. Je l'ai payé au prix fort dans les débats et interventions télévisés que j'ai pu faire sur ce thème comme sur d'autres. Je n'ai pas oublié mon face-à-face avec Isabelle Maurer, une Alsacienne haute en couleurs, lors de l'émission « Des paroles et des actes » d'octobre 2013. J'étais venu avec des répliques impeccables d'un point de vue macroéconomique sur la croissance et le chômage et je me retrouvais face à une femme qui me décrivait sa vie de souffrances, de galères et de petits boulots. Chaque fois que j'essayais de lui répondre elle me disait : « Vous ne pouvez pas comprendre ma situation, monsieur Copé, quand on survit avec 470 euros par mois, il faut le vivre ! » Imparable. Tout ce que j'ai pu dire lors de cette longue émission a été occulté par ce moment où la « vraie vie » se cognait avec « le techno ». Quant à Mme Maurer, elle y gagna une place de tête de liste aux européennes dans la circonscription Est du parti Nouvelle donne, à gauche du PS...

Toujours est-il qu'il m'a fallu ce temps de silence et de réflexion pour comprendre que l'on n'est jamais audible lorsque l'on fait face aux démagogues dont l'arme principale est de toucher l'affect avec des rhétoriques logiques mais fausses. Si je dis « Socrate n'aimait pas l'eau. Les chats n'aiment pas l'eau. Donc Socrate était un chat », le raisonnement est logique mais faux car on mélange des idées séparément vraies, mais qui, articulées les unes aux autres, aboutissent à une conclusion fausse. C'est exactement ainsi que le FN et le Front de gauche ont construit leur programme économique.

Pour le démontrer, il faut apporter les arguments objectifs, ce que je viens de faire. Mais il faut aussi parler au cœur afin que chaque Français sache que c'est pour lui que l'on construit un projet, que l'on fait des propositions. Pour lui que des réformes sont engagées. Pour lui et pour l'avenir de ses enfants.

Les chiffres sont souvent imparables... Mais, et je l'ai parfois trop oublié, c'est souvent le facteur humain, le cœur, l'affect, qui l'emporte, parce que nous sommes des hommes et des femmes faits d'aspirations, d'inquiétudes et d'espoirs. Et parce que, *in fine*, c'est toujours l'humain, raison et cœur mêlés, qui décide.

C'est donc d'équilibre qu'il s'agit. Car si la raison n'est rien sans l'émotion, renoncer à la première pour ne parler qu'à la seconde est dangereux. C'est dans ce registre qu'excellent les extrêmes et s'ancrent les populismes. Le juste équilibre entre cœur et raison permet seul de poser le diagnostic nécessaire pour trouver les remèdes ; privilégier l'un au détriment de l'autre conduit inévitablement à l'erreur.

L'euro, le libre-échange, la mondialisation sont une première cible. Il nous reste à en évoquer ensemble une seconde. Cette fois elle ne concerne que l'extrême droite. C'est l'immigré, le « bouc émissaire » historique du Front national.

La faute aux immigrés

De quoi parle-t-on ?

Les estimations varient (5,5 à 7,5 millions[1]), mais la France compte aujourd'hui environ 10 % de sa population qui est d'origine immigrée[2] (11,9 % en Allemagne, 12,4 % au Royaume-Uni, 14,3 % aux États-Unis, 20,7 % au Canada[3]). Pour une grande majorité, ces immigrés[4] sont arrivés sur notre sol depuis les années 70. Cela a apporté un brassage de population inédit. Un certain nombre ont fait leur vie en France et se sont intégrés. D'autres n'ont pas

---

1. 5,9 millions d'immigrés en France, selon une note de l'INSEE du 13 octobre 2015.
2. L'INSEE parle de 8,9 % d'immigrés et l'INED de 11,6 %. Nous retenons donc une estimation médiane autour de 10 %.
3. Ces comparaisons internationales sont celles de l'INED pour l'année 2013.
4. INSEE et INED retiennent la même définition : un immigré est une personne née de nationalité étrangère à l'étranger et résidant en France. Certains immigrés ont pu devenir français par acquisition, les autres restant étrangers.

réussi à s'intégrer et des ghettos urbains se sont formés...
à côté de déserts ruraux... De quoi brouiller certains repères
et chambouler les esprits !

Voilà pour les faits ! Maintenant la rhétorique du Front
national : simpliste et infantilisante. Elle flatte les ins-
tincts nationalistes. Je résume : « 1. Nous, Français, c'est
bien connu, sommes les meilleurs. 2. S'il y a du chômage
ou de l'insécurité en France, c'est forcément que ces problèmes ont été "importés" par les immigrés. La preuve, il y
a presque autant de personnes inscrites à Pôle emploi que
d'immigrés en France. 3. Il suffit de stopper l'immigration
pour stopper nos problèmes. Plus d'immigration, plus de
soucis ». L'enfer c'est les autres !

Le diagnostic est faux à tous égards.

Faux d'abord parce que faisant l'amalgame entre la gestion de la circulation des personnes et la manière dont s'in-
tègrent, ou non, les immigrés et leurs enfants régulièrement
installés depuis parfois plusieurs générations. Or, il faut
absolument distinguer ces deux problèmes. J'y reviendrai.

Faux ensuite parce que déresponsabilisant. Résumer le
chômage ou l'insécurité à une question d'immigration, c'est
chercher des boucs émissaires (tiens tiens !) pour refuser
d'assumer nos erreurs.

S'il y a du chômage, c'est que les gouvernements élus
depuis quarante ans n'ont pas pris les mesures courageuses
pour gagner la bataille de l'emploi : ce ne sont pas les immigrés qui ont obligé la gauche à s'enferrer dans une vision
malthusienne du travail, menant à la retraite à 60 ans ou aux
35 heures. Ce ne sont pas les immigrés qui ont empêché la
droite, quand elle a été au pouvoir, de revenir à la retraite
à 65 ans et de supprimer les 35 heures !

S'il y a de l'insécurité, c'est que les gouvernements, en dépit de leurs annonces, n'en ont jamais fait une priorité concrète. Pas assez de policiers, pas assez de magistrats, pas assez de places de prison. Tout dans ce domaine est à repenser. Certes la part de la population carcérale d'origine immigrée est importante. Mais ce ne sont pas les immigrés qui ont empêché la droite, lorsqu'elle était au pouvoir, d'être ferme avec l'insécurité et ferme avec ses causes.

Faux parce que faisant un lien quasi automatique entre immigration et chômage. Or, de nombreux États avec un taux d'immigration plus élevé (États-Unis, Canada, Allemagne, Royaume-Uni) connaissent le plein emploi. Avec un marché du travail ouvert et flexible, permettant une formation tout au long d'une carrière, l'immigration ne pose pas de problème d'emploi.

Faux, enfin, parce que simpliste. Quand on regarde dans le détail, on se rend compte que ce n'est pas l'immigration en soi qui est un problème, mais la nature de l'immigration. Pourquoi les choses se passent-elles mieux aux États-Unis ? Parce que l'immigration concerne seulement 38 % de personnes non qualifiées quand la France en compte 85 %. En clair, la majorité des personnes qui viennent dans notre pays ne sont pas prêtes à entrer sur le marché du travail, alors que la majorité des personnes qui entrent aux États-Unis le sont…

La question n'est donc pas de dire stop en bloc à l'immigration, comme le propose le Front national, mais simplement de dire clairement oui ou non à ceux qui veulent immigrer en France en fonction de nos besoins et de leur profil professionnel.

C'est là où, honnêtement, le bât blesse. Depuis les années 70, plutôt que d'assumer d'accueillir une immigration de travail qualifiée, droite et gauche confondues ont privilégié une immigration de nature « sociale » et familiale, peu qualifiée. Une immigration qui, il faut le dire sans tabou, quand elle est « cantonnée » dans des barres inhumaines de grande banlieue parisienne, comme c'était le cas quand je suis arrivé à Meaux, ne peut tout simplement pas arriver à s'intégrer.

En 2007, Nicolas Sarkozy avait dressé le bon constat et proposé de passer d'une immigration subie à une immigration choisie. L'objectif était excellent, mais, clairement, les résultats n'ont pas été au rendez-vous. D'où une perte de crédibilité de la droite républicaine sur ce sujet. La déception est à la hauteur des espérances que nous avions suscitées. Cette femme des quartiers difficiles de Forbach me le disait tout net : « J'y ai cru à l'immigration choisie en 2007... mais, franchement... je me suis fait avoir, c'est la dernière fois que j'ai voté pour vous... »

Est-ce à dire que les solutions du FN pour endiguer l'immigration pourraient fonctionner ? Non, car, là aussi, nous sommes dans le simplisme... Que propose le FN ? Tout simplement de sortir de Schengen et de fermer définitivement les frontières. Chiche ! Alors il faut nous dire comment on procéderait. La France métropolitaine compte 3 000 km de frontières terrestres : on construit des murs et des postes frontières (même à l'époque de Vauban, ils n'ont jamais existé) ? On bâtit des guérites dans les Pyrénées, dans les Alpes et sur le Rhin ? On rétablit des visas pour tous les Français qui veulent voyager en Europe ? Que fait-on pour les 100 000 Lorrains travailleurs transfrontaliers ou les 35 000 Alsaciens qui vont chaque jour travailler en Allemagne ? Les décisions prises au lendemain des attentats du 13 novembre montrent d'ailleurs les difficultés pratiques de l'exercice.

Tout cela n'a de sens que parce qu'il s'agit de mesures temporaires, alors que la sécurité du territoire est menacée. On l'oublie : le rétablissement de frontières entre la France et l'Espagne, entre la France et l'Allemagne, entre la France et l'Italie, entre la France et la Belgique serait insupportable au quotidien même pour nous Français. Passeports, contrôles, guichets, douaniers, procédures... N'ayons pas la mémoire courte.

De fait, nous ne pouvons plus continuer à débattre de l'immigration comme nous le faisons depuis trente ans.

Certes, il faut désormais tenir un discours de vérité et de fermeté. Mais rien dans ce que dit le FN n'apporte de réponse à ces questions. Dans sa rhétorique, les immigrés sont des boucs émissaires. Mais le problème étant mal posé, il n'a évidemment pas de solution ! Je vous dirai, plus loin, quelles sont mes propositions.

Les extrêmes n'ont donc que de faux remèdes. Simples en apparence, parce que simplistes, ils aggravent le malaise français.

V

Droite et gauche désemparées

Au terme de cette énumération des vraies et fausses idées reçues sur ce qui constituerait des obstacles à la capacité de la France à se transformer, j'en viens à donner ce qui est pour moi la véritable explication.

Elle réside dans l'incapacité des responsables politiques issus des partis de gouvernement, à gauche comme à droite, de proposer aux Français une analyse cohérente de la société et du monde tel qu'il est. Or, seule une analyse objective, lucide et courageuse permettra d'abord de se rassembler naturellement sur une vision et un projet partagés. Et ensuite, d'acter ensemble une méthode de gouvernement assumée qui garantisse que ce qui a été annoncé dans une campagne présidentielle sera effectivement décidé et mis en œuvre dans un délai très rapide.

Le XXe siècle, âge d'or des idéologies, a d'une certaine manière répondu à ces deux attentes : les programmes étaient construits de manière cohérente et les gouvernements les ont mis en œuvre pour le meilleur... ou pour le pire.

Commençons par le pire. Hitler avait clairement décrit son programme dans *Mein Kampf* paru en 1925 : la supériorité des Aryens, le racisme d'État, l'élimination des juifs, la conquête de l'espace vital… Ce livre a été diffusé à 10 millions d'exemplaires partout en Allemagne jusqu'en 1945. Chacun savait ce qu'il contenait. Hitler est arrivé au pouvoir sans rien cacher de ses intentions. Ce sera toujours pour moi un grand mystère qu'un peuple aussi cultivé que la patrie de Bach, de Kant, de Goethe, de Schumann, ait, dans un moment d'hystérie collective, souscrit aux thèses délirantes d'Hitler et lui ait confié son destin. Mais, si fou soit-il, ce programme donnait une explication simple aux difficultés de l'Allemagne de Weimar : la supposée trahison des élites juives et cosmopolites, permettant à un peuple, blessé par la défaite de 1918 et traumatisé par la crise de 1929, de trouver une justification à son déclassement dans l'Europe. Le drame, c'est qu'Hitler, une fois élu, a appliqué son programme. Consciencieusement. Avec l'aide, souvent zélée, de l'appareil d'État allemand. Il l'a appliqué jusqu'à l'horreur de la Shoah. Cela était redoutablement efficace. Jusqu'en 1941 Hitler pouvait soutenir qu'il avait honoré ses terribles promesses.

Idem pour le communisme. Les bolcheviques ne faisaient pas mystère de leurs projets : la dictature du prolétariat était assumée. Là encore, le discours n'était pas sans cohérence apparente. Expliquer qu'il fallait rendre la propriété des moyens de production aux ouvriers dans une Russie tsariste aux inégalités abyssales trouvait un écho compréhensible dans la population. Et les Soviétiques ont commencé par faire ce qu'ils préconisaient : nationalisation des moyens de production, élimination de la bourgeoisie. Intellectuellement comme factuellement, le communisme avait des arguments à faire valoir ! L'*intelligentsia* française, d'Aragon à Sartre, s'y est d'ailleurs laissé prendre. Soljenitsyne ne fut pas en odeur de sainteté pendant longtemps auprès d'une certaine gauche qui ne voulait pas qu'on déboulonne l'idole communiste.

Le socialisme, que je ne confonds évidemment pas avec les odieux totalitarismes que je viens de décrire, avait, lui aussi, surtout à l'époque de Blum, une vraie logique. Il s'agissait pour l'État de corriger les déséquilibres nés de l'essor si rapide du capitalisme. L'État régulateur, les congés payés, les conventions collectives, tout cela avait du sens. Une fois encore, même s'il connut des échecs, Blum appliqua une part importante de son programme. D'où le souvenir quasi légendaire encore attaché aujourd'hui à l'époque du Front populaire en France.

Un mot enfin sur le gaullisme. À proprement parler, ce n'est pas une idéologie. Mais c'est un *corpus* cohérent fondé sur une promesse de restauration de la grandeur de la France via une affirmation de l'État dans tous les domaines. Cette promesse, incarnée par le génie du général de Gaulle, était attendue en 1958 et a incontestablement réussi : quand le Général a quitté le pouvoir, la France était puissante, prospère et respectée.

Que s'est-il donc passé pour que, ensuite, les gouvernements français successifs ne soient plus parvenus à proposer une analyse cohérente permettant de justifier un nouveau projet et une méthode adaptée ? De mon point de vue, c'est la conséquence des ruptures très fortes intervenues dans les années 70 à 90 et qui ont fissuré durablement les fondements de la méthode de gouvernement des États, au premier rang desquels leur infaillibilité. Car le point commun entre toutes ces idéologies était de se fonder sur une forme d'infaillibilité de l'État qui, de fait, pouvait tout puisqu'il n'avait pas de concurrent et gardait la main sur l'économique comme sur le sociétal.

À partir des années 70, c'est l'omnipotence et donc l'infaillibilité de l'État qui se fissurent.

Quelques illustrations emblématiques. Le 15 août 1971, Richard Nixon, président des États-Unis, décide d'en finir avec le principe de convertibilité entre l'or et le dollar. Le dollar devient ainsi soumis à un taux de change flexible, largement déterminé par les marchés. Dans l'histoire économique et politique, c'est un séisme : l'État avait toujours eu la haute main sur la monnaie. Et voilà que le responsable politique le plus puissant du monde abdiquait en partie sa souveraineté sur ce point et la transférait aux acteurs privés que sont les marchés… En vérité il n'avait pas le choix. La réalité s'imposait à lui.

Deuxième exemple, toujours dans la sphère économique, le choc pétrolier de 1973. Il ne s'agissait pas de la première crise mondiale : un siècle plus tôt, en 1873, il y avait eu le krach de Vienne, puis celui de 1929. La nouveauté résidait dans le fait que ce choc n'était pas interne à l'Occident, mais imposé par les pays de l'OPEP. Ceux-ci démontraient ainsi, d'une part, que toutes les économies du monde étaient devenues profondément interdépendantes et échappaient au contrôle des États et, d'autre part, que les pays occidentaux n'étaient plus hégémoniques.

Troisième exemple, dans la sphère médiatique. Nixon encore, en 1974, est contraint à la démission à la suite du scandale du Watergate. La presse s'impose comme un quatrième pouvoir ; elle le demeurera.

Émancipation de l'économie, émergence des pays du Sud, renforcement des médias : les années 70 sont celles où le dogme occidental de l'État infaillible et omnipotent vacille. La hantise de son impuissance émerge. Le mouvement n'a cessé de s'amplifier depuis.

Les responsables politiques français ont mesuré qu'une partie de la situation leur échappait. Le socialisme enchanté de François Mitterrand s'est fracassé sur la réalité en 1983. En 1999, Lionel Jospin avouait, ce qui lui coûta cher : « Il ne faut pas tout attendre de l'État... » Restés solides et compétents dans la maîtrise et les résolutions de crises brutales qu'ils ont eu à affronter, ils se sont montrés plus mal à l'aise pour anticiper les changements plus profonds et durables qui allaient en découler.

L'exemple de la crise financière de 2008 est éclairant. Sa résolution à court terme fut très largement liée à la solidarité du couple franco-allemand et à la solide complémentarité qui unissait Nicolas Sarkozy et Angela Merkel. Grâce à leur esprit d'initiative et à leur capacité d'entraîner la communauté internationale, l'Europe et une bonne partie des pays du globe ont pu échapper à un cataclysme financier majeur. En revanche, a-t-on vraiment mesuré que cette crise avait pour caractéristique – au-delà de ses effets les plus conjoncturels – de nous faire changer d'époque ?

Car en réalité, depuis cette crise, tout a changé.

Et la manière dont les différents gouvernements en ont tiré les conséquences pour leurs pays respectifs le montre. On a vu le fiasco grec.

À l'inverse le Portugal, lui aussi placé sous tutelle, a relevé la tête. Baisse des dépenses publiques, réforme des retraites, réduction du périmètre d'intervention de l'État : tout cela n'a pas été sans résistances. Mais le Portugal a renoué avec la croissance depuis 2013, après deux ans de récession. Son chômage est passé de 17,5 % en 2013 à 12,8 % aujourd'hui.

Quant au déficit public, il a été divisé par deux depuis 2010. Si bien que la tutelle a été levée en 2014.

Et la France ? Je suis sûr que nos dirigeants, à gauche comme à droite, ont pour beaucoup d'entre eux pris la mesure de ces bouleversements. Mais je ne suis pas sûr, en revanche, qu'ils aient eu l'envie ou la force de le formuler de manière cohérente pour partager leur diagnostic avec les Français. Le faire aurait exigé de reconnaître que leur marge de manœuvre est infiniment plus faible que celle des dirigeants du siècle précédent ; l'aveu est forcément douloureux.

Lors de ma dernière déclaration télévisée sur TF1 le 27 mai 2014, qui annonçait pour moi une longue période de recul et de réflexion, j'ai pris un engagement : celui de faire de la politique autrement.

Cette formule a été, vous l'avez compris, le point de départ du travail de déconstruction/reconstruction qui a abouti à la rédaction de ce livre.

Pour moi-même, certes. Mais surtout pour la réflexion que je vous propose sur l'avenir de notre pays face à cette nouvelle donne mondiale.

Faire de la politique autrement parce qu'on ne peut plus la faire comme avant. Et si les gouvernants déçoivent, c'est parce qu'ils continuent à promettre que leur seule élection produira des miracles ! Sans se soucier de dire par avance, à la fois ce qu'ils vont faire pour répondre à l'analyse cohérente – qu'ils n'exposent pas – de la situation, et surtout, comment ils vont le faire.

Parce que l'on ne doit promettre que ce que l'on sait pouvoir tenir, je le dis à nouveau, ma conviction est qu'il faut proposer une offre politique radicalement nouvelle, plus ambitieuse dans l'obsession du résultat et plus sobre dans la liste des objectifs à atteindre. Disant cela, nul aveu d'impuissance, simplement la conscience que le monde a changé. Une ambition intacte, mais l'exacte connaissance des moyens dont on dispose. C'est de capacité d'adaptation qu'il s'agit, parce que les remèdes sont toujours inefficaces si l'on n'a pas fait le bon diagnostic !

Mais n'anticipons pas. Après la description des symptômes vient le temps du diagnostic.

Deuxième partie

AVEC LES FRANÇAIS : LE DIAGNOSTIC DU MALAISE

Le principal enseignement de la 1re partie de ce livre est le suivant : intarissables pour nous plaindre de nos maux et de nos douleurs, nous sommes incapables de poser un diagnostic.

Ou, plus grave, d'oser le formuler !

Car c'est bien là tout le sujet. Lorsqu'on relit les discours programmatiques de De Gaulle, de Margaret Thatcher, de Gorbatchev, de Schrœder, mais aussi dans un autre registre de Deng Xiaoping en Chine (qui, le premier, a rompu définitivement avec l'héritage de Mao en lançant, en 1992, « Enrichissez-vous, il faut prélever les éléments positifs du capitalisme pour édifier le socialisme à la chinoise »), on mesure que tous ont présenté une analyse cohérente et une explication partagée du monde nouveau dans lequel leurs pays respectifs s'apprêtaient à entrer.

Rien de tel en France depuis au moins trente ans. Pire, la difficulté, voire l'interdiction, de nommer les choses, de formaliser les concepts ou de les illustrer par des exemples concrets pour en renforcer la dimension pédagogique, décourage les meilleures volontés.

Et pour cause ! Nommer les choses, c'est choisir des mots ou des images que le grand public puisse comprendre et partager. C'est donc nécessairement se référer à un fait, extrait de la vie quotidienne, qui puisse toucher la raison, mais aussi l'émotion. C'est par conséquent s'exposer, seul, à toutes les polémiques. Ah ! L'émotion.

Vous savez combien celle-ci, en fonction du temps qui passe, du goût et des modes, est à géométrie variable. Les crimes de Mohamed Merah en mars 2012 contre des militaires français et les enfants d'une école juive de Toulouse ont soulevé une immense tristesse. Mais je ne sais pas expliquer avec certitude pourquoi ils n'ont engendré que quelques manifestations sporadiques, essentiellement politiques et communautaires, alors que les attentats de janvier 2015 ont conduit à la manifestation populaire la plus importante que l'on ait connue depuis trente ans.

L'émotion, oui. Celle qui touche au cœur. Celle qui, lorsqu'elle est alliée à la raison, permet aux hommes et aux femmes d'un grand pays de donner le meilleur d'eux-mêmes. Il est des circonstances dans lesquelles celle-ci ne passerait pas au filtre d'une sorte de « comité de validation virtuel », alors que, à d'autres moments, elle devient évidente, naturelle.

Ainsi vont les choses de la vie. Il ne sert à rien et il peut être contre-productif d'avoir raison trop tôt. On peut même le payer au prix fort si l'image ou les termes que l'on choisit sont maladroits. Il est courant avec le recul de présenter le livre du colonel de Gaulle, *Vers l'armée de métier*[1] paru en 1934, comme l'œuvre d'un visionnaire face à la myopie irresponsable des hommes politiques de la fin de la IIIe République. Sur le fond, c'est vrai. Il théorisait alors avec justesse la nécessité de faire évoluer la formation de nos soldats et de mécaniser nos matériels terrestres face à la montée du péril totalitaire.

Mais si le livre, à l'époque, reçut un accueil critique et méprisant, c'est en partie à cause de son titre qui donnait le sentiment aux politiciens de son temps qu'on pouvait renoncer à la sacro-sainte conscription, symbole depuis les soldats de l'an II de la mobilisation du peuple au service de la patrie. En clair, une « armée de métier », dont le choix correspond avec le recul à ce qui aurait pu peut-être sauver la France du désastre de 1940, était récusée sans débat par le « comité de validation virtuel » comme prémices d'une possible dictature… Les mêmes, ou au moins une partie d'entre eux, s'installaient pourtant, six ans plus tard, dans les meubles de la dictature vichyste, tandis que de Gaulle, lui, œuvrait au rétablissement de la démocratie.

C'est toute la difficulté de l'exercice. Comment, lorsque l'on est un dirigeant politique, proposer aux Français une analyse cohérente des défis à relever qui puisse passer – ou contourner – le filtre dévastateur des effets de mode ou des préjugés ? Comment trouver les mots et les images les plus justes ? Suffisamment forts pour toucher les esprits et les cœurs, mais sans blesser, heurter, diviser, segmenter, exclure ?

Ce sont des questions que je me suis posées tout au long de mon engagement politique, dans chacun des mandats et fonctions que j'ai exercés. Trop longtemps, les responsables politiques se sont arrêtés aux symptômes, au risque

---

1. Ch. de Gaulle, *Vers l'armée de métier*, Berger Levrault, 1934.

des amalgames parfois les plus toxiques, pour faire croire que cela permettrait de trouver les remèdes. Pourtant, on le sait, en médecine, c'est le diagnostic qui est essentiel. Concernant le malaise français, on ne peut l'établir que par étapes et ce sont ces étapes que je veux maintenant parcourir avec vous.

I

Meaux : la prise de conscience

Par mon éducation et ma sensibilité d'enfant à la geste gaullienne, je me suis toujours senti à droite. Mais au lycée, comme lors de mes études supérieures, j'évitais de le proclamer *urbi et orbi*.

Il est vrai qu'au début des années 80, lorsqu'on avait 20 ans, pour construire une solide relation intellectuelle avec l'un de ses professeurs (autrement dit fayoter...), il n'était pas indispensable de dire qu'on était de droite. Et s'il est exact que je rêvais parfois à haute voix de consacrer l'ensemble de ma vie à un engagement politique pour la France, mon sens des priorités immédiates pouvait m'amener dans certaines circonstances à choisir la sourdine.

Comme il était hors de question pour moi de fréquenter les étudiants fachos des groupuscules extrémistes, je me contentais, lorsque le sujet politique venait dans la conversation en présence de jeunes filles que j'espérais séduire mais dont les idées politiques n'étaient pas sécurisées, de me définir avec cette formule codée, encore en vigueur chez les intellectuels, écrivains, artistes, sportifs qui n'ont pas le goût du risque : « Je ne suis pas de gauche. »

Puis est venu pour moi le temps de l'engagement assumé. Au RPR d'abord, une fois mes études achevées, puis à l'UMP. Et, surtout, mon élection comme maire de Meaux à 31 ans en 1995. Il m'est alors apparu comme une évidence, à travers ce que j'ai vu, qu'il ne me serait plus possible de rester silencieux. Meaux, cette ville de 50 000 habitants située dans la grande couronne parisienne, est le reflet parfait de la société française actuelle dans sa diversité et sa complexité. À peine élu, je me suis trouvé confronté à des défis auxquels aucun livre, aucun professeur, aucun diplôme ne m'avait préparé.

À cette époque, être maire de Meaux, c'était administrer deux villes en une. La première moitié (25 000 habitants) entourait la cathédrale et son centre ancien dédié au culte du grand Bossuet, avec ses immeubles de propriétés et ses maisons individuelles. La seconde moitié de la ville (25 000 habitants) avait été construite dans l'urgence, à partir des années 60, pour accompagner la décolonisation. Formée de deux grands ensembles, Beauval (20 000 habitants) et la Pierre-Collinet (5 000 habitants), cette moitié de Meaux comptait 80 % de logements sociaux (54 % sur l'ensemble de la ville), essentiellement concentrés dans des tours, des barres, et ce que l'on appelle des « caravelles », soit trois barres de dix étages reliées à une colonne centrale comportant des ascenseurs conçus pour ne s'arrêter que tous les trois étages !

C'est ainsi que j'ai compris que les architectes avaient conçu ces « lieux de vie » en étant certains qu'ils n'y habiteraient jamais. Ni eux, ni surtout leurs enfants…

Avec une population issue de vingt-sept nationalités différentes, dont des communautés malienne, congolaise et nord-africaine importantes à partir des années 1960, Meaux est très vite devenue, à l'instar de Mantes-la-Jolie par exemple, une ville caractéristique de la ghettoïsation des quartiers sensibles. Chômage, extrême précarité, forte délinquance ont conduit la population meldoise à exprimer ses inquiétudes et, disons-le, sa colère. D'abord en rejetant en 1995 mon prédécesseur socialiste, élu depuis dix-huit ans, pour me porter à la mairie... puis en me faisant battre aux élections législatives de 1997, après avoir considéré que les choses, en deux ans, n'avaient pas changé. Mais surtout, cette colère s'était manifestée par un nombre de voix record en faveur des candidats, pourtant inconnus, du Front national : 17 % aux municipales de 1995 et 21 % aux législatives de 1997.

Cette colère était le reflet de tensions terribles que les milieux gouvernementaux de l'époque, à droite comme à gauche, s'obstinaient à minorer. Pourtant les causes de ces tensions sautaient aux yeux de tout observateur lucide sur la réalité du terrain. Dans des périmètres aux immeubles aussi surdimensionnés que dégradés, la promiscuité facilitait le retour aux rapports de force les plus instinctifs. La loi du plus fort s'imposait naturellement au plus faible. Celle du majoritaire au minoritaire. En l'absence d'autorité publique sur place pour constater et sanctionner les actes de violence les plus élémentaires, chacun opposait à l'autre son identité. Tel ce jeu de cartes, « la bataille », que l'on apprend aux enfants, chacun mettait en avant sa source de suprématie : l'origine géographique, la couleur de peau, le nombre de frères ou d'amis constituant sa bande et, progressivement, la religion.

En fait, dès les années 90, j'ai vu se constituer les ferments de ce qui, par la suite, à l'échelle nationale, a conduit à l'implosion de notre société. J'ai vu une France se fissurer en silence.

À travers une violence froide, l'échange de regards tendus, j'ai compris que des gens, pourtant majoritairement français, habitant le même quartier, le même immeuble, parfois depuis des années, arrivaient à refuser de se parler, de s'écouter, de se connaître, uniquement parce qu'ils se sentaient étrangers les uns aux autres. Tout simplement, ils avaient peur.

Un mot sur la peur. Tous les psychologues vous le diront : la peur est une émotion que l'on ne surmonte pas sans un authentique travail sur soi, nécessitant souvent, lorsqu'elle devient anxiété, un accompagnement raisonné et méthodique. Un peu comme l'on essaie de débloquer un dos endolori, vertèbre par vertèbre, réduire la souffrance liée à la peur à l'échelle d'une population nécessite un long et patient travail fait d'actions concrètes et d'explications de ces actions. Le tout à partir d'un diagnostic partagé avec tous, sans jamais céder au déni de réalité, en nommant les problèmes tels qu'ils sont, avec des mots justes.

C'est la défaite électorale de 1997 qui m'a aidé à en prendre conscience. En me privant de mon mandat de député mais en me laissant celui de maire, elle m'a, à l'époque, beaucoup marqué. Dans *Ce que je n'ai pas appris à l'ENA*, j'ai raconté comment elle m'a en fait aidé à repenser complètement le sens de mon action au service de mes administrés. J'avais été élevé par mes professeurs dans le culte de l'État infaillible… et de l'ENA infaillible. Cette défaite m'a fait prendre conscience qu'il fallait tout reprendre à zéro. Moins de certitudes et plus d'interrogations. Des convictions claires bien sûr, mais aussi du pragmatisme. Une vision de long terme pour Meaux, pour l'avenir de ses habitants, indissociable d'une méthode et d'un calendrier. Et surtout, pas de langue de bois ni de déni de réalité vis-à-vis des habitants dont l'exaspération et l'angoisse atteignent parfois des niveaux dont on n'a pas idée quand on ne le vit pas soi-même.

Le tout pleinement conçu et partagé avec chacun de mes administrés.

En fait, entre ma victoire de 1995 et ma défaite de 1997, j'avais imaginé que la politique c'était facile. Du dynamisme, de l'éloquence, une tendance naturelle à expliquer sans rire que j'étais le meilleur, tout cela devait suffire à convaincre. Mon malheur a été, en fait, ma chance. Après avoir été en 1995 le plus jeune élu, je suis devenu en 1997 le plus jeune battu de l'Assemblée nationale. Ma mère d'ailleurs, toujours très attentive à ce que je n'oublie pas les principes éducatifs qu'elle avait transmis à chacun de ses enfants, me le rappela le soir même de ma défaite : « N'oublie jamais que les coups de pied au derrière, ça fait toujours avancer. » Certes.

Et de fait, dans le même esprit que celui qui me guide depuis ma démission de la présidence de l'UMP en mai 2014, j'ai alors entrepris à Meaux un gros travail de déconstruction/reconstruction personnel autant que dans la réflexion sur la mission qui devait être la mienne en tant que maire.

Je savais que l'avenir de notre ville dépendrait largement des orientations que nous allions choisir tant sa situation psychologique et le désespoir de ses habitants s'étaient aggravés.

Je m'étais fixé deux principes. Le premier : n'avoir aucun *a priori* ni aucun tabou sur les décisions à prendre. Le second : mener de front la rénovation urbaine, la sécurité, l'accueil des entreprises dans les quartiers et une politique culturelle audacieuse.

Concernant la rénovation urbaine d'abord, il n'y a aucune fatalité à ce qu'un quartier sensible soit condamné à demeurer un ghetto pour l'éternité. Je peux en porter témoignage puisque Meaux a été considérée, dans les rapports de l'Agence nationale de rénovation urbaine (ANRU), comme un exemple de réussite remarquable. En 2008, le président de l'ANRU saluait « l'une des rénovations de France les plus abouties ».

Sur les conseils de l'architecte Roland Castro, avec lequel je m'étais rendu aux États-Unis pour visiter à Washington et Chicago les programmes d'« *empowerment zones* » lancés en 1996, j'ai très vite décidé, avec le concours de mon équipe municipale, que l'on allait démolir par implosion – plutôt que de rénover inutilement – l'ensemble de ces tours et de ces barres pour y substituer des immeubles de quatre étages à taille humaine. Comme les tours étaient à moitié vides, nous avons proposé aux habitants des déménagements provisoires dans les tours restantes jusqu'à ce que les nouvelles constructions soient achevées. Au début sceptiques, ils ont vite compris que je tenais parole, retrouvant ainsi dans des logements sociaux neufs une dignité que ces tours insalubres et dangereuses leur avaient fait perdre. J'y ai ajouté un programme de mixité sociale avec des logements d'accession à la propriété privée, ce qui a donné de vraies perspectives patrimoniales à ceux qui pouvaient substituer une traite bancaire à un loyer. Le résultat a été spectaculaire.

Parallèlement, devant le niveau impressionnant de la délinquance, j'ai compris que ce devait être une priorité municipale, tant les habitants le réclamaient. Notre réponse : des mesures concrètes. L'installation de 200 caméras de surveillance dans toute la ville, le recrutement de près de 80 policiers municipaux armés et la mise en place d'un conseil de prévention, que j'anime avec le sous-préfet, le procureur de la République, le commissaire de police nationale, le commandant des pompiers, le directeur de la police municipale, le directeur général de l'office d'HLM et les principaux des collèges. Ainsi a-t-on, au fil des années, lancé des programmes spécifiques pour le traitement des victimes, l'alerte sur des mineurs prédélinquants, la convocation par le maire de parents identifiés comme dépassés, voire « abandonniques », la prévention dans les écoles primaires, etc.

Là aussi, le résultat a été spectaculaire. Alors que nous étions au début des années 2000 à un niveau de près de 100 crimes et délits pour 1 000 habitants par an, nous sommes tombés à 52,5 en 2014 !

Une fois encore, je confirme : il n'y a pas de fatalité.

Ensuite, l'accueil des entreprises et des commerces dans ces quartiers a été déterminant. Le programme des zones franches urbaines lancé dans les années 90 et amplifié en 2004 par Jean-Louis Borloo, alors ministre de la Ville, a été très efficace. Le principe reposait sur l'idée que les entreprises implantées dans ces quartiers bénéficiaient d'exonérations de taxes et de charges sociales dès lors qu'elles embauchaient des habitants du quartier. La polémique sur le thème de l'« effet d'aubaine », du « cadeau aux entrepreneurs », a été peu de choses à côté du résultat obtenu en matière de création d'emplois.

Enfin, le choix d'une politique culturelle assumée. Oui, la culture ! Lorsque j'ai annoncé aux fonctionnaires du ministère de l'Équipement qu'à la place de la première caravelle détruite il y aurait un parc et un espace culturel composé d'une médiathèque, d'une salle de spectacle, et un programme d'initiation aux arts du cirque et du théâtre, j'ai vu leurs yeux s'écarquiller. L'un d'entre eux, 30 ans, ingénieur très diplômé à qui l'on avait confié la gestion de milliards d'euros de crédits publics – ce qui lui donnait un ton de suffisance désolant – m'interpelle : « Monsieur le Maire, vous plaisantez ? Ces gens n'ont absolument pas besoin de culture, ils passent leur vie à regarder la télé ! »

C'était il y a dix ans. Je ne sais si les épreuves de la vie l'ont conduit à découvrir depuis la bienveillance, mais ce qui est sûr, c'est que je n'ai pas cédé. L'espace culturel baptisé « Caravelle » a vu le jour. Il est plein à craquer et il a largement contribué à ce que les habitants de Beauval trouvent, toutes générations et origines confondues, un lieu pour se parler, s'écouter, s'applaudir, s'embrasser… bref se rassembler dans un lieu où le divertissement et la connaissance ont constitué un élément fort pour retrouver l'estime de soi.

Voilà qui vient confirmer que la politique, ça peut changer les choses et que le rôle des maires sera, dans ces quatre domaines, déterminant pour l'avenir.

Mais cette politique, si volontariste et efficace soit-elle, n'aurait jamais suffi à elle seule à créer ce lien si particulier entre la population de Meaux et son équipe municipale. Ce programme en effet – rénovation urbaine, sécurité, accueil des entreprises, politique culturelle – relevait de la raison. Sur les conseils et avec le concours de mes amis élus, j'y ai adjoint une dimension qui, je l'ai mesuré *a posteriori*, est apparue plus importante encore car elle touchait à l'affect, à l'humain, au cœur. Ce fut la construction d'une relation personnelle avec les Meldois.

Je ne parle pas de la relation que peut avoir traditionnellement un maire qui va serrer les mains de manière informelle sur un marché ou dans les manifestations publiques.

Je parle de la construction lente, progressive, d'une relation intime au fil des années avec une grande majorité d'entre eux.

C'est cette construction qui a peu à peu transformé mon regard sur les choses de la vie et sur des réalités que seul un maire dans l'exercice de ses fonctions, pour peu qu'il veuille bien s'y consacrer sans retenue, peut toucher du doigt.

Je sais que beaucoup de mes administrés, venant me voir à l'une ou l'autre des permanences hebdomadaires que je leur consacre, pensent que je suis là pour les aider, ce en quoi ils ont raison. Logement, emploi, secours d'urgence, violence conjugale, victimes d'agression, mineurs en danger ou simple problème administratif de voirie ou de propreté, autant de sujets pour lesquels le maire est la « relation de ceux qui n'ont pas de relations ».

Mais, ce que j'ai mesuré au fur et à mesure, c'est que le temps que je leur ai consacré, les décisions que j'ai pu prendre pour répondre à leurs attentes, alors que beaucoup voyaient en moi leur « dernier recours », étaient inestimables, pour eux certes, mais aussi pour moi. C'est la dimension humaine, celle qui prévaut et l'emporte toujours sur tout le reste. Et il doit en être ainsi.

Ainsi, lorsqu'une mère de famille vient me solliciter pour un logement social, un emploi, ou simplement une aide d'urgence, elle sait que le maire a le pouvoir d'être à ses côtés là où la démarche administrative n'a pas suffi. Mais c'est à chaque fois pour moi l'occasion de lui poser mille questions, comme le ferait n'importe quelle personne à ma place, pour prendre le temps d'écouter, de partager, de comprendre, d'apprendre. Bien sûr, les parcours sont rarement linéaires ! Mais dans l'intimité de ces innombrables huis clos, accomplis chaque semaine dans chaque bureau de quartier, j'ai accumulé, sans suffisamment prendre le temps de le formuler, une conscience profonde et authentique du ressenti de nos compatriotes. Car dans une rencontre avec son maire, celui qui surmonte sa pudeur pour raconter son histoire personnelle, sa souffrance, sa détresse, mais aussi sa passion, son espérance, est souvent disposé à livrer beaucoup de lui-même. Il est vrai que notre temps n'est pas toujours propice au partage, à la disponibilité ou, simplement, à l'écoute. Alors quand le dialogue s'installe, il est d'une vérité rare.

Bien sûr, il a pu m'arriver d'être déçu par le comportement de tel ou tel pour lequel je m'étais démené et qui, une fois le problème réglé, s'est inscrit aux abonnés absents. De la même manière, je ne suis pas dupe de ceux qui ont un rapport très unilatéral avec notre système de solidarité (« on me le doit », ai-je entendu plusieurs fois). Mais n'est-ce pas justement notre système de solidarité tel qu'il est conçu, par son caractère automatique et généraliste, qui a conduit à ce type de dérives et donc de frustrations ?

L'essentiel demeure : être maire de Meaux m'a ouvert les yeux et ces vingt années au milieu de mon équipe municipale au service de nos administrés m'ont appris ce qui ne s'apprend nulle part ailleurs. En deux mots : la bienveillance et le pragmatisme.

II

La difficulté à dire les choses : burqa et pain au chocolat

Là encore, tout doit être dans la nuance et le discernement. Ces milliers de rendez-vous individuels m'ont beaucoup aidé, par intuitions successives, à formaliser ce que j'ai appelé la « droite décomplexée ». Avec une vraie force de persuasion. Mais aussi avec plusieurs faiblesses dont je veux vous parler car elles ont toute leur place dans cette partie consacrée au diagnostic du malaise français. Elles ont en effet beaucoup à voir avec la difficulté à dire les choses en France.

Ce que j'ai vu, entendu et compris de la réalité de notre pays m'a amené, du fait de mes responsabilités nationales, à me confronter à un véritable dilemme. Devais-je mettre dans le débat public des réalités qui m'avaient sauté au visage, quitte à prendre le risque de la polémique et de la caricature ? Ou devais-je me taire ?

Ce risque, vous le savez, le l'ai pris. Je l'ai pris par exemple pour dénoncer en 2009 le port par certaines femmes de la burqa.

C'est à Meaux que j'ai été confronté pour la première fois à ce type de situation. La burqa, ce n'est pas un simple voile qui viendrait dissimuler les cheveux ou le cou. C'est un masque intégral qui ne laisse rien apparaître d'autre que les yeux. C'est donc la négation même de l'identité puisqu'elle interdit toute expression du visage. La négation aussi de la fraternité si l'on considère que deux personnes qui se rencontrent pour la première fois se serrent la main et se sourient. La femme qui porte la burqa refuse la main qu'un homme lui tend et se met dans l'incapacité de répondre à son sourire.

J'en avais à l'époque parlé avec plusieurs collègues députés de tous bords qui ressentaient la même gêne. Il en était de même de nombre de nos administrés. Prenant le temps d'écouter et de consulter longuement les représentants du CFCM (Conseil français du culte musulman), je m'étais fait confirmer que le port de la burqa n'était absolument pas une prescription religieuse, ce qui fut officiellement énoncé devant la mission parlementaire présidée par André Gérin, député PCF de Vénissieux, par celui qui en était à l'époque le président, Mohammed Moussaoui.

Fallait-il rester silencieux ? À gauche, les accusations de populisme et de récupération politique m'attendaient au tournant. À droite, dans les sphères les plus élevées du pouvoir, ne m'étais-je pas entendu dire que l'on n'allait pas « faire d'histoires pour moins de 2 000 femmes » ?

Il m'est très vite apparu à l'époque que je devais enfourcher ce cheval de bataille : celui de l'interdiction du port de la burqa dans l'espace public.

D'abord pour répondre à une question de fond. Dès lors que cette pratique vient nier l'identité physique des femmes qui la portent, ce sont d'innombrables principes républicains qui sont bafoués : le principe d'égalité entre les hommes et les femmes puisqu'il ne viendrait à l'idée d'aucun homme d'en porter une ; le principe de fraternité puisque tout contact avec les hommes est réduit ; le principe de sécurité puisque l'impossibilité d'identifier un visage dans l'espace public peut constituer une menace à l'ordre public. Sans oublier le principe de laïcité, si l'on considère que la laïcité à la française est la liberté pour chacun, s'il le souhaite, d'exercer son culte à condition qu'il respecte celui des autres et qu'il respecte les lois de la République...

Rester silencieux alors que les faits sont irréfutables, c'était laisser à penser que l'on pouvait considérer que ces principes, pourtant fondateurs du « vivre ensemble dans la République française », n'étaient pas contredits par cette pratique.

Rester silencieux, ensuite, c'était donner le sentiment à de nombreux Français que cette question n'était pas un problème, voire qu'elle n'existait pas, alors que sur le terrain elle devenait omniprésente dans de nombreux quartiers et créait de réelles tensions.

Rester silencieux, enfin, c'était laisser le champ libre aux partis extrémistes qui n'attendaient que cela pour dénoncer – et ils auraient eu raison – la lâcheté des partis de gouvernement, supposés déconnectés du « pays réel » et succombant au déni de réalité pour éviter l'accusation de « populisme ».

Voilà pourquoi, avec le soutien de la quasi-totalité des 317 députés du groupe UMP, j'ai élaboré une proposition de loi qui visait à interdire le port de la burqa dans l'espace public, avec une formule qui résumait bien notre état d'esprit : « La République se vit à visage découvert ».

Finalement, le président Sarkozy se laissa convaincre, bien qu'il n'émanait pas de l'exécutif, que ce texte, devenu projet de loi gouvernemental, méritait d'être adopté. À mon grand regret, à l'exception remarquable de Manuel Valls et d'Aurélie Filippetti, le groupe socialiste – Jean-Marc Ayrault et François Hollande en tête – ne l'a pas voté.

Rétrospectivement, et même si j'ai été à l'époque l'objet de menaces suffisamment précises pour nécessiter depuis une protection rapprochée, je ne regrette pas un instant d'avoir porté ce combat.

Il n'en est pas de même de l'histoire du « pain au chocolat » !

C'est là le cas typique à faire étudier par les élèves d'écoles de communication, de sciences politiques ou de journalisme.

Je veux le décortiquer avec vous car il en vaut la peine.

Au départ, c'est une histoire vraie. Terriblement vraie et, hélas, devenue banale. Elle m'avait été racontée au milieu des années 2000 par un père de famille habitant l'une des tours les plus invivables de Meaux que j'ai depuis fait démolir.

« Monsieur le maire, me dit-il, je vis au 9e étage. Dans notre coursive, je suis le seul qui bosse ! Je travaille de nuit, alors j'ai l'habitude de rapporter quand je rentre un pain au chocolat pour le goûter de mon fils qui est élève au collège. Eh bien hier, trois voyous l'ont agressé, lui ont arraché son goûter en lui lançant : "On ne mange pas pendant le ramadan !" Voilà ce qu'est devenue la France ! »

Cette anecdote semble banale à celui qui ne l'a pas vécue, n'est-ce-pas ? Comme est banal le récit que fait celui ou celle qui a préféré baisser les yeux pour fuir un regard agressif au pied de son immeuble à la nuit tombante ou qui croise un groupe d'individus qui lui lance quelques injures en passant. Banal, tellement banal.

Et pourtant. C'est anodin, inexistant pour celui ou celle qui ne le vit pas. Et à l'inverse, terriblement angoissant, voire humiliant pour celui ou celle qui, l'ayant subi, se met au fil des jours à ressentir pour lui, pour elle, pour ses enfants, pour ses parents, la peur au ventre.

J'ai raconté cette histoire, si tristement banale donc, en 2012. Je voulais dénoncer la manière dont, sur le terrain, loin des caméras et du journal de 20 heures, certains voyous prétextaient la religion pour installer une violence au quotidien, une sorte de conquête de territoire.

Je voulais que cet incident sorte de l'anonymat. Pour constituer une prise de conscience des tensions croissantes que l'on observe. C'est l'inverse qui s'est produit.

Rétrospectivement, notre pays ayant depuis subi l'épouvantable traumatisme des attentats djihadistes et la prise de conscience nationale que l'on sait, cette anecdote a, hélas, toute sa place dans la description des dérives dans lesquelles est plongée une partie significative de nos jeunes.

Mais à l'époque où je l'ai racontée, en pleine campagne pour la présidence de l'UMP, elle a fait l'objet d'une interprétation et d'une polémique qui m'ont totalement échappé. J'étais devenu un « suppôt du FN », un « populiste » prêt à tout pour récupérer des voix. De toutes parts, des voix s'élevaient pour dénoncer le relent d'islamophobie que cette histoire (d'ailleurs n'était-elle pas inventée ?) et son auteur étaient supposés incarner !

Autant mon combat pour l'interdiction de la burqa avait suscité un vrai débat avec autant de soutiens que de détracteurs, autant l'histoire du pain au chocolat, censée illustrer pourtant un phénomène infiniment plus sournois car plus répandu, ne générait qu'hostilité et sarcasme…

Avec le recul, je regrette de l'avoir présentée ainsi. Les faits étaient vrais, l'idée était juste. Mais l'image a tué l'idée. Bien sûr, j'ai souffert de toutes les caricatures dont j'ai été l'objet et qui ont tellement dégradé la perception que je pouvais donner de mon engagement, de ma volonté de décrire sans fard la réalité que je vois en tant que maire. Lancée à un mauvais moment, mal formulée ce jour-là, elle a offert un boulevard à tous ceux qui avaient un intérêt objectif à la combattre.

J'ai essayé d'analyser les raisons du déchaînement médiatique que cette anecdote a déclenché. Peut-être le « pain au chocolat » y était-il pour quelque chose, une image apparemment trop simple et trop affective à la fois. Mais je ne pouvais pas tordre la réalité : l'histoire m'avait été racontée et c'est d'un pain au chocolat qu'il s'agissait ! Les choses auraient-elles été différentes s'il s'était agi d'une bouteille d'eau ? Surtout, la virulence autant que la démesure des critiques m'a, *a posteriori*, fait prendre conscience de la difficulté que nous avons, en France, à dire les choses. J'avais, comme je le fais en tant que maire depuis des années, voulu nommer un problème, ne pas céder au déni de réalité. De manière générale, je persiste et signe, il faut nommer les choses si on veut les partager avec les Français et être capable d'apporter des solutions.

Pourtant, dans le cas d'espèce et même si j'en ai beaucoup voulu à mes détracteurs dont je mesurais aussi la part d'hypocrisie, je suis bien conscient aujourd'hui d'avoir, à l'époque, commis sur la forme une erreur.

Une anecdote comme celle-là, sortie de son cadre, pas assez argumentée, me condamnait dans le contexte de l'époque à une sortie de route. Elle participait pourtant d'une première tentative de diagnostic afin d'apporter des remèdes au malaise français. La méthode déjà : pour répondre aux attentes, pour résoudre les difficultés, la droite devait être décomplexée.

III

Première tentative : la droite décomplexée

Le concept de « droite décomplexée » que j'ai proposé en 2012, juste après l'élection de François Hollande à la présidence de la République, m'est apparu comme une base essentielle de réflexion. Il repose sur trois piliers.

D'abord, premier pilier, un socle de valeurs. La dimension historique y est omniprésente : la droite est plus réformatrice et moins conservatrice qu'on ne le dit. Ainsi, depuis 1945, c'est à des hommes de droite que l'on doit, lorsqu'ils ont été au pouvoir, des réformes essentielles, du général de Gaulle à Nicolas Sarkozy. Elles ont été menées au nom de valeurs fondatrices que je pourrais résumer autour d'un triptyque liberté-ordre-progrès. Donc, la droite décomplexée c'est un appel à la fierté d'être de droite, comme d'autres, et c'est tout aussi respectable, sont fiers d'être de gauche.

Le deuxième pilier, c'est l'idée selon laquelle on doit assumer une vision sans tabou et sans langue de bois de la réalité telle qu'elle est. Les atteintes à la laïcité et les dérives intégristes que je viens d'évoquer. Notre incapacité à porter une politique d'immigration cohérente et assumée. Les carences majeures de notre système de protection sociale. La confusion et la profusion de dépenses publiques souvent mal réparties et rarement évaluées. Les innombrables carcans qui pèsent sur notre appareil de production. L'omniprésence de l'idéologie égalitariste sur notre système fiscal.

Voilà quelques exemples parmi d'autres. À chaque fois, parce que l'on refuse de nommer les choses, que l'on parle par antiphrase ou allusion, on n'est pas en situation de proposer une analyse claire et courageuse. On saupoudre les constats pour chercher les applaudissements de notre camp sans aller jusqu'à proposer les solutions qui fâchent… Une fois encore, je recommande la lecture des discours de David Cameron, le Premier ministre britannique. Il dit les choses avec une franchise qui honore la politique.

Et pour faire bonne mesure, on s'interdit de positiver ce qui marche si cela risque de heurter les convictions de notre électorat.

L'exemple topique est celui des réussites de l'intégration. J'en ai fait l'expérience, en juillet 2015, lors d'une réunion passionnante organisée par une antenne de Génération France dans le sud de la France. Les participants montraient une inquiétude très grande et très compréhensible face aux crises identitaires que nous savons. Et j'ai bien sûr recueilli leur adhésion totale en leur rappelant mon propre combat contre les dérives de l'islamisme radical. Mais je leur ai dit avec la même force que, contrairement à ce que l'on croit quand on n'y va jamais, les exemples d'intégration réussie dans les quartiers sensibles existent et qu'il est possible de renverser la vapeur. C'est l'histoire de « Fantastik Armada », un groupe de quinze copains nés

« dans les quartiers » à Meaux qui ont eu l'idée, il y a quinze ans, de créer une « école de danse » et de former les gosses. Rigueur, discipline, talent. Et le plus beau signe de réussite est venu lorsque des enfants du centre-ville s'y sont inscrits et ont adoré ! Leurs spectacles (« battle » pour les initiés), donnés tout au long de l'année devant un public où les parents viennent aussi afficher leur fierté, sont juste incroyables ! Je pense aussi à l'association « Métis », fondée par un professeur de littérature passionné, qui développe l'apprentissage du latin et du grec, donne des cours du soir et monte des pièces de théâtre avec des élèves issus notamment du quartier de Beauval. Là encore, c'est une formidable réussite au point qu'aujourd'hui certains des intervenants de l'association sont d'anciens élèves au parcours exemplaire.

Rien qu'en le décrivant devant mes amis de Génération France, j'en frissonnais ! Mais je dois avouer que le scepticisme de ceux qui m'écoutaient m'a convaincu que nous avions bien tort de ne pas assumer plus franchement les réussites dans nos quartiers, plutôt que de nous limiter en permanence à ce qui ne marche pas. Je trouve d'ailleurs qu'en positivant ces initiatives, on est d'autant plus crédible dans l'affichage d'une fermeté totale face aux dérives.

Enfin, troisième pilier de la droite décomplexée : le courage. Le courage de décider et d'agir pour tenir les engagements sur lesquels on a été élu. En clair, ne pas avoir la main qui tremble ! Ne pas reculer comme notre famille politique l'a fait si souvent sur des sujets essentiels tels que l'éducation, les retraites, l'assurance maladie, les 35 heures, le code du travail… ou cet impôt absurde et tabou qu'est l'ISF. Autant de réformes que les autres grands pays européens ont entreprises sans fléchir.

Trois ans après la parution de mon *Manifeste pour une droite décomplexée*, je mesure la nécessité d'approfondir et d'élargir ces premières réflexions. À ce socle, à cette « infrastructure » dédiée au constat, doit maintenant être ajoutée la « superstructure », c'est-à-dire les conditions d'un Sursaut français. Les nombreuses chroniques de mon blog ont illustré quelques-unes de mes rencontres et des visites qui m'ont inspiré pour comprendre ce monde nouveau dans lequel une partie de notre pays est si réticent à entrer.

Ainsi, même si elle a quelques bonnes intuitions, la France n'a pas encore su trouver le bon tempo dans ce travail d'adaptation. Mais après tout, n'est-ce pas caractéristique de son histoire et de son tempérament ? Après 1945, il a fallu treize longues années à notre pays pour rassembler ses forces et trouver la dynamique qui, à partir de 1958, l'a vraiment remise dans la cour des grands.

Le point de départ de mon analyse, je vous l'ai dit, c'est l'importance des tensions qui fissurent la population française, la multiplication des boucs émissaires et des pointés du doigt qui conduit chacun à être tour à tour sujet et objet de soupçons. La France est aujourd'hui prisonnière de ces tensions internes qui, par leur ampleur, l'empêchent de retrouver l'harmonie et cette forme de bienveillance collective qui donne l'envie de réussir ensemble.

Ces tensions ont une explication première. Des changements immenses sont intervenus en un temps record (trente, cinquante ans) qui ont eu des conséquences concrètes et souvent brutales sur la vie des gens. Ce sont ces changements que je veux maintenant, avec vous, identifier car c'est la condition première pour s'y adapter. Nommer les choses pour mieux les appréhender, dépasser cette difficulté à dire les choses pour les apprivoiser… avec pragmatisme et avec bienveillance.

IV

Des changements immenses

Les bouleversements qu'a connus le monde sont intervenus en un temps record.

Un seul exemple pour illustrer cette accélération : la démographie. Nous étions 1 milliard d'humains en 1800, 1,6 milliard en 1900, 2,5 milliards en 1950 et plus de 7 milliards aujourd'hui ! Idem pour la population française : il y avait moins de 40 millions de Français au lendemain de la Seconde Guerre mondiale. Nous sommes plus de 65 millions. Pour mémoire, la France de Saint Louis, comme celle de Louis XIV, comptait environ 20 millions d'habitants...

C'est une inversion du cours de l'humanité : les villes prennent – au moins numériquement – le pas sur les campagnes. Les conséquences en sont multiples : en termes de transports, de pollution, de concentration des richesses et des hommes. Les enjeux sont immenses... Et, souvent, nous n'y sommes pas, ou mal, préparés.

La fin d'un monde, diront certains. Plutôt le commencement d'un monde nouveau, fait de changements. Et ces changements, immenses je l'ai dit, sont, d'ores et déjà et pour l'avenir, liés à deux facteurs différents mais complémentaires qui ont bouleversé les équilibres sur lesquels nous avions fondé la croyance d'une stabilité : le numérique et l'émergence d'un monde multipolaire que nous n'avons pas vu venir.

Le numérique a transformé la vie du monde

Après la première révolution industrielle, liée à la vapeur, la deuxième, résultant de l'électricité, nous vivons aujourd'hui une troisième révolution : celle des NBIC (Nanotechnologies, Biotechnologies, Informatique, sciences Cognitives).

Mais la différence avec la vapeur et l'électricité, c'est que cette révolution ne se produit pas de manière linéaire. Elle est exponentielle. La puissance des micro-processeurs, sur laquelle reposent ces innovations, double tous les dix-huit mois. Une simple puce réalise aujourd'hui des milliards d'opérations à la seconde... Cela permet des innovations dont nous ne soupçonnons pas l'ampleur. Ne nous laissons pas tromper par le côté ludique des Apple Watch, tablettes ou autres gadgets numériques... Ceci n'est que la face visible et sympathique d'une révolution bien plus profonde. Les NBIC ne sont pas un changement lent qui infuse dans les sociétés sur des dizaines d'années, à l'image de la vapeur qui n'a pas changé du jour au lendemain la vie du paysan briard ou de l'éleveur néo-zélandais. Non, il s'agit d'un *big bang* qui touche l'humanité entière dans toutes ses composantes.

La révolution des NBIC fait voler en éclats les grandes frontières à l'aune desquelles l'humanité avait pris l'habitude d'évoluer. Elle se singularise, à mon sens, par trois caractères déterminants.

D'abord, elle abolit la temporalité. La vapeur et l'électricité avaient eu en partie pour effet d'accélérer la vie. La révolution des NBIC nous fait entrer dans l'instantanéité. Tout se sait, se vit, s'analyse en temps réel. C'est à la fois une chance – nos comportements sont plus réactifs – et un danger – la dictature du court terme s'impose. Elle modifie aussi notre rapport au temps dans le sens où – j'y reviendrai – elle permet des progrès en matière de santé tels que, relativement, nous sommes des immortels par rapport à nos ancêtres !

Ensuite, elle réduit la spatialité. Il y a un siècle, il restait encore des zones de la Terre inexplorées. Aujourd'hui, la planète tient dans un Ipad ! Google Maps et Apple font entrer les six continents dans un écran six pouces. En discutant avec Henri Seydoux, le patron de Parrot, j'ai compris à quel point nous avions basculé dans une autre dimension. Avec ses drones, chacun devient un explorateur en puissance. Là encore le progrès est net : le monde est devenu un village global. Le risque est que ce mouvement se traduise par une disparition des mille et une diversités locales qui font la richesse de l'humanité. Comment la nation peut-elle survivre dans ce monde sans frontières ?

Enfin, cette révolution nous fait entrer dans l'ère de la connectivité. Jamais l'homme et la machine n'avaient été aussi liés. Je pense à cette start-up française – Withings – que m'a fait visiter son fondateur, Éric Carreel, en mai dernier. Elle est spécialisée dans les objets connectés relatifs à la santé : le pèse-personne relié par Wi-Fi à votre Smartphone qui dessine en temps réel votre courbe de poids ; la montre intelligente qui mesure le nombre d'heures de sommeil et de pas que vous faites chaque jour. C'est la mesure de soi, le « *quantified self* » cher aux Américains. Toutes ces données peuvent être partagées en direct (dans des conditions autrement plus modernes que notre vieux « Dossier médical partagé ») avec un médecin ou des amis. La personne fait corps avec l'objet… Les NBIC ont mis l'humanité en réseau, voire remplacé l'humain par des robots. Cela ouvre des potentialités immenses en matière de sociabilité, d'échange, d'ouverture… À condition de ne pas prendre la virtualité pour la réalité. À condition de ne pas faire rimer connectivité et *Big Brother* !

Ce phénomène de numérisation de l'humanité s'accompagne de l'émergence d'un nouveau monde que personne, en Occident, n'a vraiment vu venir.

L'émergence d'un monde nouveau que nous n'avons pas vu venir

Quand le mur de Berlin tombe, l'Occident pense ingénument avoir définitivement gagné la partie. Depuis la Seconde Guerre mondiale, le monde se résumait à l'opposition entre démocraties libérales, rassemblées autour des États-Unis et basées sur la démocratie représentative, le capitalisme et l'alliance militaire de l'OTAN, et démocraties populaires, groupées autour de l'URSS, fondées sur la dictature du prolétariat, l'économie planifiée et l'alliance militaire du pacte de Varsovie. En 1989, le raisonnement était donc simple : le monde soviétique écroulé, plus rien ne s'opposait à l'avènement du modèle occidental.

Tout un courant de pensée, dans la foulée du philosophe américain Francis Fukuyama, prédisait alors la fin de l'histoire. Pas au sens de l'apocalypse ! Mais, au contraire, fin de l'histoire car le libéralisme politique et économique étant pour eux le meilleur système, il allait nécessairement s'étendre pacifiquement au monde entier et assurer une sorte de prospérité généralisée sous égide américaine… Une *Pax americana* qui permettrait aux prolétaires de tous pays de s'enrichir à merci dans la concorde universelle.

Et voilà, chacun peut le constater, les choses ne se sont pas passées comme prévu ! L'histoire n'est pas finie. Elle est toujours tragique et elle nous échappe largement.

Il est encore trop tôt pour imaginer dresser un bilan. Mais j'aimerais évoquer avec vous les quatre tendances qui me semblent dominantes.

L'extraordinaire émergence de l'Asie

La Chine et l'Inde, qui étaient des « nains » économiques dans les années 80, ont acquis en quelques décennies un poids considérable. Pour donner une illustration frappante, comparons les évolutions du PIB, soit la richesse produite par un pays, sur ces trente dernières années. Entre 1980 et 2014, le PIB a été multiplié par 4 en France. Ce n'est pas rien. Par 6 aux États-Unis. Bravo ! Oui, mais par 11 en Inde et par 37 en Chine… CQFD ! Bien sûr, la Chine connaît aujourd'hui une crise de croissance spectaculaire mais il n'en demeure pas moins que le centre de gravité du monde a basculé vers l'Asie. Ou, pour être plus précis, vers le Pacifique. J'aime assez l'approche de Paddy Ashdown – il faut voir sa vidéo sur TED –, un ancien diplomate et député européen britannique sous l'étiquette *Libdem*, qui parle non pas tant de l'émergence de l'Asie – qui, avant de manquer la révolution industrielle au XVIIIe siècle, n'avait pas grand-chose à envier à l'Europe – que de celle du Pacifique. Pour lui, c'est par les mers que les grands équilibres géopolitiques s'établissent. Le monde romain s'est ainsi construit autour de la Méditerranée qui est ensuite demeurée l'aire de puissance, y compris pour les civilisations arabo-musulmanes, jusqu'à la découverte du Nouveau Monde. De 1492 à nos jours, le centre de gravité du monde s'est déplacé vers l'Atlantique avec un *condominium* de l'Europe et des États-Unis. N'est-on pas arrivé à un nouveau moment où c'est le Pacifique, situé entre les États-Unis et l'Asie, qui va détrôner l'Atlantique et déclasser l'Europe par la même occasion, ce que je regretterais profondément ?

La fin de l'hégémonie des États-Unis

Au-delà du basculement vers le Pacifique, un constat : les États-Unis ne font plus la loi seuls. Outre l'affirmation spectaculaire de l'Asie, des géants émergent aux quatre coins du monde.

L'Amérique du Sud n'est plus la « chasse gardée » de l'Amérique du Nord : Brésil, Mexique ou Argentine ont rué dans les brancards ! La Russie a refait ses forces et peut s'arroger la Crimée sans que personne n'arrive à lui résister réellement. En clair, le vieux logiciel manichéen de la guerre froide – si pratique car d'une simplicité redoutable – divisant le monde entre les bons et les méchants a volé en éclats. Aujourd'hui, chaque continent a sa dynamique propre. Chaque crise a des incidences internationales. Plus aucun État ne peut faire cavalier seul : tout doit se décider de manière concertée, négociée, collégiale. L'ère des hégémonies écrasantes et du *hard power* – la force qui fait la loi – est en partie révolue, l'ère du multipolaire et du *soft power* est advenue.

Dans ce nouveau monde déstructuré, le Proche-Orient tient une place à part. Pour reprendre le mot de l'historien libanais Georges Corm, il est « éclaté » comme jamais[1]. Il avait été profondément divisé par la guerre froide : d'un côté Israël adossé au bloc occidental, de l'autre les États arabes – Égypte et Syrie en tête – liés à l'URSS. Une fois l'URSS démantelée, certains faucons américains ont cru avoir les mains libres pour remodeler suivant une recette simple l'Orient compliqué : il suffisait qu'un seul des régimes de la région se démocratise – en l'occurrence l'Irak – et, selon la théorie des dominos, les autres suivraient… L'avenir d'Israël serait ainsi assuré – les démocraties ne se font pas la guerre – et la région stabilisée. Résultat ? Un fiasco !

La chute ou l'affaiblissement des anciens régimes laïcs, nationalistes et dictatoriaux (Irak, Syrie, Égypte, Libye) ont en fait aggravé la situation. La région est en plein chaos. Rares sont ceux qui ont, en réalité, compris que l'échec du panarabisme nassérien, l'affirmation du wahhabisme saoudien (sunnite) financé par les pétrodollars et le succès de la révolution islamique en Iran (chiite) avaient redistribué les cartes sur des bases religieuses dès les années 70. L'islamisme – chiite ou sunnite – devenait prépondérant.

C'est mon ami Antoine Sfeir qui explique le mieux cette nouvelle donne. Nous avons passé de nombreuses heures à en discuter. Pour lui, la grille de lecture la plus pertinente pour comprendre le Proche-Orient à l'heure actuelle est celle

---

1. G. Corm, *Le Proche-Orient éclaté*, Gallimard, « Folio », 7ᵉ éd., 2012.

de l'antagonisme pluriséculaire entre chiites et sunnites[1]. Opposés depuis les querelles de succession de Mahomet, ces deux frères ennemis de l'Islam n'ont jamais cessé de se disputer le leadership sur le monde arabo-musulman. C'est ce qui se passe aujourd'hui avec, d'une part, le « croissant chiite » (Iran, Irak, régime alaouite syrien, Hezbollah libanais) et, d'autre part, les puissances sunnites groupées autour de l'Arabie saoudite, les deux blocs s'affrontant sur des terrains de guerre interposés (Syrie, Liban, Yémen). La fulgurante émergence de Daesh en Irak et en Syrie ne se comprend que dans ce cadre : si Daesh a pu s'imposer dans la vallée de l'Euphrate, d'Alep à Mossoul, c'est d'abord parce que les populations sunnites locales ont vu d'un bon œil une force qui les libérerait des vexations imposées par le pouvoir chiite de Bagdad et par le régime alaouite de Damas.

Un mot sur l'Afrique maintenant. Souvent, quand je dis qu'elle est le continent qui progressera le plus au XXIe siècle, on me renvoie poliment aux souffrances terribles qu'elle a subies récemment : les pandémies, les guerres civiles, les dictatures, la corruption endémique, la faim… Pendant un temps, j'ai partagé ce fatalisme. C'est à l'occasion de voyages sur place, notamment au Sénégal et en Côte d'Ivoire, ainsi que d'échanges avec mon ami Lionel Zinsou devenu depuis Premier ministre du Bénin, que j'ai ouvert les yeux. Vous en doutez ? Quelques chiffres pour avancer dans notre réflexion : 700 millions d'Africains sont d'ores et déjà au-dessus du seuil de pauvreté, la croissance moyenne y oscille entre 5 et 7 % par an, en 2013, l'Afrique comptait

---

1. A. Sfeir, *L'Islam contre l'Islam. L'interminable guerre des sunnites et des chiites*, Grasset, 2013.

650 millions de téléphones mobiles. Plus que les États-Unis ou l'Europe ! Et que dire de l'aspect démographique ? Les projections de l'ONU (à prendre avec précaution car en matière démographique elles sont incertaines) prévoient même que l'Afrique comptera plus de 4 milliards d'habitants en 2100, soit environ 40 % de la population mondiale… Le futur basculement de la puissance est peut-être là : de l'Asie vers l'Afrique, du Pacifique vers l'océan Indien… Et c'est une chance pour la France : le continent africain nous est proche, géographiquement, culturellement et historiquement.

La montée en puissance de l'économie-monde

Évidemment, la mondialisation des échanges n'est pas nouvelle en soi. Mais ce qui a tout changé, c'est l'ampleur prise par l'économie et son émancipation du politique. Les plus grandes entreprises mondiales se sont largement affranchies des cadres nationaux au point d'être parfois durablement plus puissantes que les États : le grand distributeur américain Wall Mart compte 2,2 millions d'employés, soit à peine moins que l'armée populaire chinoise ! En février 2015, la valorisation d'Apple a dépassé les 700 milliards de dollars, l'équivalent du PIB suisse et plus que le PIB belge… Les « GAFA » (Google, Amazon, Facebook, Apple) ont atteint une dimension ahurissante, au-delà même de l'aspect financier. Leur force de frappe est inégalée : quel État, hormis la Chine ou l'Inde, peut se vanter d'avoir, comme Apple ou Facebook, une influence directe sur la vie quotidienne de plusieurs centaines de millions de personnes ? (1 milliard de terminaux Apple sont activés dans le monde, Facebook compte 1,5 milliard d'utilisateurs…).

Et que penser de la financiarisation historique de l'économie ? Sur le seul marché international des devises, le volume des échanges dépasse chaque jour les 5 300 milliards de dollars. Une somme qui ne renvoie à aucune réalité... C'est cinq cents fois plus qu'en 1970, et plus de deux fois le PIB annuel de la France... Sidérant. Depuis 2007, le « trading haute fréquence » (THF) s'est généralisé sur les marchés financiers. Des ordinateurs surpuissants, sur la base d'algorithmes inventés par des matheux de génie, permettent de passer une multitude d'ordres de vente ou d'achat sur les marchés chaque seconde. Cette pratique, purement spéculative, a contribué à augmenter à toute vitesse et sans raison les volumes financiers échangés sur les marchés. Et tout cela sans réel contrôle... L'essor du numérique est un précieux soutien au développement de cette économie-monde. Mais, parce que les États ont toutes les difficultés à le réguler, il peut aussi aboutir à des catastrophes financières planétaires, les marchés financiers n'ayant parfois que peu ou pas de rapports avec la réalité économique. Par exemple, comment ne pas s'interroger sur la valorisation de Snapchat – application mobile pour envoyer des photos éphémères créée il y a à peine quatre ans – qui dépasse celle de Renault, constructeur de voitures depuis plus d'un siècle ? La bulle spéculative des start-ups, alimentée par les politiques monétaires des principaux banquiers centraux, est peut-être le préambule de la prochaine crise économique. Tout cela est donc à la fois une chance que nous devons saisir et un danger que nous devons juguler grâce à des règles établies collectivement... un équilibre qui n'est évidemment pas simple à trouver.

L'histoire moderne, notamment européenne – mais c'est le cas aussi de la Chine des Ming ou de l'Inde des Moghols –, s'est identifiée à la construction d'États-nations. Mille ans d'histoire de France de 987 – avènement d'Hugues Capet – à 1989 – bicentenaire de la Révolution – peuvent, au-delà des changements de régime, se résumer ainsi : l'irrésistible affirmation d'un État centralisateur au service d'une nation homogénéisée (d'un point de vue territorial, linguistique et culturel en particulier).

En Europe, ce mouvement a connu son point culminant avec les traités de paix suivant la Grande Guerre dont la ligne directrice était de détruire les grands empires (Autriche-Hongrie, Ottoman) au bénéfice de nations nouvelles. Depuis les années 70, ce mouvement séculaire de construction des États-nations est contesté de toutes parts. Au niveau local, les velléités de séparatisme se multiplient (Catalogne en Espagne, Ligue du Nord en Italie, Écosse au Royaume-Uni...). Au niveau supranational, les institutions se renforcent : Union européenne, ONU, mais aussi multinationales ou ONG, qui revendiquent toutes une part de la souveraineté ou des compétences traditionnelles de l'État. Dans ce XXIᵉ siècle naissant, l'État-nation est défié dans sa légitimité même. Les citoyens le sentent bien et lui demandent de démontrer sa pertinence et son utilité...

La mondialisation, finalement, n'est que la rencontre de ces phénomènes : révolution numérique et bouleversement de l'ordre mondial hérité des grands conflits du XXᵉ siècle. Il s'agit du grand défi qui angoisse tant de nos concitoyens et auquel, collectivement, nous devons faire face.

Faute d'avoir su les anticiper, la France est paniquée.

V

La France paniquée

Ce que je viens de décrire, c'est le gigantesque bouleversement d'un ordre et d'un équilibre conçus au fil des siècles par une partie du monde, en l'occurrence le monde occidental.

La France n'y a pas échappé.

Reprenons l'exemple de la démographie. La France a connu les grandes mutations que nous avons évoquées. Entre 1954 et 2007, la population rurale est passée de 18,2 à 13,9 millions de personnes, tandis que la population urbaine progressait de 24,4 à 47,8 millions. En 1955, la population active agricole, familiale et salariée, atteignait 6,2 millions de personnes, 31 % de l'emploi total. Aujourd'hui cette part est tombée à 3,3 %, ne représentant plus que 1 million de personnes... Pourtant, dans le même temps, le nombre de communes rurales n'a pas diminué. Ce qui veut dire que le maillage territorial est resté le même dans les campagnes mais avec moins d'activité, moins d'habitants, moins de services... d'où un sentiment parfois terrible d'abandon. À Diennes-Aubigny, petit village à trois quarts d'heure de route de Nevers, lové entre son église romane et sa petite mairie, la population a été divisée par cinq en un siècle. Il y a de quoi être déboussolé !

C'est cette disparition d'une société paysanne prospère pendant des siècles en France qu'a magnifiquement décrite Raymond Depardon dans son documentaire, *Profils paysans*, ou l'académicien Jean Clair dans son livre, *Les Derniers Jours*[1]. La disparition d'une époque dont me parlaient ces agriculteurs à la retraite du Loiret, dignes et heureux, mais qui ne reconnaissaient plus vraiment le monde dans lequel ils sont nés. Oui, leur fils a repris leur belle ferme et leur exploitation céréalière est rentable, mais ils éprouvent une sorte de malaise, une nostalgie légitime d'un monde perdu : « C'est ainsi que vont les choses, monsieur Copé, il y a cinquante ans cette exploitation faisait vivre une dizaine de familles. Aujourd'hui seuls notre fils et sa compagne peuvent y vivre, et encore, elle a une pharmacie en ville ! Et puis ça a changé : la vie sociale d'autrefois a disparu... »

La France, pays du cartésianisme par excellence, s'était – comme les autres pays européens – patiemment construite sur une homogénéisation progressive qui, en un millénaire et sous l'impulsion de quelques chefs exceptionnels, avait fondé son système collectif, son « vivre ensemble ». Et l'équilibre était plutôt solide.

Il reposait sur quatre piliers : un socle de valeurs faisant consensus autour de la liberté, de l'égalité, de l'État-nation et de la famille ; un schéma institutionnel donnant la part belle à un exécutif fort, centralisé et vertical dans son mode de décision ; un modèle économique et social de type mixte combinant une économie de marché ouverte et un État très

---

1. Jean Clair, *Les Derniers Jours*, Gallimard, 2013.

interventionniste lorsqu'il s'agissait d'encadrer les conditions de la production et d'assurer la protection sociale des individus ; enfin ce que j'appelle un « concordat » – j'y reviendrai – établi au terme de siècles d'affrontement et de rapports de force avec l'État, qui plaçait les religions chrétiennes – ultramajoritaires jusqu'à la fin des années 70 – et la religion juive dans un cadre légal quasiment unique au monde, la laïcité.

Et voilà que ce monde nouveau a fait sortir notre système collectif de son équilibre avec une très grande brutalité.

Là où de très nombreux pays dans le monde se sont efforcés de s'adapter à tous les changements intervenus et de saisir ces opportunités pour donner une impulsion à leur développement, la France s'est bloquée, prise d'un effet de vertige et de peur, en un mot, paniquée.

Face à ces changements majeurs, notre principale réponse politique a été l'augmentation de la dépense publique. Une forme d'anesthésiant social. Faisons comme si rien n'avait changé ! En 1960, le taux de dépenses publiques était de 34,6 % du PIB, aujourd'hui il est de 56,4 % financées par la dette, donc par les générations futures.

Et pourtant, les Français n'ont pas le sentiment qu'ils sont mieux protégés ou plus heureux. Le malaise éprouvé par les Français n'en est que plus fort. Une anecdote pour l'illustrer. Lors d'un repas à Lailly-en-Val, près d'Orléans, mes hôtes, Philippe et Muriel, avaient invité une vingtaine de leurs amis à échanger librement avec moi : plombiers, électriciens, avocats, commerçants, notaires, médecins, curé, patrons du supermarché, retraités. Un échantillon représentatif et chaleureux d'une zone rurale plutôt privilégiée. Un sujet a animé quasi exclusivement nos discussions : il était de nature identitaire. « On ne se sent plus chez nous !

Quand je traverse les quartiers d'Orléans, franchement, j'ai l'impression d'être au Maghreb, je ne suis pas raciste, mais comprenez-moi c'est difficile de se sentir minoritaire dans son propre pays. Et c'est nous qui payons pour leur couverture sociale ! Et puis nos campagnes : plus un service public... Entre les fermes qui mettent la clé sous la porte et les PME qui sont noyées dans la mondialisation : il y a quelque chose qui s'en va... et l'État nous abandonne ! La France n'est plus ce qu'elle était... ».

Un cri du cœur dérangeant mais qui, à la lumière des changements qu'a connus notre pays en un siècle, doit être entendu et considéré. Il permet de comprendre comment, ayant perdu ses repères, la France, paniquée, s'est bloquée.

Pire, tensions et fractures se sont exacerbées : si globalement la France est bloquée, d'innombrables Français l'ont refusé à titre individuel et ont voulu et su, dans leurs domaines respectifs, relever le défi de ce nouveau siècle, alors que d'autres ont l'impression d'être dépassés par ces évolutions qui leur donnent le vertige.

Quelques exemples pour le montrer. Vous y verrez que le processus est loin d'être achevé et qu'il est probable qu'il va s'accélérer.

Le rapport à l'information : quand le virtuel défie la vérité...

Nous sommes passés du temps de l'Encyclopédie à celui de Wikipédia. L'accès à l'information et à la culture s'est démocratisé – et c'est un bien ! – mais il a perdu en qualité – et c'est inquiétant.

Internet a accéléré le phénomène, présentant sur un pied d'égalité l'excellence et la médiocrité, le blog d'un chercheur reconnu – souvent moins bien référencé par Google – et celui d'un charlatan de l'information.

C'est un fossé qui risque de se creuser entre les « crédules », qui n'ont ni le recul ni la capacité de hiérarchisation suffisants pour traiter le flot d'information déversé chaque jour sur le Web (je pense aux terribles radicalisations djihadistes de jeunes via Internet), et les « sachants », qui sauront toujours en tirer parti.

C'est l'un des jeunes professeurs de lettres d'un collège à Meaux, avec lequel j'aime échanger, qui m'a fait prendre conscience de ce risque. Il s'étonnait de retrouver, dans certaines copies, des affirmations délirantes, mais que ses élèves croyaient, de bonne foi, comme étant véridiques :

« Jean-François, vous connaissez les Illuminati ?

– Non !

– C'est normal, c'est une éphémère société secrète bavaroise qui n'existe plus depuis la fin du XVIIIᵉ siècle !

– Et alors ?

– Vous seriez étonné du nombre d'élèves qui croient que cette société a perduré et poursuit un projet de domination du monde… Souvent dans des devoirs sur les Lumières, je trouve des tartines incroyables là-dessus… Et j'ai toutes les peines du monde à convaincre mes élèves qu'ils débloquent ! »

Je suis allé vérifier. Sur Internet, des milliers de pages certifient l'existence de cette société avec force vidéos, exemples, témoignages… Incroyable ! Selon un sondage Ipsos, 20 % de la population française pense que ces Illuminati « tirent les ficelles de l'économie mondiale ». Fantasme et théorie du complot se portent bien !

Ce témoignage de terrain corrobore l'analyse de François-Xavier Bellamy, jeune professeur agrégé de philosophie et maire-adjoint de Versailles, que j'avais invité à débattre avec Génération France à l'automne 2014 sur l'éducation, à l'occasion de la parution de son livre, *Les Déshérités*[1]. Pour lui, à l'ère du tout numérique, l'enseignement des « humanités » – français, latin, grec, histoire – n'a jamais été aussi nécessaire car il permet de contextualiser, modérer et mettre en perspective. Les humanités sont le vaccin contre la théorie du complot. Je regrette à cet égard que la réforme du collège, au nom de l'égalitarisme, réduise la place de leur enseignement !

Évidemment, accéder en deux clics à l'information, c'est formidable ! Mais cela exige de nous de la vigilance. Chacun doit prendre conscience, à commencer par les journalistes, les « experts » et les responsables politiques, que, à l'époque de la surinformation, il y a plus que jamais un devoir de pédagogie et de vérité. Un devoir de lutte contre le « relativisme de l'information »… Un devoir de n'avancer que des choses certaines et vérifiées.

Le rapport à la santé et à la vie : l'immortalité, c'est pour demain ?

Je dois vous parler de Laurent Alexandre. Énarque, médecin, entrepreneur, écrivain… L'homme réussit tout ce qu'il entreprend. Un ami m'a passé un de ses livres, *La Mort de la mort*[2]. J'ai tout de suite voulu le rencontrer. Il a eu la gentillesse de venir échanger avec moi dans mon bureau à l'Assemblée. Je résume. Pour lui, la progression sidérante

---

1. F.-X. Bellamy, *Les Déshérités ou l'urgence de transmettre*, Plon, 2014.
2. L. Alexandre, *La Mort de la mort. Comment la techno médecine va bouleverser l'humanité*, J.-C. Lattès, 2011.

des NBIC que j'évoquais plus haut pourra rendre l'homme « immortel » au xxie siècle. Il m'explique comment les meilleurs chercheurs du monde, notamment chez Google qui investit des milliards dans ce domaine, travaillent à repousser nos limites en termes d'espérance de vie et ont toutes les chances de réussir. Le décryptage de l'ADN et le développement de technologies de réparation de nos cellules ouvrent des perspectives inimaginables. Demain, un homme nouveau, « augmenté » ou « cyborg », pourrait peut-être vivre 150, 200 ou 250 ans…

Vertigineux… mais pas délirant ! Je suis allé voir les données de l'INED (Institut national d'études démographiques) sur l'espérance de vie. Au xviiie siècle elle était inférieure à 25 ans. Elle est passée à 45 ans en 1900. Et est de 82 ans aujourd'hui… Elle a donc presque doublé entre 1750 et la fin du xixe siècle puis, de nouveau, entre 1900 et nos jours… Pourquoi, alors que le progrès technique va de plus en plus vite, ce même mouvement ne s'amplifierait-il pas au cours du xxie siècle ? Sans parler d'« immortalité », dépasser les 150 ans vers 2100 n'aurait alors rien d'ahurissant… Bien sûr, pollution, pandémies ou catastrophes peuvent changer la donne. Mais un vieillissement inédit de nos sociétés à court terme est plus que probable. Fabuleux ! Et inquiétant aussi.

Deux questions doivent être posées. La première : celle de la fracture numérique. Ne risquons-nous pas d'aller vers une humanité à deux vitesses ? L'une, ultraconnectée, bénéficiant des derniers progrès des NBIC ; l'autre, majoritaire, mais tenue à l'écart des innovations ? Ce serait un explosif retour d'une « lutte des classes » version numérique… Un comble ! Seconde question : celle de l'usage que nous ferons du progrès technique… Les NBIC peuvent nous mener vers une mutation du genre humain. Vers l'eugénisme industriel. Vers un homme truffé de puces, robotisé... Jusqu'où faut-il aller ? N'avons-nous pas le devoir, dès aujourd'hui, de poser des limites éthiques aux développements infinis que la technique pourrait nous offrir demain ? Comment s'assurer que le progrès reste toujours au service de l'homme ? Ces questions risquent d'arriver sur la table beaucoup plus vite qu'on ne le pense. Elles sont profondément structurantes pour le siècle qui vient. Je regrette, pourtant, qu'elles soient pratiquement absentes du débat politique...

Le rapport au travail : moins de salariés, place aux robots ?

Selon l'université d'Oxford, 47 % des catégories actuelles d'emplois pourraient voir l'humain remplacé par des robots. Les métiers d'analyste financier, boulanger ou inspecteur des impôts pourront-ils être exercés avec plus d'efficacité par des machines ? Un exemple étonnant illustre ce mouvement : dans l'État du Nevada, aux États-Unis, un prototype de poids lourd appelé « *inspiration truck* » roule depuis cet été sans conducteur... Angoissante perspective pour ceux qui exercent ces professions menacées...

Va-t-on vers un chômage de masse ? Chacun pourra-t-il trouver sa place dans ce futur monde du travail qui ne doit pas mener à une nouvelle fracture entre « qualifiés », gagnants du changement, et « non-qualifiés », laissés au bord de la route ?

De même, le salariat, l'emploi à vie, le temps de travail, les concepts de bureau ou d'usine vont être remis en cause. Tout ce sur quoi nous avons conçu le travail et la protection sociale depuis les Trente Glorieuses pourrait disparaître... Anxiogène !

J'ai été frappé par ma visite de l'Usine IO, un « *Fab Lab* ». Un lieu dédié à l'incubation de projets innovants. Dans cet espace immense de 1 500 m² au design épuré (une sorte de style cistercien du XXIe siècle), on trouve 500 m² d'atelier bourrés de machines (de l'appareil à souder à l'imprimante 3 D, de la découpeuse au graveur laser), 500 m² de zone de conception et 500 m² d'espace de « *co-working* » où des personnes de tous horizons viennent *brainstormer* et tester *in vivo* des idées qu'ils espèrent géniales. Le tout dans une atmosphère d'émulation positive qui donne l'impression que l'impossible est à portée de main… Les créateurs qui se retrouvent à l'Usine IO bénéficient ainsi d'un matériel de pointe coûteux, dont ils ne pourraient pas disposer chez eux, ainsi que de conseils de la part d'ingénieurs ou d'ouvriers qualifiés spécialistes du développement industriel… En contrepartie, ils paient un abonnement à l'année un peu comme dans un club de sport !

On est loin du cliché habituel sur le monde du travail où cols blancs et cols bleus vivent dans des mondes parallèles.

Et si l'avenir était à ce décloisonnement du travail, à cette liberté totale ? Demain, nous travaillerons peut-être chacun depuis chez soi, connectés les uns aux autres sans passer par la case bureau, créant en quelques clics, grâce aux imprimantes 3D, les objets dont nous avons besoin dans notre vie de tous les jours… Chaque individu pourrait être son propre patron, qui vendrait sa force de travail : inventeur le jour, chauffeur (via Uber) la nuit, hôtelier quand il part en vacances et loue son appartement (via Airbnb) à des étrangers ravis de venir découvrir la France autrement… Nous passerions du salariat au free-lance à l'image de la révolution amorcée par la création du statut d'auto-entrepreneur.

Faut-il aller vers ce monde ? Ou, au contraire, le rejeter ? Je ne crois pas que la question se pose en ces termes ! De fait, la mutation a déjà commencé.

Ce sont deux écueils également nocifs que nous devons éviter : nier la réalité et refuser en bloc ce que certains appellent l'« ubérisation » reviendrait à faire la promotion du Minitel face à Internet ; à l'inverse, l'accepter en bloc serait faire preuve d'une naïveté dangereuse. L'enjeu n'est pas d'interdire mais d'encourager, de fixer les règles et puis aussi de rassurer, d'accompagner ceux qui, à tort ou à raison, ont peur de perdre gros. Ce point me semble essentiel ; je vous en reparlerai.

Le rapport à la religion : Dieu 2.0

Avril 2015. En attendant un avion pour un déplacement du côté de Toulouse, je me balade dans un Relay de l'aéroport. Mon attention est attirée par un hors-série de *Philosophie Magazine* intitulé « Le Coran ». Cela m'intéresse : ce livre est l'objet de tant de fantasmes… J'achète. Des contributions d'islamologues, philosophes, anthropologues, historiens : Brague, Jambet, Meddeb, Sebti… Du haut vol ! À la fin du numéro, une interview de dix pages de Marcel Gauchet, l'un des plus grands penseurs français contemporains : « Retour ou sortie du religieux ? »

Il y analyse la façon dont la société française a vécu les attentats du 11 janvier, la sécularisation de l'Europe, le désenchantement du monde, les ressorts du fondamentalisme islamiste qui ne serait qu'un dernier soubresaut avant la sortie du religieux… Intrigant. Je le contacte.

Il accepte de participer à un débat sur « l'après-11 janvier » dans le cadre de Génération France. À cette occasion, il expose sa thèse : pour lui, le grand mouvement qui traverse l'histoire est celui de la sortie de la religion. Les croyances individuelles ne disparaissent pas, mais la religion n'est plus le socle de l'organisation politique et sociale des sociétés modernes. Ce processus a été achevé en Occident : la religion a été reléguée dans la sphère privée. C'est particulièrement vrai en France avec le concept – unique – de laïcité. La mondialisation, « une occidentalisation culturelle du globe », exporte la sortie du religieux sur tous les continents et l'expression des fondamentalismes ne serait qu'une réaction à l'importation du sécularisme et de la modernité. Une réaction d'autant plus paradoxale qu'elle s'appuie sur Internet qui véhicule en retour une lecture simpliste des textes sacrés. Le numérique au service de l'obscurantisme. Au secours ! Dans ce contexte, le déferlement du fanatisme ne serait que l'ultime tentative de résistance au désenchantement inéluctable du monde, notamment musulman. Peut-être vrai… En attendant, des djihadistes fous nous défient et il faut les vaincre !

C'est là que, selon Marcel Gauchet, la France est mal armée, car y règne ce qu'il appelle la « laïcité d'ignorance ». La recommandation absurde formulée par l'Association des Maires de France au sujet des crèches de Noël dans les mairies en fournit la triste illustration. Notre société serait arrivée à un tel degré de sécularisation qu'elle en serait hermétique au fait religieux, incapable d'en comprendre les motivations, les pratiques… *A fortiori* pour l'islam, religion dont l'implantation en France est récente et qui reste très méconnue. Marcel Gauchet rappelle que les « laïcards » de 1905 ne souffraient pas de telles lacunes : la plupart avaient reçu une éducation religieuse. Résultat : nous avons toutes les peines du monde à comprendre les comportements de nature religieuse. Pire encore, on en arrive à faire l'amalgame entre l'exercice d'un culte, qui, comme tout autre, doit être respecté dès lors qu'il est respectueux des lois de la République et des autres cultes, et des pratiques radicales qui doivent être combattues. Cela crée des fantasmes, des phobies, des tensions de plus en plus explosives. C'est l'ignorance qui en est la cause, l'ignorance qui interdit la bienveillance. Or, nous ne pouvons pas prétendre construire un dialogue constructif avec l'islam de France tant que l'ignorance réciproque nous séparera.

La réflexion de Marcel Gauchet nous renvoie à cette question qui ne doit pas être taboue de la place des religions dans notre société. Elle est essentielle dès lors que le numérique et les bouleversements géopolitiques les ont remises sur le devant de la scène. On assiste à la tentation de vouloir gommer de l'espace public tout signe religieux (croix, kippas, voiles, pratiques alimentaires, processions, etc.). Est-ce la bonne manière d'assurer la concorde publique ? Les religions n'ont-elles pas droit de cité ? Il y a bien des fans de Harley-Davidson, des supporters du Stade toulousain, des militants de partis politiques… La société est faite de communautés et ce n'est pas un mal en soi ! En quoi une communauté religieuse qui respecte les lois de la République serait-elle plus que toute autre une menace pour le vivre ensemble ? C'est toute la différence entre appartenir à une communauté, ce qui en soi n'a rien de choquant, et sombrer dans le communautarisme, c'est-à-dire considérer que les règles qui régissent sa communauté sont supérieures aux lois de la République. Et c'est naturellement cela qu'il faut combattre.

Le rapport à l'étranger : l'herbe est plus verte ailleurs qu'en France...

Nos forces vives s'en vont. Je discute avec l'un de mes amis, directeur d'une grande école française :

« C'est fou, me dit-il, comme une part croissante de mes étudiants cherche à tout prix à trouver un premier job à l'étranger... ce n'était pas le cas il y a dix ans !

– Formidable ! lui dis-je. C'est une chance que de s'ouvrir l'esprit.

– Sauf qu'ils ne veulent pas revenir... La plupart vont définitivement faire leur vie à New York, Londres ou Hong Kong... Nous avons investi sur leur formation. Mais ce sont des États étrangers qui bénéficieront de cet effort... »

Je suis allé voir les statistiques : le nombre d'expatriés de 18 à 25 ans a augmenté de 14 % depuis 2008. Vingt-sept pour cent des jeunes diplômés envisagent leur avenir professionnel hors de France et 28 % des expatriés ne pensent pas revenir un jour dans notre pays.

Autre phénomène tout aussi inquiétant : l'exil des fortunes. Depuis 2011 – la droite a sa part de responsabilité – les expatriations pour raisons fiscales explosent. Parmi les contribuables qui gagnent plus de 100 000 euros par an, il y a eu près de 4 000 départs en 2013, 40 % de plus qu'en 2012. Des milliers de Français qui ont souvent réussi en créant leur entreprise – ces boucs émissaires dont je vous parlais – partent à l'étranger... et ne reviendront probablement pas non plus. Nous faisons la joie de Londres, Bruxelles, Luxembourg ou Genève. Quant à la Silicon Valley, elle accueille 60 000 Français, l'équivalent d'une ville comme Cergy ou Meaux...

Le phénomène me semble assez nouveau, du moins par son ampleur. La France a toujours été un pays d'immigration, jamais d'émigration hors les cas de conflit ou de persécution. Je pense aux milliers de protestants qui ont quitté notre pays suite à la révocation de l'édit de Nantes... Pour la première fois donc depuis le XVIIe siècle, des centaines de milliers de Français vont construire leur avenir hors de France...

Leur nombre a augmenté de 3,5 % par an durant les dix dernières années (70 000 personnes par an). Plus vite que la croissance de la population française (0,6 % par an).

« C'est une chance », disent certains. C'est vrai : ces Français sont nos ambassadeurs dans la mondialisation et leur excellence est une bonne image de marque pour notre pays. Mais c'est aussi une faiblesse car ils perdent souvent le lien avec la France, ne paient plus leurs impôts chez nous et créent de la richesse ailleurs... Une faiblesse surtout parce que, dans le même temps, des millions de Français se sentent paralysés en France, incapables d'imaginer un avenir et paniqués à l'idée de ce monde « étranger » qui leur échappe. Le verre me paraît plutôt à moitié vide !

Faiblesse aussi car cet exil des forces vives est un autre signe que beaucoup de Français ont mieux compris la mondialisation que nombre de leurs responsables politiques... Ils savent que les portes du monde leur sont ouvertes : si les conditions du succès ne sont pas réunies en France cela peut valoir le coup d'aller tenter sa chance ailleurs. À l'inverse, combien d'hommes politiques agissent comme si la France était une île : discours stigmatisant, mesures confiscatoires... Il est temps de comprendre qu'au XXIe siècle tous les pays sont en compétition. À la France, par sa politique, de montrer qu'elle peut être un Eldorado : la terre où il fait non seulement bon vivre, mais aussi bon réussir.

Le rapport à l'État : l'État, ça sert à quoi dans la mondialisation ?

Mario est un patron. « Bien de droite ». Il habite Perpignan. Catalan et fier de l'être. Sa PME dans le secteur du bâtiment souffre de la concurrence des Espagnols qui, à quelques kilomètres, proposent les mêmes services pour un coût bien moindre... « Il faudrait plus d'aides, monsieur Copé, pour une entreprise comme la mienne. L'État doit se mouiller, soutenir, investir... En revanche, il faudrait diminuer le nombre de fonctionnaires ! Assez de payer des impôts pour nourrir des fainéants ! » Le paradoxe est magnifique : plus d'aides, mais moins de fonctionnaires... Cela résume assez bien les contradictions françaises face à la mondialisation !

Clairement, la place de l'État dans la mondialisation doit être redéfinie. Je souscris à l'analyse de David Cameron pour lequel il y a trois âges de l'administration. Une période « prébureaucratique » qui a précédé la révolution industrielle : où l'administration, du fait de la lenteur des transports et de l'information, était embryonnaire et supplantée par des féodalités locales ou par l'Église (jusqu'en 1789 en France, c'est l'Église qui se chargeait du service public de l'éducation ou de la santé). Une période « bureaucratique », du XVIIIe siècle jusqu'à nos jours, où l'État s'est affirmé jusqu'à mener des politiques publiques dans la plupart des domaines auparavant gérés localement. Parfois la méthode était brutale ou arbitraire (les petits Bretons formatés au français par l'École de la IIIe République peuvent en témoigner). Mais l'action de l'État a été un formidable accélérateur de développement. C'est ainsi que le mythe de l'État infaillible, auquel j'ai été bercé à l'ENA, a prospéré en France, sur le terreau du colbertisme. Aujourd'hui, la mondialisation nous précipite dans un âge « postbureaucratique » : les États sont en compétition les uns avec les autres et avec une multitude d'organisations infra- ou supra-étatiques. Les citoyens comparent, vérifient, contrôlent, regardent ce qui se fait ailleurs. À l'ère de l'Open Data et du collaboratif, ils ont soif de transparence, de confiance, de service, de réactivité. Les États sont sommés de se réinventer s'ils ne veulent pas perdre en légitimité…

Or hélas, en France, il ne s'est pas trouvé de dirigeants politiques pour anticiper, accompagner, soutenir, relayer ces mutations de façon globale, positive et bienveillante. Bien au contraire ! Et si les responsables politiques parlent si peu du numérique dans leurs discours aux Français, sauf pour réglementer (Hadopi) ou interdire (Uber), c'est parce que c'est le nouveau miroir de leur impuissance. De sorte que chacun a fait ce qu'il pouvait en fonction des moyens dont il disposait pour s'y insérer. Et, petit à petit, la société civile s'est dissociée de la société politique.

Pourquoi ? Parce que la caractéristique première des bouleversements que je viens de décrire est à l'opposé de notre cartésianisme fondateur. Ce nouveau siècle est le champ clos de forces qui s'opposent, obligeant à concilier des contraires. Là où notre esprit de logique nous a toujours amené à rechercher des enchaînements linéaires, à choisir notre camp (« ou/ou »), la nouvelle donne est celle de la conciliation des contraires (« et/et »).

Prenons un exemple concret. L'ère numérique a généré, entre autres, une transformation de notre rapport à l'action au quotidien. Dès que nous avons un IPhone entre les mains, nous voilà obsédés par l'idée de faire le maximum de choses en même temps. Les spécialistes de socio-anthropologie appellent cela la « fractalisation ». Pour l'individu c'est, à partir d'un rapport à son écran, une multitude d'actions qui conduisent à trois sources de tensions. D'abord, l'impatience : on ne supporte plus d'attendre au-delà de quelques secondes l'information qui doit être délivrée par son téléphone ou son ordinateur. Ensuite, le *surfing* qui d'une information à l'autre, d'un mot clé à l'autre, d'une application à l'autre rend quasiment compulsif. Enfin, l'anticipation qui résulte d'une obsession de rester « performant » face au regard de l'autre.

Tout ce qui, aujourd'hui, est proposé de nouveau est accessible par le digital. L'exemple du moment : le billet de transport SNCF. Panique à la gare de Meaux ! Je ne sais quoi répondre à ceux de mes administrés qui, pour eux-mêmes ou pour leurs parents, s'inquiètent et se tendent en comprenant que, d'ici peu, prendre un billet de train ne pourra plus jamais se faire par un préposé au guichet : la borne numérique, déjà omniprésente dans tous les grands aéroports du monde, l'aura emporté sur l'homme !

Le progrès technique, le processus de « destruction créatrice » que Schumpeter a théorisé il y a un siècle est bien connu, certes. Mais ce qui est nouveau, c'est le rythme de plus en plus rapide des progrès réalisés et, dans l'utilisation pratique, son caractère ludique.

On voit bien, à travers ce que je décris, combien la fractalisation offre de perspectives positives mais aussi de risques de tensions. Tensions bien sûr par rapport à ceux qui, pour les raisons les plus diverses, n'ont pas accès ou ne parviennent pas à maîtriser cette technologie. Mais tensions aussi pour ceux qui, la maîtrisant, ressentent le besoin de se protéger de ses excès, et notamment du risque de *burn out* devenu majeur aujourd'hui, de retrouver par exemple un autre rapport au temps, à la nature, à l'espace. Le comble est d'ailleurs que des applications connectées ont été conçues pour y aider…

Ainsi l'utilisation du support numérique transforme-t-elle la vie quotidienne avec pour vocation de la simplifier dans tous les domaines (livraisons à domicile, transports, santé, etc.). L'engouement des consommateurs est croissant et génère naturellement en contrepoint tensions et résistances. Des voix s'expriment pour dire leur nostalgie du « fait main ». D'autres tentent de lancer la mode de la « déconnexion temporaire » qui les conduit à débrancher totalement portables et ordinateurs pendant la nuit ou pendant leurs congés. D'autres enfin commencent à s'inquiéter légitimement des risques sérieux que constituent la détention par les géants d'Internet (Google, Apple, Facebook, Amazon) de milliards de données personnelles sur les internautes.

Ainsi se présente le décor de ce nouveau monde dans lequel notre pays peine à maintenir sa place et à trouver un nouveau souffle.

Intuitivement, les Français voient bien que ces changements nécessitent une adaptation de leurs choix, de leurs comportements, de leurs projets personnels. Il faut nier la réalité pour ne pas voir que, dans ce nouveau contexte, la puissance publique ne pourra plus tout faire. Que beaucoup de choses désormais échappent au vieux concept de l'« État protecteur » qui en France est resté la référence absolue. Je ne cesse dans mes rencontres de voir des Français « s'organiser autrement ».

Comme dans le reste du monde moderne, de nouveaux modes de vie émergent en France aussi.

Cherchant à apprivoiser le phénomène en se créant de nouveaux repères, certains tentent de le qualifier. Faute de mieux et signe de sa spécificité, on parle de plus en plus d'« ubérisation » de la société.

À mes yeux, je vous l'ai déjà dit, c'est un point majeur. Je voudrais l'analyser avec vous.

Tout commence avec un constat : le transport urbain par les taxis ne répond plus pleinement aux attentes des consommateurs. Pas assez de voitures aux heures de pointe, trop d'attente, un service d'inégale qualité. En réplique, deux services se sont développés : des véhicules de tourisme avec chauffeur (VTC, parmi lesquels Uber) et un réseau de mise en contact de clients avec des particuliers utilisant leur véhicule personnel pour devenir « chauffeurs » à temps partiel et petit prix (Uberpop). En quelques années, c'est un bouleversement total qui est intervenu sur ce marché dans le monde entier. En France, comme dans d'autres pays, les chauffeurs de taxi ont réagi violemment face à ce qui leur est légitimement apparu comme une menace directe sur l'avenir de leur profession.

Dans la droite ligne de ce que je dénonce dans ce livre, la réaction gouvernementale a été sans surprise : le 26 juin 2015, à l'issue d'une journée de manifestation marquée par des violences, le président de la République annonçait, le soir même, l'interdiction pure et simple d'Uberpop ! Action, réaction ! Le « ou/ou » mis en pratique et parti pris pour le camp des taxis.

À aucun moment, le chef de l'État ne prenait le temps d'expliquer sereinement les enjeux économiques, sociaux, humains en cause. Reconnaître les contraintes pesant sur les taxis mais aussi l'importance d'une offre nouvelle, les débouchés majeurs en termes d'emploi et de pouvoir d'achat dans une société qui le demande.

Encore et toujours le même réflexe : il faut sauver le message du journal télévisé de 20 heures ! Donc on privilégie l'émotion du court terme en choisissant la facilité. Interdire, en France, est toujours moins risqué que d'expliquer et d'encourager. Un peu comme un banquier qui sait que dire non à un projet de financement pour un particulier ou une PME sera toujours pour lui, à court terme, moins risqué que de dire oui !

Alors, me direz-vous, faut-il aller vers ce monde de l'ubérisation ? Je crois que la question ne se pose pas – déjà plus – comme cela !

De fait, les Français n'ont pas attendu les politiques pour dire « oui » à l'ubérisation : notre pays compte 1 million d'auto-entrepreneurs, 200 000 Français proposent leurs services en ligne pour des missions de complément de « *jobbing* » par rapport à leur métier principal, il y a près de 7 000 VTC à Paris et à l'été 2014 plus de 500 000 visiteurs se sont logés dans notre capitale via Airbnb…

Cette évolution est-elle positive ? Oui, quand elle permet une amélioration du service rendu aux clients (plus d'offre d'hébergement ou de taxis dans une capitale en pénurie). Oui, quand elle permet à certaines personnes éloignées de l'emploi de revenir vers le travail. Oui, quand elle permet à des milliers de Français d'arrondir leurs fins de mois ! Oui, quand la mutualisation de certains moyens de transport (par exemple avec Blablacar) permet de limiter la pollution. Et il est bien hypocrite de plaider pour l'emploi comme facteur d'intégration dans les banlieues difficiles et de ne pas voir que les salariés d'Uber en sont majoritairement issus…

Mais l'ubérisation de l'économie ne doit pas non plus être sacralisée. Oui, l'ubérisation fragilise certains secteurs (taxis, hôtels). Oui, l'ubérisation peut se traduire par des pratiques inacceptables (travail au noir, contournements fiscaux, précarisation des travailleurs). Oui, l'ubérisation n'est pas un monde idyllique. On parle beaucoup d'économie du partage. C'est beau ! Mais la vérité c'est que ces nouveaux acteurs de l'économie ne sont pas des philanthropes ! Dans le monde du « partage » tout est payant.

Pour autant la solution n'est pas, je l'ai dit, d'interdire. Le rôle de l'État est d'encourager, de fixer des règles et de rassurer. Ce sont en outre des tensions supplémentaires : en quelques minutes, les chauffeurs d'Uberpop et Uber devenaient les nouveaux « pointés du doigt », désignés par les chauffeurs de taxi qui eux-mêmes l'ont été – et le seront sans doute encore – plus souvent qu'à leur tour. Toujours le même syndrome !

L'État ne peut plus tout ! Dont acte. Mais interdire n'est-il pas alors le comble de l'impuissance ? Faute de pouvoir, doit-il refuser à chacun la possibilité d'essayer alors que sa mission première doit être de rendre possible la liberté !

Il est vrai que, en France, les projecteurs sont toujours plus nettement braqués sur un projet qui échoue que sur les centaines de projets qui réussissent… C'est cette aversion pour le risque et pour l'échec que, pour clore le diagnostic, je voudrais avec vous essayer de comprendre.

VI

L'aversion pour le risque et pour l'échec

Le monde nouveau dont j'évoque à grands traits les caractéristiques et les évolutions exige une transformation majeure de notre état d'esprit, vis-à-vis du risque et vis-à-vis de l'échec. Il n'y aura pas d'accompagnement possible du changement tant qu'un homme politique ne viendra pas dire aux Français que le risque et l'échec sont deux valeurs positives, deux moteurs même.

Le risque d'abord. Prendre un risque, c'est faire un choix. Dans nos vies personnelles ou professionnelles, nous sommes sans cesse confrontés à des décisions et, donc, à des choix. L'achat d'un logement par emprunt ou le maintien en location est l'exemple le plus caractéristique de notre rapport au risque. Aura-t-on toujours un emploi et un revenu stables ? Que serons-nous dans quinze ans ? Le logement aura-il été valorisé ? Même les assurances les plus larges ne couvriront jamais la totalité du risque.

Mais on peut faire la même analyse pour des décisions plus intimes.

Choisir de se marier ou au contraire de vivre en concubinage n'a pas les mêmes conséquences. Pour fonder une famille, le choix, si on le peut, d'avoir un, deux ou quatre enfants conduit à des modèles de vie très différents, comme vous le savez.

Prendre la douloureuse décision de divorcer entraîne de la même façon un saut dans l'inconnu. Quelle sera la réaction et donc l'attitude de son(sa) futur(e) ex-conjoint(e) ? Comment accompagner ses enfants dans cette épreuve ?

Le choix de reconstruire sa vie après un divorce pour constituer une famille « recomposée » est encore une autre prise de risque.

Sur le plan professionnel aussi, la prise de risque est une constante. Tous les bouleversements économiques et technologiques que nous évoquons obligent chacun à titre individuel à anticiper autant qu'il le peut les évolutions à venir. D'où les choix que font bon nombre de Français qui s'inscrivent dans des formations qualifiantes, qui créent leur propre entreprise et qui tentent de valoriser au mieux leur capacité d'adaptation. C'est l'idée simple et paradoxale qu'en prenant des initiatives on saisit des opportunités, on apprend, on construit, on se crée sa propre protection en même temps que sa propre fierté.

Mais alors pourquoi ne se trouve-t-il pas de responsables politiques français pour exalter en France la prise de risque comme la première des protections ?

Parce que beaucoup d'entre eux n'ont pas voulu entendre ce son de cloche. Ils ont considéré, et sur ce point ils avaient raison, que leur première vocation était de protéger les plus faibles et les plus démunis en mettant progressivement en place le système de protection sociale le plus large au monde puisqu'il couvre à lui seul tous les risques possibles :

le chômage, la maladie, l'invalidité, la vieillesse, le décès. Aucun pays moderne n'en fait autant et à un tel niveau. Sauf qu'aujourd'hui, du fait du nombre considérable d'ayants droit à la couverture de chacun de ces risques, la France ne parvient plus à honorer ses engagements : il n'y a plus une seule des caisses publiques en charge de ces risques qui soit excédentaire. Elles sont toutes, au contraire, encalminées dans des déficits massifs.

Et, au fil des décennies, le débat politique – et polémique – s'est focalisé sur ce que devait être le taux de cette protection au regard de notre capacité collective à la financer par l'impôt et par la taxe.

Et ce débat très quantitatif n'a pas été suffisamment compensé par l'autre sujet pourtant essentiel : quel doit être le juste équilibre pour une grande nation comme la France entre la part dédiée à la protection collective et la part dédiée au risque individuel ?

Ce débat n'a jamais été mis en tant que tel sur la place publique, de sorte que les décisions gouvernementales prises au fil des années pour limiter les déficits accumulés l'ont toujours été de manière parcellaire, insuffisante et ont rarement été replacées dans leur contexte global.

Ainsi les Français se sont-ils habitués à un arbitrage entre « plus ou moins de protection sociale », entre « les plus riches et les plus pauvres » et jamais de manière globale, assumée, publique à débattre avec leurs dirigeants sur ce que doit être la part du risque dévolue à chacun.

Cette peur du risque, par définition imprévisible, a pris un tour de plus en plus irrationnel, au fur et à mesure que les responsables politiques ont cherché de nouvelles propositions pour nourrir leurs programmes politiques. C'est ainsi qu'est arrivé dans notre ordre constitutionnel, à l'initiative de la droite française, le « principe de précaution », qui illustre à merveille le proverbe « Le remède est pire que le mal ». On confondait deux mots de la langue française qui sont proches mais pas synonymes : précaution et prudence. La prudence est une exigence de bon sens, préalable pour faire. La précaution est une invitation à ne jamais prendre le risque de faire. Un encouragement à dire non tout de suite, pour ne jamais être confronté au risque, en disant oui, d'échouer.

Voilà qui nous amène au second terme, celui d'échec. Car l'aversion pour le risque est liée à la peur, devenue maladive en France, de l'échec.

Cette peur de l'échec, on nous l'inculque dès l'enfance, dès les premiers pas vers l'école, qu'elle soit publique ou privée. Notre modèle éducatif, contrairement à ce que beaucoup prétendent, a de très nombreuses vertus. Et même si je regrette, comme vous sans doute, que trop de concessions aient été faites sur les acquis à exiger de nos enfants dans les différentes étapes de leur parcours, je reste impressionné par le niveau de connaissance que les bons élèves français atteignent à l'issue de leur scolarité.

Je dis bien les « bons élèves ». Pour étudier depuis des années les questions éducatives dans le cadre de Génération France, j'ai été amené à regarder de près les exemples étrangers. Et je suis arrivé à la conclusion que notre système éducatif était de très loin celui qui offrait à nos meilleurs élèves la meilleure préparation possible aux *cursus* universitaires les plus qualifiants.

En clair, l'école française est idéale pour les enfants et les adolescents qui réussissent. Expression orale et écrite, capacité de raisonnement critique, connaissance historique, géographique, scientifique, économique même, toutes les cases d'une « tête bien pleine » sont cochées. Il n'en manque qu'une : on n'y enseigne pas la confiance en soi. Je suis frappé de voir qu'aux États-Unis, par exemple, la priorité est de valoriser chaque élève pour ce qu'il fait de mieux et de l'accompagner de manière positive dans la résolution de ses points faibles. Et toute occasion est bonne pour faire applaudir les performances de chacun sans hiérarchiser les disciplines.

En revanche, en France, on a la tentation naturelle de pointer du doigt (encore !) la mauvaise note en mathématiques ou en histoire plutôt que d'insister auprès de l'enfant sur ses forces, ses facilités, ses talents par exemple dans le domaine sportif ou artistique. Très vite, un élève qui a du mal en cours est regardé avec commisération dans sa classe, tandis qu'il devient le sujet de conversation dans les repas de famille. Parfois, cela fonctionne comme un déclic et conduit le jeune à se remotiver et à se prendre en main. Mais souvent, c'est l'effet inverse qui se produit, surtout dans cette période si particulière de l'adolescence où se produisent tant de bouleversements morpho-psychologiques. Et l'on sait que cela peut conduire à des dérives d'autant plus lourdes que le système français persuade l'enfant que c'est de sa faute et qu'il lui reste bien peu de perspectives de réussite.

Dans tous les cas, c'est un état d'esprit qui s'installe donc dès l'enfance et qui façonne le mental d'une population entière et d'une nation dans la peur panique de l'échec, pour échapper au regard réprobateur de l'autre. Bienveillance interdite, une fois encore.

Je suis convaincu que cela joue énormément dans la réticence de nombreux Français à initier un projet. Je vous invite à regarder la manière dont les autres pays conçoivent la notion d'échec. Aux États-Unis, en Europe du Nord, en Israël, à Singapour, il existe un rapport positif à la prise de risque et à l'échec. Par l'enseignement de la confiance en soi dès le plus jeune âge, chacun évolue dans un milieu où les encouragements sont permanents pour ceux qui veulent inventer, créer, développer, initier et simplement tenter leur chance. L'échec y est présenté comme une étape naturelle avant la prochaine réussite. Et l'accès aux financements y est infiniment plus facile. Lors de mon dernier passage à New York, en juin 2015, alors que je conduisais une délégation de députés de gauche et de droite, nous avons souhaité rencontrer une quinzaine de jeunes entrepreneurs français qui s'étaient expatriés. Le tour de table a été sans appel. À la question « pourquoi avez-vous choisi les États-Unis ? » tous ont mis en avant le rapport positif de ce pays à la prise de risque. Aucun n'a expliqué que les choses tombaient du ciel, bien au contraire ! Mais chacun, par son histoire personnelle, dans le numérique, les médias, l'immobilier ou l'art, racontait comment la facilité d'accès aux financements bancaires, la simplicité des procédures administratives, l'esprit d'encouragement collectif à réussir l'avaient emporté sur l'attachement à la mère patrie !

Autant dire que le Sursaut français dont je rêve pour notre pays passera par une nouvelle parole politique invitant à faire l'éloge de la prise de risque, et donc, je ne crains pas de le dire, l'éloge de l'échec comme étape initiatique avant le succès à venir pour chacun de ceux qui décident d'entreprendre.

C'est, pour reprendre la belle formule de Jacques Chirac, l'« esprit de conquête » que nous devons retrouver. Il doit devenir une règle de vie commune pour que le risque et l'échec soient vécus comme des chances et non comme des dangers mortels. Bienveillance pour ceux qui s'engagent et donner à tous l'envie de s'engager parce que le Sursaut français suppose d'abord que les Français retrouvent la confiance dans leurs capacités.

*

En confrontant avec vous les bouleversements du monde à l'aversion de notre pays pour la prise de risque et pour l'échec, je crois toucher du doigt l'une des explications du malaise français. L'idée que ces changements nous échappent et qu'ils vont nous faire perdre une partie de ce système protecteur patiemment bâti génère hélas plus de passion que de raison. Pris entre les feux de l'extrême gauche et de l'extrême droite dont le discours peint systématiquement le tableau d'une mort lente et inexorable, la « droite de gouvernement » n'a jamais osé allumer le contre-feu et dire la vérité en l'accompagnant de données positives. Au contraire, au même rythme – ou presque – que la « gauche de gouvernement », elle a cautionné par un discours compassionnel le refus de voir la réalité d'un monde devenu village. D'un monde de plus en plus dédié à l'ouverture, à l'échange, au partage.

Or la France, prise dans ses contradictions, a certes ouvert ses frontières mais sans vraiment s'y préparer. Et très vite, elle s'est mise à avoir peur d'y perdre et de s'y perdre. Nous nous sommes mis à nous méfier de l'autre, à le considérer comme un étranger alors que la nouvelle donne mondiale faisait tomber les barrières. Voilà pourquoi, d'appréhensions en déceptions, nous sommes souvent tentés de ne pas nous parler, de ne pas nous écouter, de ne pas même chercher à nous rencontrer.

Faites le test. Rien de tel que de sourire ou de saluer quelqu'un qu'on croise dans la rue sans l'avoir jamais rencontré. Son regard surpris, méfiant, voire craintif, vous en dira long sur cette société de méfiance qui s'est constituée au fil du temps. Là encore, bienveillance interdite !

J'ai lu avec beaucoup d'intérêt les analyses de Michel Maffesoli sur ce sujet. Ses travaux de sociologue ont souvent « dérangé » le consensus ambiant et je ne les prends pas tous avec le même enthousiasme. Mais je partage avec lui cette idée que la France va passer à côté de grandes évolutions de ce siècle si elle ne renoue pas avec l'audace et donc avec le risque qui a pourtant caractérisé les grandes pages de son histoire. Car la France a souvent, par le passé, été en avance sur les autres nations. Et elle ne l'est plus suffisamment. Cette analyse est d'autant plus pertinente que, individuellement, les Français font preuve d'une formidable créativité. Là où les responsables politiques donnent le sentiment, par leur discours, de rester figés sur l'image du monde précédent, les Français réclament, au contraire, plus de lucidité. Au moment où le monde nouveau se libère de ses contraintes, les Français qui veulent prendre des initiatives pour s'y adapter sont paralysés par des carcans qui les étouffent, au nom d'une obsession de leurs gouvernants d'imposer des décisions verticales venues d'en haut, des lois nouvelles, de nouvelles instructions. « La consigne, c'est la consigne », disait l'allumeur de réverbères du *Petit Prince*...

Les lois adoptées en France tout au long du XXᵉ siècle dans le domaine économique et social sont beaucoup trop rigides pour répondre au besoin de pragmatisme du XXIᵉ siècle. Et il est frappant de voir que les décideurs politiques français ont consacré toute leur énergie à résister, freiner, retarder, bloquer les évolutions qui leur échappaient alors qu'il aurait mieux valu les anticiper, les accepter pour s'y préparer ensemble. Préférer l'endettement à la réforme, interdire Uberpop sans discernement, en sont deux illustrations éclairantes… parmi d'autres, malheureusement.

Guy Mamou-Mani, président de Syntec Numérique, interrogé sur le phénomène Uber, l'explique très bien : « Le problème est la gestion du changement. C'est ainsi que le Kenya est par exemple le pays le plus avancé dans la banque mobile. Pourquoi ? Parce qu'il n'avait ni banque, ni téléphone. Donc, pas à gérer un historique que nos entreprises, elles, doivent gérer. »

Il poursuit : « Soit vous résistez et vous serez balayé, soit vous l'intégrez et vous transformez cela comme une opportunité pour créer de nouveaux métiers. »

D'un côté, donc, des dirigeants politiques français qui ont le pied sur le frein pour retarder l'échéance, de l'autre des Français qui évoluent avec leur temps. Je trouve l'étude de ces nouveaux comportements très encourageante. Elle montre que les Français, quoi que l'on en dise, sont, à l'instar de nos voisins, prêts à accomplir les mutations qui s'imposent. À condition de changer d'état d'esprit ! Positiver le changement c'est montrer qu'il est porteur d'opportunités. Qu'il est la clé d'une ambition collective mais qu'il saura associer et valoriser chaque ambition individuelle.

Et c'est là qu'on retrouve ce fil conducteur que je vous propose de suivre : la bienveillance, l'empathie. La prévalence de l'humain. L'idée que chaque Français est important. L'idée que la confiance, la reconnaissance du talent de l'autre doit être conçue comme une hygiène de vie. Lorsqu'un Français s'installe en Grande-Bretagne ou aux États-Unis, c'est un concept auquel il s'adapte naturellement. Autant dire qu'il n'y a pas de fatalité à y renoncer pour la France. Mais cela exige effectivement une offre politique radicalement nouvelle dans laquelle se transforme le rapport du leader politique avec les Français. L'idée qu'ils sont eux-mêmes acteurs de leur propre changement sur la base de l'impulsion politique donnée. On retrouve ici l'éloge de la méthode de gouvernement : prendre très vite par ordonnances les décisions qui débloquent, déverrouillent, et permettre aux Français de prendre leur destin en main.

Et je voudrais pour conclure cette deuxième partie consacrée au diagnostic vous raconter une anecdote. Lorsque j'ai commencé ma période de retrait, après l'été 2014, j'ai pensé utile de retourner à l'enseignement. Comme je m'y suis pris un peu tard par rapport au calendrier universitaire, l'administration de Sciences Po m'a fait connaître que l'un des cours restants disponibles s'adresserait à des étudiants dont les deux tiers seraient étrangers et donc principalement anglophones. Ayant la chance de l'être moi-même, je me suis retrouvé face à une vingtaine d'étudiants venus de Bulgarie, Chine, Philippines, Liban, États-Unis, Espagne, etc., et seulement une minorité d'étudiants français. Or, dans les conférences de Sciences Po, la tradition veut que chaque étudiant présente une étude sous forme d'exposé oral de dix minutes sur un sujet donné. Le premier étudiant qui se lance devant ses camarades est un jeune étudiant chinois. Respectueux des règles du jeu, il présente son thème de manière sérieuse et ordonnée en deux parties, dans la grande tradition cartésienne française, thèse/antithèse. À la dixième minute il conclut son propos et salue courtoisement. Et là, les étudiants étrangers se mettent à l'applaudir, conformément à un usage courant dans toutes les universités du monde… Sauf les nôtres.

D'abord surpris, les étudiants français, rompant avec une tradition hexagonale plus méfiante à l'égard de leurs camarades, joignent à leur tour leurs mains et applaudissent aussi.

C'est ainsi que j'ai mieux encore mesuré à quel point la France avait besoin de bienveillance pour opérer son redressement. Pour que le « doigt pointé » que nous avons déploré depuis le début de notre quête rejoigne les autres doigts et que les mains ainsi jointes applaudissent l'Autre.

C'est par la bienveillance que viendra le Sursaut français. Il est donc temps maintenant d'évoquer les remèdes pour surmonter le malaise français.

Troisième partie

POUR LES FRANÇAIS :
LES REMÈDES AU MALAISE

Nous voici parvenus à la dernière étape de notre réflexion. Les symptômes ont été décrits. Le diagnostic est clairement posé. Certains en ont tiré la conclusion que la France ne se relèvera pas. Qu'elle n'a plus ni l'énergie ni la solidité psychique pour enrayer ce processus inexorable de déclin, de décrochage. Trop de temps perdu. Trop d'occasions manquées. Trop de reculades depuis trente ans. Petites et grandes lâchetés. Il est significatif d'ailleurs de voir que les déclinistes sont de tous les camps. Qu'on trouve leurs plus brillants porte-parole à droite comme à gauche, chez les anti- comme chez les pro-européens, chez les économistes « libéraux » autant que chez les « keynésiens ». Ce fatalisme traverse aussi les classes sociales et les milieux professionnels les plus divers.

Bref, les uns et les autres, avec des arguments parfois solides, des démonstrations souvent brillantes et dont l'effet sur le moral des Français est réel, nous disent avec leurs mots, à l'instar du triste Maréchal, « c'est le cœur serré que je vous dis aujourd'hui qu'il faut cesser le combat ».

Je pense exactement l'inverse. J'en suis même absolument certain. Les dix-huit mois que je viens de consacrer à réfléchir, à écouter, à retranscrire sur mon écran toutes les informations, les données, les témoignages, les expériences comparées m'ont conduit à la conclusion que les conditions d'un Sursaut français sont aujourd'hui réunies.

Il ne reste plus qu'à les mettre en œuvre ! Comment ? Avec quelques idées simples, claires et qui sont la garantie du succès. D'abord, adapter notre modèle, notre conception de l'État, aux bouleversements qui ont changé le monde. La France ne peut plus fonctionner avec un logiciel qui n'a pas été mis à jour depuis des dizaines d'années : l'État doit changer de périmètre. Ensuite, mettre des mots sur les aspirations, le rêve, des Français : redevenir maîtres de notre destin et renouer avec l'obligation de résultats. Enfin, faire que cela marche : transformer profondément notre méthode de gouvernement pour la mettre au service de valeurs, pour l'avenir de nos enfants.

C'est ce chemin que je veux maintenant parcourir avec vous.

I

L'État doit changer de périmètre

Alors que j'écris ces lignes, des dizaines d'images se bousculent dans ma tête. Ma table de travail est jonchée de notes accumulées sur lesquelles je m'appuie pour vous présenter et partager avec vous la feuille de route à laquelle je songe pour notre pays. Comme si les innombrables hommes et femmes dont j'ai croisé la route m'avaient chacun transmis un petit bout de papier commençant systématiquement par « vous leur direz bien à Paris qu'il faut faire ceci ou penser à cela... ! ».

Autant il m'est arrivé régulièrement, pendant ces dix-huit mois, de m'interroger à titre personnel sur mes faiblesses, mes maladresses, sur tout ce qui avait pu susciter chez beaucoup une irritation légitime à mon endroit, autant, dans cette même période, j'ai acquis la certitude que la France a toutes les ressources pour entrer dans une nouvelle époque de son histoire et reprendre sa place dans le peloton de tête des grandes Nations : ce que j'appelle le Sursaut français.

Certes, ce sursaut n'interviendra pas par un simple claquement de doigts, ni par quelques formules incantatoires.

L'expression mille fois utilisée du sacro-saint « volontarisme politique », l'attente interminable de l'« homme providentiel » qui tel un roi thaumaturge viendrait, par sa seule présence, guérir les malades des écrouelles (selon la formule rituelle, « le Roi te touche, Dieu te guérit » !), ne correspondent ni l'une ni l'autre au projet auquel je songe. L'attente de « l'homme providentiel est une paresse populaire », dit avec humour l'économiste Nicolas Bouzou.

Le sursaut pour notre pays ne pourra venir que de la décision des Français eux-mêmes. Et il ne se fera qu'à une seule condition : il faudra accepter de renverser la table !

Je précise les choses. C'est un peu à l'image d'une décision que l'on aurait impérativement à prendre après avoir passé la quarantaine : on garde son logement mais on a l'obligation de refaire l'intérieur de fond en comble pour s'adapter aux temps modernes. La peinture s'est dégradée, l'électricité n'est plus aux normes, l'électroménager ne fonctionne plus, les enfants sont adolescents et réclament de nouveaux équipements ? Bref, entre dépenses incontournables et dépenses de confort, c'est une perte de trésorerie très importante qui nous attend. On a beau se consoler en se disant qu'on revalorise son bien, c'est une lourde perte immédiate pour gagner plus tard. Mais on en profite pour se moderniser : le numérique entre alors dans tous les services de la maison. On avait la connexion Internet. On la déclinera désormais dans tous les domaines en accueillant de nouveaux robots (on se met à la domotique, on contrôle à distance tous les équipements de la maison à partir de son smartphone). Une fois passé le choc initial, on commence à chercher une méthode, des solutions qui petit à petit deviennent un objectif, un projet de vie, un calendrier et une source de fierté…

C'est cette démarche qu'il faut imaginer en termes d'état d'esprit pour la France. Et avec les esprits grognons (il peut toujours y en avoir !) qui trouveraient cette image un peu trop simple, pas assez sophistiquée, je voudrais partager une réflexion personnelle. Celle-ci est née d'une découverte que j'ai faite en préparant (encore !) mes cours à Sciences Po sur les « enjeux juridiques et politiques de la gouvernance mondiale ».

Un jour de janvier 2015, pour me documenter de façon originale et large, je surfe sur un site, « *Ted talks* », qui diffuse des conférences en langue anglaise données par des personnalités éminentes de tous horizons. Au mot clé « gouvernance », une intervention de Simon Sinek, exposant la problématique de son ouvrage publié en 2009 – *Start with Why: How Great Leaders Inspire Everyone to Take Action* – et qui a provoqué chez moi un véritable déclic.

Qu'expliquait-il ? Il prenait appui sur la gouvernance d'entreprise pour montrer la dynamique d'un leadership.

Le raisonnement que je reformule avec mes mots est le suivant.

Imaginez trois cercles concentriques :

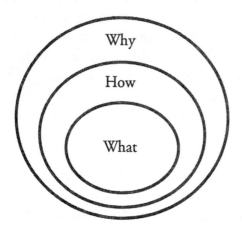

Le plus petit de ces cercles est celui qui détermine l'effort minimum d'une entreprise pour vendre un produit à ses clients. « Je vous vends quoi (What) ? Ce produit que vous voyez et que vous achetez ».

Le cercle intermédiaire améliore l'argument de vente : « Je vous vends ce produit en vous vantant la manière dont il a été fabriqué (How). Et parce qu'il a été produit de telle façon, vous avez de vraies raisons de l'acheter ».

Mais l'entreprise gagnante, c'est celle qui explique à son client que cet achat va transformer sa vie (Why).

Même méthode de rhétorique pour l'image d'une entreprise. Ainsi, dans le numérique, le génie de Google ou d'Apple a été de montrer qu'en achetant leurs produits, on n'achetait pas seulement un produit ou un service (What), ni même que ce produit ou service avait une qualité de fabrication particulière (How). Ils ont convaincu le public, par la voix de leurs leaders (Larry Page et Steve Jobs), mais aussi de leurs équipes totalement impliquées dans l'aventure, que ces produits et services allaient donner un nouveau sens à leur vie !

Cette image des trois cercles concentriques, si originale et brillante soit-elle dans sa formulation, n'a rien en soi de révolutionnaire. Napoléon Ier, dans sa célèbre adresse du 2 décembre 1805 à ses soldats le soir de la victoire – « Soldats, je suis content de vous, ceux qui ont échappé à vos fers se sont noyés dans les lacs. Il vous suffira de dire : "j'étais à la bataille d'Austerlitz" pour que l'on réponde : "voilà un brave" » –, avait bien compris, deux cents ans avant l'IPhone, ce qui fait rêver les êtres humains…

Poursuivons le raisonnement, car c'est la suite que je veux partager avec vous. J'ai voulu appliquer cette démonstration au discours politique. Les candidats qui, systématiquement, ont remporté les plus belles victoires aux élections présidentielles dans leurs pays ne sont-ils pas ceux qui ont préempté le « Why » ?

John F. Kennedy convainc les électeurs qui l'ont élu qu'un Américain marchera sur la Lune avant la fin de la décennie. Il théorise la « nouvelle frontière » comme un nouveau sens à donner à la vie de chaque Américain.

François Mitterrand, en 1981, contredit tous les pronostics qui le donnent battu en convainquant les Français qu'il va « changer la vie » avec ses « 110 propositions ».

Jacques Chirac en 1995 en dénonçant sa célèbre « fracture sociale », Nicolas Sarkozy en 2007 avec sa « rupture » et François Hollande en promettant « le changement c'est maintenant » avec ses 60 « engagements » ont raisonné de la même manière.

En bref, il est apparu naturel aux hommes politiques candidats à des élections majeures de promettre par leur seule élection que demain ne serait plus comme hier. Pour reprendre la célébrissime formule de Jack Lang en 1981, l'élection d'un nouveau président entraînerait *de facto* « le passage de la nuit à la lumière ».

Eh bien, mon intuition est qu'en 2017, en France, le coup de l'homme providentiel qui va tout régler par la seule magie d'un slogan et de quelques propositions bien ordonnées, ça ne marchera pas !

Trop de promesses qui n'ont pas été tenues, trop d'attentes qui ont été déçues ! Les Français savent que le gouvernement d'un pays ne se résume pas à de la gouvernance. Ils ne veulent plus de campagne électorale qui soit une campagne publicitaire, une technique de vente. Bref, faire de la politique autrement, c'est aussi rompre avec la politique de communication pour faire de la politique de fond. Une évidence, en somme...

Et je prédis que celui qui emportera la confiance de la majorité des Français ne les aura pas seulement convaincus par ce qu'il promet de faire. Il ne les convaincra que s'il leur démontre comment il va le faire et quel sera le rôle de chaque Français : avec une méthode affichée, assumée, et un agenda, un calendrier qui à mes yeux, en termes de décisions effectivement prises, ne peut pas excéder les six mois qui suivent son élection. En clair, le « What » et le « How » sont désormais en France aussi importants que le « Why » qui s'apparente à un « votez pour moi, je ferai le reste » auquel en France, nous l'avons montré dans ce livre, plus personne ne croit.

La crise de confiance des Français à l'égard de leurs décideurs politiques est tellement profonde que le préalable à toute crédibilité d'un programme politique reposera donc sur la crédibilité de la méthode employée pour le mettre en œuvre.

C'est l'un des grands enseignements que je tire de ces dix-huit mois de réflexion et d'analyse. Notre système démocratique repose peu ou prou depuis 1789 sur le principe d'une démocratie représentative. En clair, le peuple élit des représentants qui ont, une fois élus, totale liberté d'action pour œuvrer en faveur du bien commun. À l'issue de leur mandat, le peuple décide, par le vote, s'ils doivent ou non être reconduits. C'est le contraire du « mandat impératif » que, dans leur sagesse, nos constituants ont toujours proscrit. Pas question que nos représentants soient en continu sous la dépendance directe de leurs électeurs qui conditionneraient en permanence leurs actes d'élus. Sous peine de dégénérer, « au nom du peuple », en dictature.

Voilà pour la théorie. En pratique, cela reste vrai. Même si un élu est dépendant en règle générale des positions et de la ligne politique de son parti, rien ne l'empêche d'adapter son discours à ses convictions personnelles et à ce qu'exigent des circonstances nouvelles.

Mais c'est l'absence de résultats concrets produits par les politiques conduites qui a sapé les fondements de la démocratie représentative et permet à des partis populistes d'extrême droite (Front national) ou d'extrême gauche (Front de gauche) de prospérer. Ainsi, eux ne se présentent pas comme une « alternance » entre la droite et la gauche de gouvernement, mais comme une « alternative » au système de la démocratie représentative. « Votez pour nous, disent-ils. Nous mettrons un coup de pied dans la fourmilière ! »

« D'ailleurs, nous n'avons jamais été au pouvoir, nous sommes purs », tentent-ils auprès de ceux dont la mémoire flanche...

Ah ! Ces extrémistes ! Ils ont le beau rôle. Leurs chiffres peuvent être faux, leurs raisonnements approximatifs, la compréhension leur est acquise. Leurs mœurs politiques peuvent être sujettes à critique (népotisme, financements opaques, etc.), rien ne semble entamer leur incarnation de l'éthique...

Considérés *a priori* comme le diable, tout ce qui dans leur propos n'apparaît pas diabolique vaut atténuation du soupçon. « Vous voyez bien qu'ils n'ont rien de Hitler pour l'un, de Trotski pour l'autre ! » ai-je entendu.

Mais tout bien réfléchi, cette indulgence n'est que de façade. Tel un miroir à deux faces, leur succès se nourrit d'abord de nos échecs.

Et si l'on veut enrayer cette spirale, il faut se mettre d'accord sur un prérequis : l'État doit redéfinir son périmètre d'action.

Nous l'avons vu ensemble : le mythe de l'État infaillible n'a plus de sens. Les extrêmes en ont déduit que l'État serait devenu impuissant et que seuls leurs programmes pourraient lui rendre sa puissance. Je vous ai dit en détail les raisons pour lesquelles je suis convaincu qu'ils ont tort.

La fin de l'État infaillible n'est pas la fin de l'État, mais la fin d'une conception du rôle de l'État à laquelle, progressivement, nous avons cédé. L'État devient impuissant lorsqu'il intervient dans des sphères qui devraient lui rester étrangères. Dit autrement, la puissance de l'État tient à ce qu'il peut effectivement – et efficacement – faire, parce qu'il en a les moyens. Redéfinir le périmètre de son action signifie qu'il doit se concentrer sur ses missions essentielles et arrêter d'intervenir, pour masquer son absence de résultats, dans un domaine qui, en fait, sous le nom obscur de « sociétal », ne le regarde pas vraiment. Je veux parler, entre autres, de la vie privée des Français.

Un exemple, un seul : le sujet si sensible du mariage pour tous. Un de ces thèmes dont la France raffole pour se déchirer sans retenue et sans nuances. Pendant une année interminable, tensions et passions se sont multipliées. L'expression d'une opinion modérée était interdite. La classification entre « modernes » et « archéos » ne souffrait aucune atténuation !

Et je me suis trouvé face à un cas de conscience : mon opinion personnelle n'entrait dans aucune case. En effet, j'étais hostile bien sûr dans ce contexte à l'ouverture de l'aide médicale à la procréation pour les couples de même sexe et à la gestation pour autrui, mais aussi à ce qu'une

loi officialise l'adoption d'enfants par des couples homopa-
rentaux – considérant que sa légalisation n'apportait rien
de plus – tout en étant favorable au mariage des personnes
homosexuelles en tant que tel. Position insupportable pour
les « anti-mariage pour tous » autant que pour les « pro-
mariage pour tous » qui n'étaient d'accord que sur un
point : les deux questions étaient indissociables. En tant
que citoyen, mon opinion était évidemment défendable
– au moins respectable. En tant que chef de l'opposition,
ma situation était tout autre : si je n'assurais pas une position très ferme d'hostilité, je risquais – pensais-je alors – de
susciter interrogations et divisions dans ma famille politique
à un moment où justement il fallait la ressouder. D'autant
que les responsables du FN, très présents dans les cortèges,
tentaient par tous les moyens de défiler aux côtés de nos
élus, donnant une image insupportable d'amalgame. J'ai
donc fait le choix d'assumer une position plus frontale que
ce que je pensais réellement.

Désormais libre de toute contrainte politique et médiatique, je voudrais partager avec vous les deux leçons que j'en
ai retirées, une fois pris le temps de la réflexion.

D'abord, à titre personnel. C'est le poids de ma longue
expérience dans des fonctions diverses de responsabilité
politique qui me fait vous le dire : quitte à assumer publiquement ses interrogations ou ses réflexions, on ne défend
bien que des positions auxquelles on croit. C'est le devoir
et l'honneur d'un homme politique que d'être toujours en
cohérence avec ses convictions profondes. C'est ce qui m'a
guidé lorsque j'ai pris position en septembre 2015 en faveur
de l'accueil de ces malheureux réfugiés venus de Syrie, ce
que j'ai appelé le « droit d'asile intelligent », en riposte au
dramatique « protectionnisme intelligent » de l'extrême

droite. Ce qui m'avait guidé aussi dans mon combat contre le port de la burqa.

Rappelez-vous ces vers d'Alceste dans *Le Misanthrope* de Molière :

« Je veux qu'on soit sincère, et qu'en homme d'honneur
On ne lâche aucun mot qui ne parte du cœur ! »

Je les fais miens.

La seconde leçon que j'en tire concerne le rôle de l'État. Elle est plus importante lorsque l'on s'interroge sur l'avenir. Ce douloureux épisode, qui a vu des millions de Français dont la position quelle qu'elle soit était respectable – je mets évidemment à part les scandaleux débordements homophobes, au même titre que j'ai trouvé incompréhensibles les violences policières dont ont été victimes certains opposants au mariage pour tous – s'opposer, défiler, se déchirer, m'a conforté dans l'idée qu'il n'est pas raisonnable, alors que notre pays doit faire face à des crises majeures, que des gouvernements ouvrent des fronts aussi conflictuels entre les Français. L'État doit se concentrer sur ce que les Français attendent de lui plutôt que de trop régenter leur vie privée. Réfléchissons à cette vieille formule que nos parents nous enseignaient, celle des « accommodements raisonnables », qui ne nécessitent ni tambours, ni trompettes et qui permettent à chacun d'accommoder sa part de singularité avec le bonheur du « vivre ensemble ».

On m'objectera peut-être qu'avec un tel raisonnement l'interruption volontaire de grossesse et l'homosexualité n'auraient jamais été dépénalisées. C'est faux ! L'objet de ces textes était d'une tout autre nature : il s'agissait alors de mettre fin à la menace de poursuites pénales. Rien de tel, fort heureusement, à l'égard des couples homosexuels.

Dans un tout autre registre, nous devons cesser d'avoir des combats de nature purement idéologique. L'idée de supprimer le mot « race » de la Constitution en est l'illustration. Nul doute et nulle ambiguïté sur le sujet : le terme « race » est daté et ne correspond à aucune réalité scientifique. Pourtant, en droit, il demeure utilisé et a permis de forger un véritable arsenal de mesures luttant contre les discriminations « raciales » dont chacun voit bien à quoi elles font référence. Pour le dire autrement, utiliser le mot race dans la Constitution, le Préambule de 1946 ou toute une série de lois n'a aucunement pour effet de cautionner une conception périmée de l'humanité mais, tout au contraire, de garantir que jamais un tel argument ne puisse être utilisé. Si l'on ajoute que nous serions le seul État au monde à supprimer un terme auquel toutes les conventions internationales relatives aux droits de l'homme se réfèrent, on mesure à quel point le débat serait stérile et combien on se tromperait de combat !

On pourrait multiplier les exemples, mais chacun le voit bien. L'État est d'autant plus respectable et respecté qu'il se recentre et ne s'engage que sur ce qu'il peut et sait faire en fonction de ses moyens – notamment budgétaires et juridiques –, pour garantir que les choses soient faites et que le pays est effectivement et efficacement gouverné. Le rôle de l'État est de créer les conditions qui permettront à chacun d'exercer sa liberté et à l'ensemble des Français de renouer avec un destin partagé de prospérité. Bienveillance et pragmatisme – encore et toujours – sont le moyen de redonner confiance puis de faire confiance aux Français. Il faut cesser de les brider. Le rôle de l'État n'est pas de faire la morale et de paralyser mais, tout au contraire, de fixer un cadre au sein duquel chaque Français aura sa part et se sentira bien.

Voilà pourquoi, ayant pris le temps nécessaire pour expliquer les raisons du malaise français dans ce monde devenu complexe, nous allons maintenant « renverser la table ».

II

Mais au fait ! C'est quoi le rêve des Français ?

Rappelez-vous : « Les Français sont ingouvernables ! Ils veulent tout et le contraire de tout ! »

Rien de tel pour décrypter cette formule que d'en appeler une nouvelle fois à la psychologie. Vouloir « tout et son contraire » signifie que l'on manque de perspective et que l'on manque de résultats suffisamment encourageants pour poursuivre son chemin. À l'inverse de Guillaume d'Orange, c'est que l'on veut « espérer pour entreprendre » et « réussir pour persévérer ».

Nous allons donc parler ensemble de perspective et de résultats.

Redevenir maîtres de notre destin comme perspective

Souveraineté ! Indépendance nationale !

Comme ces mots sont doux à nos oreilles. Ils nous renvoient au souvenir d'époques que nous n'avons pas forcément vécues, mais où, paraît-il, la France, par ses décisions, ses actions, ses œuvres, rayonnait dans le monde entier. En un mot, la France gagnait parce qu'elle maîtrisait son destin. Ce qu'elle décidait, ce qu'elle entreprenait se faisait, avec pour résultat l'élévation continue de son niveau et de sa qualité de vie.

A contrario, les Français considèrent, pour beaucoup d'entre eux, que les choix d'une plus grande intégration à l'Europe, dans le contexte de mondialisation que l'on sait, est la cause première de notre étranglement progressif. Couplé au sentiment désormais acquis que les responsables politiques actuels, ayant « tout essayé », ont fait la démonstration de leur impuissance, il y a là le composé chimique parfait d'une dépression nationale profonde.

En l'absence d'une reprise en main complète de nos discours et de nos actions, il suffit donc au Front national de se poser tranquillement sur la branche la plus basse de l'arbre de la patience et d'attendre que le fruit soit mûr. La France s'est liée les mains, dit le Front national, et n'a plus les moyens institutionnels de maîtriser son destin. Elle est attaquée par l'« étranger » (qu'incarnent pêle-mêle les concepts de « mondialisation » et d'« immigrés »). Il faut donc la protéger en fermant les frontières. Nous avons vu ensemble l'efficacité rhétorique et les dangers pratiques de ce raisonnement.

Mais le démontrer ne suffit pas et ne suffira jamais à renverser la table.

Reconquérir notre souveraineté !

Il est certain que la fermeture des frontières hexagonales n'aura jamais dans la durée de vertu positive. Mais je ne vois vraiment pas pourquoi nous devrions renoncer – au seul motif que les extrémistes s'en seraient emparés – à l'expression de « souveraineté nationale » qui caractérise précisément la maîtrise de notre destin et donne tout son sens et sa raison d'être à une nouvelle offre politique.

Or, la droite comme la gauche de gouvernement ont abandonné cette expression depuis des années, considérant que l'employer signifiait une opposition à la construction européenne. C'est une erreur grave, très caractéristique du réflexe français de clivage systématique, le « ou/ou ». On est « souverainiste » ou « pro-européen ». Interdiction donc d'être pro-européen pour préserver notre souveraineté !

En raisonnant ainsi, les partisans de l'Europe ont brûlé les étapes et offert un boulevard à leurs adversaires : ils ont en effet laissé penser qu'être « pro-européen » signifiait nécessairement que l'on voulait une France totalement intégrée dans l'Europe et qu'on renonçait à son statut d'État souverain. C'est faux ! Oui, la France a accepté de transférer aux institutions européennes l'exercice de certaines compétences ; c'est le cas, par exemple, de la concurrence et de la monnaie, et, dans une moindre mesure, de la libre circulation et de l'immigration. Elle l'a fait parce qu'elle y voyait son intérêt tout autant que celui de l'Europe à la construction de laquelle elle participait. Mais la France n'a jamais renoncé à sa souveraineté ! Parce qu'elle est un État souverain, elle a décidé que, dans certains domaines, il était préférable pour elle d'exercer sa souveraineté en commun avec ses partenaires. En commun peut-être, mais exercer sa souveraineté, donc décider ! De même elle a conservé un pouvoir de décision réel dans la mise en œuvre des politiques européennes.

Mais surtout, en abandonnant la notion de « souveraineté », les partis de gouvernement n'ont pas simplement donné le sentiment qu'il fallait acter leur impuissance et leur inutilité. Ils ont aussi laissé croire qu'ils renonçaient pêle-mêle au patriotisme et à l'histoire politique, intellectuelle, culturelle de la France, à notre force économique et, enfin et surtout, à notre capacité de nous rassembler autour de valeurs communes, loin de tout séparatisme identitaire.

Ainsi, au fil du temps, le clivage se durcissant sur la question européenne, les pro-européens se sont enlisés dans une approche moralisatrice, gestionnaire, sinistre, souvent incompréhensible du point de vue technique et très éloignée des préoccupations des Français, comme d'ailleurs de celles de l'ensemble des citoyens des États membres. C'était pain béni pour les partis extrêmes.

Parce que je suis depuis toujours un Européen convaincu, je sais que, sans l'Europe, jamais la France n'aurait connu le niveau de développement qui est le sien aujourd'hui.

Et parce que je suis depuis toujours obsédé par la grandeur de la France, par sa place et son image dans le monde, je suis convaincu que l'essentiel des problèmes qu'elle rencontre n'est pas lié à l'Europe, mais à la France elle-même.

Je m'explique. Si la souveraineté nationale c'est la possibilité de prendre un certain nombre de décisions structurantes pour l'avenir de notre pays, je ne vois pas en quoi la construction européenne a pu en quoi que ce soit être un frein à ces décisions.

La réduction des déficits publics et de la dette en est le meilleur exemple. Voilà des années que l'on fait croire aux Français que l'exigence de réduire les déficits publics et la dette, pour les maintenir dans des proportions raisonnables, est liée à notre appartenance à l'euro. D'où une polémique qui sanctuarise les positions politiques depuis près de vingt ans : réduire les déficits est devenu « politique d'austérité » pour « se soumettre au diktat de Bruxelles ».

La réalité est tout autre et nous l'avons déjà vu ensemble : la vérité, c'est que plus on est endetté, moins on est souverain.

Le rôle de Bruxelles, comme de la Banque centrale européenne, vise surtout à rappeler qu'une monnaie unique pour 19 États nécessite le plus de coordination possible entre les politiques budgétaires. Cela relève du bon sens ! Les dérapages grecs l'ont montré.

Il faut cesser de laisser penser que la France a renoncé à son indépendance et qu'en s'isolant elle la retrouverait. On ne peut être souverain en étant cloîtré et l'isolement serait la pire des dépendances puisqu'elle interdirait purement et simplement à la France d'exister.

La réaffirmation de notre souveraineté doit donc être notre horizon. Jamais perdue, nous avons trop longtemps laissé penser que nous y avions renoncé. C'est donc vis-à-vis de nous-mêmes que nous devons la reconquérir !

Reconquérir notre souveraineté est d'abord une nécessité pour peser en Europe. Quelle crédibilité peut avoir la France à la table du Conseil européen alors qu'elle n'a jamais voulu opérer les réformes structurelles que nos voisins ont faites (réforme des retraites, marché du travail, baisse des dépenses publiques, etc.) ?

Mais c'est une nécessité, ensuite et surtout, pour créer les conditions d'une dynamique positive, rassembleuse, tournée vers l'avenir.

Reconquérir notre souveraineté, c'est donner du sens aux décisions réformatrices qu'il faut prendre sur le plan économique et social pour mettre en œuvre, avec nos entreprises et leurs salariés, une stratégie industrielle qui réduise notre dépendance vis-à-vis de nos concurrents étrangers intra- ou extra-européens.

C'est donner une perspective, un horizon aux nouvelles formes de puissance du XXIe siècle que sont l'agroalimentaire, les énergies, l'Internet, le secteur maritime, pour lesquels la France dispose de potentiels remarquables.

C'est inviter chaque Français à se sentir concerné, impliqué et à s'engager. Parce que le peuple est souverain, il doit être plus que jamais encouragé à prendre sa part aux débats mais aussi à l'action collective. Je pense au quotidien – le civisme, la lutte contre les incivilités –, à cet état d'esprit que nous devons adopter – la bienveillance.

C'est aussi revendiquer fièrement des symboles et des valeurs dont nous n'osons plus parler. Drapeau tricolore et *Marseillaise*, bien sûr, mais aussi droits de l'homme, force de l'État, valeurs républicaines.

Reconquérir notre souveraineté, enfin, c'est repenser notre politique européenne et notre politique étrangère.

Repenser notre politique européenne

Si je plaide inlassablement pour rappeler que l'Europe n'est certainement pas la cause première des faiblesses de la France, je suis parfaitement conscient des défauts qui sont les siens, de l'éloignement des décisions, des lourdeurs administratives insupportables pour les citoyens. Mais tout cela n'est pas inéluctable et je suis convaincu que la France a un rôle à jouer.

L'Europe est avant tout un projet, et un projet français.

On ne le dit pas – ou plus – assez. Le point de départ de l'Union européenne, aujourd'hui tant critiquée, est un discours prononcé le 9 mai 1950 par Robert Schuman, ministre français des Affaires étrangères. Le projet apparaissait, à l'époque, ambitieux et fou : créer entre des États une solidarité qui « manifeste que toute guerre entre la France et l'Allemagne devient non seulement impensable, mais matériellement impossible ».

Donc, ne l'oublions pas. Le projet européen, c'est d'abord la paix en Europe et ce projet était français. Et, à cet égard, aucune ambiguïté, le résultat est là : c'est un succès. Plus encore, c'est ce succès qui explique que tant d'États l'aient rallié et nombreux sont encore ceux qui le souhaitent.

Mais, comme pour tout projet, la réalisation de l'objectif que l'on s'était fixé impose de sans cesse le renouveler et c'est indiscutablement là que la France a un rôle à jouer. Car l'Europe est et a vocation à rester une union d'États souverains qui décident, parce que ensemble ils sont plus forts qu'isolés, d'atteindre les objectifs que seuls ils ne pourraient réaliser. C'est le fameux principe de subsidiarité !

Reprocher à l'Europe de ne pas atteindre les objectifs qu'elle s'est fixés est absurde. Ce sont les États qui se reprochent à eux-mêmes de ne pas s'être donné les moyens de leurs ambitions. Reconquérir sa souveraineté, c'est être vigilant sur le rôle imparti à chacun. Ne pas davantage céder à la tentation du « tout Europe » qu'à celle du souverainisme. Savoir dire non lorsque l'Europe ne parvient pas ou plus à assurer la mission qu'on lui avait assignée mais reconnaître qu'il est des actions ou des politiques qui n'ont de sens que coordonnées. C'est vrai en matière d'environnement : les catastrophes et les risques environnementaux ne connaissent pas les frontières. C'est vrai pour les transports : la liberté de circulation – un progrès, je l'ai dit – n'est rien sans compatibilité de nos infrastructures. C'est vrai en matière d'énergie, d'agriculture, etc. Ce sont ces nouveaux projets que la France, au nom de la souveraineté, doit porter.

La France doit assumer son pouvoir de décision.

« C'est à cause de Bruxelles », « l'Europe l'exige » : combien de fois a-t-on entendu ces phrases censées disculper les gouvernements de mesures qu'ils pensent susceptibles d'être impopulaires ou incompréhensibles. En sens inverse, il n'est pas rare qu'une mesure jugée plus acceptable soit présentée comme une victoire remportée contre Bruxelles. En vérité, tout cela n'a pas de sens. La lecture des traités – aride il est vrai – le montre : les domaines dans lesquels l'Europe est seule décisionnaire sont très peu nombreux et, même dans ceux-là, lorsque l'Europe décide, ce ne sont jamais que les États membres qui se mettent d'accord pour que soit adopté un règlement ou une directive.

Cessons donc de reporter la faute sur l'Europe et disons enfin clairement que, lorsque l'Europe décide, c'est aussi la France qui décide.

C'est vrai en amont, lorsque des actes européens sont adoptés et la voix de la France n'est pas toujours audible. C'est vrai en aval, lorsqu'il s'agit de mettre en application des règlements et des directives parce que la France a une marge d'appréciation qu'elle doit utiliser. Un exemple. Pourquoi, chaque fois qu'elle transpose une directive, la France choisit-elle d'aller plus loin qu'on ne l'exige d'elle ? L'Allemagne se contente du minimum. Résultat : les normes sociales ou environnementales que nous nous imposons plombent notre compétitivité !

Soyons concrets : 21, c'est le nombre de millions de porcs qui seront produits fin 2015 en France, contre le double en Allemagne et bien plus du double en Espagne. Plus les années passent, plus la France perd en compétitivité dans la filière porcine à cause d'une transposition bien trop restrictive de la directive européenne, dite directive IED, relative aux émissions industrielles.

Cette directive prévoit que les porcheries de plus de 2 000 porcs, en raison du risque environnemental qu'elles constituent, ne peuvent être installées qu'après autorisation administrative, incluant enquête publique et étude d'impact. Dont acte ! Mais la France a, dans les années 80, abaissé cette limite à 450 porcs, obligeant les éleveurs à effectuer des procédures administratives lourdes (plus de 1 an) et coûteuses (près de 30 000 euros) pour des porcheries pourtant bien inférieures à 2 000 porcs. Pourquoi ? Cette restriction volontaire n'a absolument pas été appliquée par ses voisins européens, et on trouverait même encore certains *Länder* dans lesquels le seuil est à 3 000 porcs…

Consciente de la difficulté, la France a, en 2013, instauré un régime d'autorisation « simplifiée », n'exigeant ni enquête publique ni étude d'impact, pour les porcheries entre 450 et 2 000 porcs. Mais cette procédure reste encore longue (5 mois) et coûteuse (15 000 euros). De surcroît, elle est complexe à appliquer puisque la directive européenne parle en « nombre d'emplacements de porcs » quand la France parle en « nombre d'animaux-équivalents » ; les mesures sont donc brouillées. Enfin, un certain nombre de conditions obligent certaines porcheries entre 450 et 2 000 porcs à effectuer tout de même de longues et lourdes démarches administratives. Tout cela devient incompréhensible et l'Europe n'y est pour rien…

Les exigences supplémentaires que s'impose la France dans l'application des règles européennes pèsent donc fortement sur sa compétitivité. Nous devons faire le choix de nous aligner sur la moyenne européenne et ne pas toujours faire le choix de davantage complexifier !

La France doit penser une « Europe des solutions et des résultats ».

C'est une Europe des solutions et des résultats, plutôt qu'une Europe des problèmes qu'il faut imaginer pour l'avenir. Il faut une Europe, j'ose la formule, « à géométrie variable ».

L'Europe a connu des succès. Elle a aussi connu des échecs. Habitués à cette logique binaire qui nous paralyse, nous nous sommes divisés puis arc-boutés sur des positions d'un autre âge : « fédéralistes » contre « souverainistes ». Les stigmates des moments européens ratés – Maastricht et, plus encore, le traité constitutionnel de 2004 – sont encore perceptibles. Et les oracles d'hier ont beau jeu de dire « nous vous l'avions bien dit » !

Il faut sortir de cette époque et, pour que l'Europe soit un facteur de progrès, un moteur pour la France, admettre que tout n'est pas possible à 28. En un mot, être pragmatique.

À la manière de ces avions dont la voilure peut être modifiée en fonction des besoins, l'Europe doit différencier ses périmètres, admettre qu'il y ait plusieurs cercles, pour les mettre en adéquation avec ses objectifs. Retenir la meilleure configuration pour atteindre les buts, encore une question de pragmatisme.

Pour avancer ensemble, il faut une volonté commune et des moyens équivalents. Or la position de tous les États n'est pas identique sur tous les sujets. L'Europe à géométrie variable, c'est s'adapter à la diversité des situations et des volontés. Elle est pour partie déjà une réalité. Il faut lui donner un nouvel élan.

Il y a, d'abord, le couple franco-allemand. Il a une responsabilité historique et une vision plus partagée qu'on ne le dit parfois. Il a toujours été et doit rester un moteur dans la construction européenne. Le centre d'impulsion. L'initiateur d'un projet sans cesse renouvelé. Et la France doit y retrouver sa place en étant un partenaire crédible dans une relation équilibrée.

Il y a, ensuite, l'Europe des 19 : la zone euro. Je vous ai déjà dit pourquoi il faut la préserver, ne pas céder aux sirènes de ceux qui plaident pour que la France en sorte. Mais il faut aussi la prolonger et faire en sorte qu'elle ne soit plus hémiplégique, cantonnée au monétaire quand la coordination budgétaire et économique est indispensable à sa survie.

Et puis, enfin, il y a les autres cercles, ceux qui existent (Schengen, qu'il faut réformer mais pas abandonner) et ceux qui pourraient être créés. Utiliser cet instrument que les traités appellent les « coopérations renforcées » et qui permet à des États de bonne volonté de réaliser ensemble parce qu'ils en ont les moyens une politique commune qui, peut-être un jour, pourra être ralliée par d'autres. Il faut faire monter en puissance des projets déjà engagés mais qui peinent à prendre corps. Une Europe de la défense ; j'en reparlerai. Penser une Europe de l'énergie entre les États qui connaissent des enjeux identiques en termes d'indépendance énergétique et de lutte contre les énergies polluantes. Une

Europe de la recherche dans certains secteurs stratégiques, à l'image de l'immense réussite qu'est l'Europe spatiale.

C'est le pragmatisme qui a permis de construire l'Europe. C'est le pragmatisme qui permettra de la faire progresser. Et le pragmatisme, c'est la possibilité pour la France, souveraine, de proposer les sujets sur lesquels avancer.

Repenser notre politique étrangère

Dans ce même esprit, je rêve que la France renoue avec les fondamentaux de sa politique étrangère, en redevenant le pays qui parle à tous.

Voilà des années que je suis ces questions, à travers les multiples voyages que j'ai faits et les contacts que j'ai pris lorsque j'étais au gouvernement puis à la tête de l'UMP ou en tant que parlementaire. Au nom de cette conception de la souveraineté, je voudrais partager avec vous quelques idées simples sur un monde compliqué :

La France n'est audible que lorsqu'elle a une voix indépendante et réaliste.

La force du général de Gaulle était que, tout en étant un allié indéfectible des États-Unis, il était capable de prendre des décisions « hétérodoxes » qui donnaient à la France une place à part. Il tenait à ce que la France n'épouse pas entièrement la ligne, parfois manichéenne, des États-Unis mais continue à entretenir en toute indépendance des relations avec chacune des puissances qui comptent.

Je pense par exemple à la reconnaissance de la Chine populaire en 1964. Coup de génie ! La France, sans partager les idéaux communistes, montrait ainsi qu'elle était le pays de l'Ouest capable d'ériger un pont avec les pays du bloc soviétique. Cela nous donnait une place enviable de pivot des relations internationales. C'était aussi une question de pragmatisme : la France pouvait-elle se passer de relations avec la Chine, représentant un cinquième de l'humanité ?

« La France reconnaît le monde tel qu'il est », disait le Général. C'est ce solide réalisme qui a guidé Jacques Chirac en 2003, lorsque la France a refusé d'entrer dans l'aventure irakienne.

Et c'est ce même solide réalisme qui nous manque depuis quelques années où nous avons souvent un temps diplomatique de retard. Prenons un exemple : les discussions sur le nucléaire iranien. La France a fait le choix d'une forme de jusqu'auboutisme, ne voulant rien céder sur les sanctions envers l'Iran. En cela, elle suit la ligne occidentale, parfaitement justifiée au regard des risques considérables que représenteraient un Iran détenteur de l'arme nucléaire. Fallait-il pour autant être plus royalistes que le roi ? Bien sûr la ligne officielle des États-Unis est ferme à l'égard de l'Iran, mais parce qu'ils savent que, à la fin, il y aura un accord, ils ont en parallèle négocié secrètement des contrats commerciaux qui, le moment venu, n'auront plus qu'à être signés. N'aurait-il pas été plus logique que l'Iran engage ce type de négociations avec la France dont, sans doute, elle se sent plus proche ? La France n'y aurait-elle pas eu intérêt ? Bien sûr, il est des principes sur lesquels jamais il ne faut céder mais prenons garde aux excès de fermeté qui, faisant de nous les derniers zélés, nous conduiraient surtout à être les premiers lésés ! Le réalisme est un instrument de souveraineté. D'autant qu'aujourd'hui l'ennemi numéro 1 s'appelle Daesh, qui est aussi l'ennemi de l'Iran chiite…

La France n'est crédible qu'avec une force militaire moderne.

La diplomatie sans armée, cela revient à faire de l'haltérophilie sans muscles ! Le *soft power* est important, mais il ne suffit pas.

Notre armée, après des années de réduction de moyens et d'effectifs, a désormais une capacité de projection limitée. Engagée au Mali et sur le territoire national dans le cadre du déploiement antiterroriste, elle ne dispose plus d'assez de forces pour s'engager puissamment sur un troisième terrain. C'est problématique. On le voit en Syrie : les frappes aériennes ne règlent pas seules les conflits. Une armée moderne doit impérativement disposer d'une force de projection au sol. La défense, cœur régalien de l'État, doit redevenir une priorité budgétaire.

Dans le cadre de l'Europe des résultats et des solutions que je viens d'évoquer, nous aurions tout intérêt à travailler de concert avec l'armée britannique, en nous appuyant sur les accords de Lancaster House de 2010, pour mutualiser certaines fonctions support, développer des matériels de pointe, voire monter une force expéditionnaire commune... On objectera que les relations avec le Royaume-Uni ne sont pas toujours simples ; c'est vrai. Mais nos intérêts sont communs. Nous devons faire face ensemble à de nouveaux défis, au premier rang desquels le terrorisme. Voyez Daesh. Ni un État, ni un gouvernement ; une organisation terroriste sans chef ni visage dont les agissements et les méthodes constituent une menace de chaque instant pour nos démocraties. Nous n'avons donc d'autre choix que de lui faire la guerre. Mais c'est sous l'égide de l'ONU, avec un Conseil de sécurité évidemment unanime et une

coalition internationale incluant les premiers États mena-
cés, à savoir les États de la région, qu'il nous faut mener
cette guerre à son terme. Même s'il faut pour cela envoyer
des troupes au sol. Sinon, ne nous mentons pas, nous ne
l'emporterons pas. Nous devons développer des capacités de
défense communes qui puissent être déployées rapidement
et seront un moteur puissant pour rallier, le moment venu,
d'autres États. L'Allemagne devra, lorsqu'elle le décidera, y
avoir toute sa place et nous rejoindre dans un indispensable
effort européen de défense. Ai-je besoin de le dire, une force
militaire moderne est un instrument de souveraineté.

La France doit concilier ses valeurs et ses intérêts.

La politique étrangère n'est pas le lieu des choix mani-
chéens. La France a des valeurs – celles de la France « éternelle » : la démocratie, la promotion des droits de l'homme,
l'attention aux plus fragiles – et elle a des intérêts – la sécurité des Français, qu'ils soient sur son territoire ou à l'étranger, le développement économique, la stabilité.

Ces dernières années, je le dis au risque de choquer, nous
avons trop souvent privilégié les valeurs au détriment des
intérêts ou les intérêts au détriment des valeurs. Une fois
encore, nous avons fait le choix du « ou/ou ». Et, en politique étrangère comme en toute matière, c'est inefficace. Un
seul exemple : quand nous décidons de faire tomber Kadhafi
pour sauver Benghazi, c'est au nom de nos valeurs. Mais, en
réalité, comme en Irak après la chute de Saddam Hussein,
nous avons livré, sans l'imaginer ni donc l'anticiper, un territoire immense et riche à l'anarchie et aux milices terroristes
les plus radicales de sorte que la Libye est désormais aux
confluents de tous les affrontements et de tous les trafics.

Finalement, la Libye se retrouve dans le chaos le plus total, ce qui est contraire, à la fois, à nos valeurs et à nos intérêts.

Plus généralement, la France doit renoncer à la tentation – si partagée en Occident – de faire tomber des régimes sans se soucier de ce qui pourrait bien les remplacer. Les exemples irakien, libyen et, dans une moindre mesure, afghan, ont montré que le remède a été pire que le mal. Nous le faisons au nom de nos valeurs. C'est peu dire que nous n'avons guère gagné à lutter contre ces régimes. Et, au moins à moyen terme, il n'est pas certain que les populations locales y aient davantage trouvé intérêt. Détruire un appareil d'État est aisé. Une autre chose est d'en reconstruire un en partant de zéro en imaginant que les populations y travailleront sous notre dictée. Jacques Chirac avait raison lorsqu'il plaidait pour que les Occidentaux consacrent plus de temps, avant d'agir, à la connaissance et à la compréhension des autres mondes que le nôtre.

La France doit parier sur l'Afrique.

Je sais bien que dès qu'un responsable politique français parle de ce continent, il est immédiatement soupçonné de ressusciter la trouble « Françafrique » ou d'être dans une démarche néocoloniale… Ce n'est pas sérieux ! Nous n'allons pas nous empêcher d'avoir une vraie politique africaine au prétexte d'errances passées.

Nous l'avons vu ensemble : l'Afrique sera le continent de la croissance au XXIe siècle. Croissance économique et croissance démographique. Si l'on y ajoute les dimensions géographique, culturelle et linguistique, l'Afrique sera le continent de la francophonie (85 % des francophones y vivront à l'horizon de 2050).

La France a toutes les raisons de construire un partenariat ambitieux avec les États africains. Nos intérêts économiques sont réciproques, nos liens réels. J'ajoute que le meilleur moyen de mettre un terme à l'exode dramatique de migrants subsahariens qui passent par la Libye pour rejoindre l'Europe est de permettre aux Africains de rester dans leurs pays. Tant qu'ils n'auront aucune garantie de vivre dans la paix et la prospérité chez eux, ils viendront les chercher chez nous. À cet égard, l'initiative de Jean-Louis Borloo pour électrifier l'Afrique est pleine de bon sens. Une chose est sûre : il ne faut pas tarder. Les Chinois, les Indiens ou les Brésiliens ont déjà compris tout l'intérêt qu'il y a à investir là-bas. Et notre position recule : la part de marché française en Afrique subsaharienne est déjà passée de 10,1 % en 2000 à 4,5 % en 2014...

Renouer avec l'obligation de résultats !

Un résultat, c'est tout simplement le produit, l'effet de quelque chose. En mathématique, c'est une entité – généralement un chiffre – qui exprime la solution d'une opération ou d'un problème.

En politique, malheureusement, l'habitude n'a jamais été prise de mesurer de manière méthodique et objective les effets d'une décision que l'on a adoptée, d'une loi que l'on a fait voter ou d'une politique que l'on a initiée.

J'écoute toujours très attentivement la manière dont les décideurs politiques français dressent *a posteriori* le bilan de leur action. C'est très instructif. La plupart du temps cela se résume à l'énumération des titres des lois ou des décrets qu'ils ont fait adopter ou promulgués et rarement des résultats obtenus par la mise en œuvre de ces textes.

Ainsi, un responsable politique majeur préfère dire qu'il a fait adopter une « réforme des retraites » plutôt que d'évaluer honnêtement si cette réforme a, ou non, réduit suffisamment le déficit de la branche vieillesse. Un autre annoncera le nombre de contrats aidés qu'il aura créés dans le secteur public plutôt que le résultat de cette mesure sur la baisse, ou non, du chômage. Un troisième évoquera le nombre de postes supplémentaires dans l'éducation nationale plutôt que les résultats obtenus, par exemple dans la lutte contre l'illettrisme.

Une manière sans doute de masquer l'échec et donc d'éviter d'assumer une responsabilité.

Je ne crois pas qu'il soit possible de continuer à gouverner comme cela. On l'a vu, les gouvernants de pays voisins n'agissent pas ainsi. Et, au risque de me répéter, Angela Merkel et David Cameron ont été tous deux triomphalement réélus après avoir fait campagne sur les bons résultats que leurs pays avaient obtenus à la suite des décisions qu'ils avaient prises.

En France, la droite a perdu l'élection présidentielle de 2012 en grande partie parce que les principaux indicateurs de mesure étaient négatifs : chômage, déficit, dette, insécurité, impôts, pouvoir d'achat. Certes, la crise financière de 2008-2009 a été violente. Mais plutôt moins qu'ailleurs…

En ce sens, lorsque François Hollande annonce qu'il ne se représentera pas en 2017 si le chômage n'a pas durablement diminué, il accepte de se mettre en risque sur l'évaluation chiffrée de sa politique. Dont acte. Je lui reconnais sur ce seul point un certain panache !

Même si, en y repensant, je ne suis pas totalement rassuré sur sa sincérité. En effet, en avril 2014 il avait pris le même engagement : « Si le chômage ne baisse pas d'ici à 2017, je n'ai, ou aucune raison d'être candidat, ou aucune chance d'être réélu. » J'avais alors, en bonne logique, demandé qu'il tire les conséquences de son échec en démettant son ministre du Travail, ce qui m'avait valu les sarcasmes des médias.

Voilà qui est clairement dit : le prochain président de la République devra s'imposer et imposer à son équipe une feuille de route avec des indicateurs permettant une évaluation concrète des résultats obtenus.

Je n'ose vous dire le nombre de fois où cette exigence est venue dans les conversations que j'ai pu avoir avec les Français. « Un mandat présidentiel c'est cinq ans ! m'a dit l'un d'eux. Moi, c'est pas les sondages que je regarde. Ce qui compte pour moi, c'est de savoir si les choses se sont améliorées ou non entre le début et la fin du mandat. Pour moi d'abord. Pour le pays ensuite ! » On ne saurait mieux dire.

L'attente est légitime. Y répondre est un défi que l'on se doit de relever. Pour ce faire, une méthode : plus d'ambition dans l'obsession du résultat et plus de sobriété dans la liste des objectifs à atteindre. Il nous faut transformer profondément la méthode de gouvernement.

III

La condition de la réussite : transformer profondément la méthode de gouvernement

Nous y voilà ! L'époque du chèque en blanc est révolue. Convaincre les Français de redonner leur confiance à un homme ou une femme de droite pour la prochaine élection présidentielle est loin d'être acquis. Et ceux qui pensent que François Hollande n'a aucune chance, au vu de son impopularité actuelle, d'être réélu en 2017 commettent un péché d'orgueil. Le même que celui qui nous fit perdre l'élection de 2012.

Certes, la politique conduite depuis le début de ce quinquennat n'est pas la bonne. L'erreur originelle qui a consisté pour le président socialiste à nier la réalité du monde et donc à renoncer à toute réforme importante sur le plan économique a coûté très cher à la France. Les hausses massives des dépenses publiques – notamment les embauches de fonctionnaires – ont dissuadé l'administration de tout effort de modernisation. Les hausses massives d'impôts ont cassé net le pouvoir d'achat des Français, tandis que la TVA antidélocalisation – pour laquelle j'avais, avec d'autres, tant milité –, décidée dans les derniers mois du mandat de Nicolas Sarkozy pour améliorer les comptes des entreprises françaises, a été abandonnée. Résultat : alors que notre pays avait besoin d'une stimulation de sa capacité à produire, il a vu sa compétitivité continuer de se dégrader. L'arrivée de Manuel Valls et surtout d'Emmanuel Macron a permis d'adresser un message de « social-libéralisme » bienvenu mais trop tardif et sans mesures vraiment décisives, faute de majorité pour les adopter.

Alors les défaites aux élections locales se sont enchaînées avec, comme point de départ, la vague bleue historique des municipales de mars 2014 qui a permis la reconquête du Sénat et la jolie victoire aux élections départementales dans la foulée pour l'UMP devenue ensuite « Les Républicains ».

Mais pour autant, l'alchimie d'une élection présidentielle est infiniment plus complexe. Faire le pari que le candidat de droite issu des primaires, quel qu'il soit, gagnera la présidentielle par le seul rejet du Président sortant relève d'un calcul hasardeux et de la méconnaissance de l'état d'esprit des Français.

Je vous ai raconté ce que tous m'ont dit : « on ne vous croit plus ! ».

Il y a toujours eu en France une plus grande indulgence pour la gauche et une plus grande exigence pour la droite. Comme si l'on considérait, sans jamais le formuler ainsi, que la gauche lorsqu'elle gouverne a tellement de contradictions politiciennes internes à surmonter, qu'on n'en attend pas grand-chose en termes de modernisation économique ou de fermeté régalienne. La question d'ailleurs est ancienne. Léon Blum dans son très beau livre

À l'échelle humaine[1] ne confiait-il pas déjà les angoisses qui étaient les siennes sur la dialectique conquête du pouvoir/exercice du pouvoir. Ainsi, sous l'ère de François Hollande, la moindre petite mesure visant à assouplir le code du travail ou à alléger (un peu) les charges des entreprises est-elle saluée avec bienveillance par les commentateurs. De même, lorsqu'un ministre de l'Intérieur socialiste affirme sa fermeté, il génère des soupirs de soulagement chez les Français et monte mécaniquement dans les sondages. Et naturellement, lorsque la gauche est au pouvoir, hausses d'impôts et mesures sociales sont considérées comme normales et accueillies avec fatalisme. Je dis fatalisme parce que beaucoup de Français ont le sentiment d'être toujours concernés par les hausses d'impôts et jamais suffisamment bénéficiaires des mesures sociales...

Lorsque la droite est au pouvoir, l'état d'esprit est très différent. On attend d'elle la mise en œuvre de réformes structurantes, traditionnellement appelées les réformes « courageuses ». En clair, il s'agit de ces fameuses décisions réputées impopulaires qui ont engendré les blocages dont nous avons parlé et pour lesquels la droite française a été moins loin que ses principaux homologues européens : réduction des déficits et de la dette, compétitivité économique, réforme de la Sécurité sociale.

Et cependant, qu'il s'agisse d'indulgence pour la gauche ou d'exigence pour la droite, les conséquences ont été identiques : une alternance gauche/droite systématique à la tête de l'État, ou du gouvernement en cas de cohabitation, depuis 1981.

---

1. Léon Blum, *À l'échelle humaine*, 1945, Gallimard, 1971.

« Qu'est-ce qui nous dit que vous ferez demain ce que vous n'avez pas fait lorsque vous étiez au pouvoir ? » interrogent les Français.

La réponse tient en une idée forte et claire : transformer la méthode de gouvernement de la France.

Les Français veulent que ceux qu'ils élisent appliquent le programme électoral pour lequel ils ont été élus ?

Les Français ne veulent plus voir leurs dirigeants reculer à la moindre manifestation, à la moindre campagne médiatique négative, à la moindre baisse des sondages ?

Les Français avertissent clairement qu'ils rejetteront la démocratie représentative et choisiront non plus l'« alternance » droite-gauche mais l'« alternative » Front national si leurs dirigeants, en particulier à droite, prennent des décisions trop timides pour avoir une chance de produire les résultats promis ?

Les Français, parce qu'ils n'ont plus confiance dans la détermination de leurs dirigeants, veulent être eux aussi acteurs, parties prenantes, de ce changement ?

Alors changeons la donne. Je l'ai évoqué à plusieurs reprises avec vous : qui peut imaginer possible un Sursaut français si les citoyens n'y sont pas personnellement associés et impliqués ?

Pour cela, une méthode articulée autour de deux principes : gouverner par ordonnances et faire des Français des acteurs à part entière.

Le gouvernement par ordonnances : la main ne doit plus trembler !

S'engager à gouverner, c'est proposer aux Français, comme l'avait fait en son temps cet homme remarquable que fut Pierre Mendès France dans *La République moderne*, un véritable contrat de gouvernement.

Ce contrat doit revêtir trois dimensions.

D'abord, avec le peuple français. C'est tout l'enjeu de la campagne électorale. Le candidat de la droite et du centre, vainqueur de la primaire en novembre 2016, aura six mois pour proposer aux Français une vision qui explique le monde dans lequel on est entré, un programme complet de mesures pour le prochain quinquennat et surtout une méthode de gouvernement.

L'objet principal de ce projet sera, on l'a vu, de redonner à notre pays la maîtrise de son destin, la souveraineté de ses choix, pour peser dans le concert européen et mondial, bien sûr, mais aussi pour permettre à chaque Français de dessiner sa propre trajectoire, de s'inscrire dans cette dynamique. J'évoquerai plus loin dans ce livre son contenu, mais je veux ici approfondir la méthode car elle est fondamentale et non pas, comme beaucoup l'ont laissé dire pendant trop longtemps, accessoire.

Je poursuis. Ce programme, et c'est sa force, sera assorti d'un agenda, d'un calendrier et d'un outil de mise en œuvre institutionnel qui, seul, garantira son succès : le « gouvernement par ordonnances ».

Je l'ai évoqué dès août 2013 à Châteaurenard. Aujourd'hui j'en ai la conviction : c'est la condition *sine qua non* du Sursaut français.

Lorsque le général de Gaulle arrive au pouvoir en juin 1958, la France – on l'a oublié aujourd'hui – est au bord du chaos. Si le travail de reconstruction du pays a été bien engagé au lendemain de la Seconde Guerre mondiale, la France se retrouve, treize ans après, avec des déficits publics énormes et une monnaie dépréciée. Elle est encalminée dans une guerre d'Algérie douloureuse et des dizaines de milliers de jeunes Français du contingent y sont envoyés, au péril de leur vie.

En outre, l'instabilité ministérielle chronique (vingt-cinq gouvernements en onze ans et sept mois) et les violences dans les rues, notamment à Paris, rendent le climat général intenable.

De Gaulle est accueilli avec les plus grandes réserves par la classe politique qui le soupçonne de « commencer une carrière de dictateur ». Mais ce n'est pas avec son uniforme militaire qu'il revient au pouvoir. C'est avec un programme complet de mesures qu'il met en œuvre en six mois par ordonnances. Et c'est l'instrument des ordonnances, indispensable à ses yeux parce que rapide et efficace, qu'il fera inscrire à l'article 38 de la Constitution, assurant ainsi que les gouvernants de la Vᵉ République aient toujours les moyens de mener à bien leur politique.

Le gouvernement par ordonnances est la garantie que le contrat de gouvernement avec les Français sera rapidement et intégralement rempli.

C'est là qu'intervient la deuxième dimension du contrat de gouvernement : avec le Parlement.

Que dit l'article 38 de la Constitution ? Que le gouvernement peut, pour l'exécution de son programme, demander au Parlement de l'autoriser à prendre par ordonnances, pendant un délai limité, des mesures qui sont normalement du domaine de la loi. Ces ordonnances sont applicables immédiatement mais, pour demeurer en vigueur, elles doivent être ratifiées par le Parlement dans un délai qu'il a lui-même déterminé.

Donc, sur la base du programme électoral (contrat avec les Français), le gouvernement fixe avec le Parlement la liste, les modalités et le calendrier des ordonnances, de telle sorte que l'agenda est connu de tous. Soyons concrets. Le nouveau président de la République est élu en mai 2017. Il nomme un gouvernement chargé de préparer les ordonnances, tandis que la campagne pour les élections législatives se déroule. L'Assemblée nationale nouvellement élue est invitée dès le début juillet à autoriser le gouvernement auquel elle aura voté la confiance à légiférer par ordonnances. Celles-ci, comprenant l'essentiel des engagements que le peuple français vient d'approuver en élisant son nouveau président, sont immédiatement applicables puis ratifiées.

Ainsi, dans les six premiers mois du quinquennat, des décisions essentielles – concernant, par exemple, le temps de travail, le code du travail, la fiscalité, l'éducation, les retraites –, retardées depuis des années parce que la main de nos dirigeants tremblait, deviennent effectives, opérationnelles, acquièrent force de loi et peuvent commencer à produire des résultats.

C'est d'efficacité qu'il s'agit. Élu sur un programme électoral précis, le nouveau président de la République ne pourra ni ne devra plus tergiverser. Certains proposent de recourir au référendum. Pour ma part, j'y vois du temps perdu. Non pas bien sûr du temps perdu à demander aux Français de décider, mais du temps perdu parce que c'est en élisant le nouveau président de la République qu'ils auront décidé ! Une fois encore, soyons concrets. Le président de la République est élu en mai 2017 sur un programme précis. Pourquoi attendre le mois de septembre ou d'octobre pour adopter les actes qui permettent de le mettre en œuvre ? Pourquoi demander aux Français de confirmer la feuille de route qu'ils ont choisie ? Pourquoi, alors que nous avons déjà pris tant de retard, faire le choix de ne pas gouverner la France pendant quatre mois ? Gouverner, c'est agir ! Et l'élection présidentielle aura déterminé le sens de cette action. Reconsidérer en permanence ces choix, c'est choisir l'immobilisme. Les réformes ne sont pas faites, l'incertitude demeure et, faute de certitudes, la France ne peut parler d'une voix claire, à l'intérieur de ses frontières, en Europe et dans le monde. En bref, on peut se demander si ceux qui proposent de renvoyer à un référendum toutes les questions les plus essentielles ne cherchent pas surtout, une nouvelle fois, un alibi pour ne pas faire. Quant à l'exemple grec, il montre, s'il en était encore besoin, combien les référendums et les élections à répétition fragilisent…

Vous l'avez compris, c'est l'action immédiate que je privilégie. L'action, puis l'évaluation.

Et c'est alors enfin que vient la troisième dimension du contrat de gouvernement. Elle implique cette fois les Français qui seront directement concernés par les mesures prises par ordonnances ainsi que ceux qu'ils auront délégués pour dialoguer avec les pouvoirs publics. Il s'agit ici de donner leur vrai rôle aux organisations syndicales et patronales, aux ordres professionnels, au secteur associatif, à la fonction publique, mais aussi à tous ceux qui voudront participer à ce dialogue.

La nouveauté reposera sur l'objet du débat : les résultats. Nous n'évoquerons plus l'opportunité de prendre ou non une décision, avec son cortège d'*a priori*, de tensions ou de caricatures ; celle-ci aura tout de suite été adoptée. Le débat se fera au bout d'un an et ensuite régulièrement sur l'évaluation de la mise en œuvre de la décision.

Évidemment, pour que cela ne demeure pas un vœu pieux, il faut s'en donner les moyens et se doter de nouvelles méthodes et de nouveaux instruments. En premier lieu, l'évaluation suppose que soient diffusées toutes les informations, au fur et à mesure qu'on en dispose, sur la mise en œuvre des réformes. L'outil numérique le permet : chacun des ministères consacrera une partie de son site Internet à la présentation des réformes qu'il porte et, en temps réel, à la diffusion des éléments permettant d'en mesurer les effets. C'est la logique d'« *accountability* » que connaissent bien nos voisins anglo-saxons : gouverner, c'est rendre des comptes. En deuxième lieu, le même outil devra offrir aux citoyens la possibilité de réagir aussi bien aux résultats présentés qu'en faisant part de leur propre expérience de la réforme menée dès lors qu'elle les concerne directement. En troisième lieu, dans la dernière année du quinquennat, seront mises en place des conférences de consensus auxquelles participeront responsables politiques, professionnels du secteur concerné, experts mais aussi et surtout des citoyens, sur la base d'une grille d'évaluation établie à partir de l'exploitation des données que les ministères auront consolidées.

Bref, nous serons déjà dans une logique de… résultat et d'évaluation.

En procédant ainsi, nous bouleverserons complètement la nature de l'action politique, donnant toute sa cohérence à l'articulation entre le programme électoral et sa mise en œuvre.

C'est aussi une manière d'enrayer deux graves erreurs qui ont pu être commises par le passé et dont l'interprétation relève là encore de l'analyse psychologique.

La première erreur pour un président nouvellement élu c'est d'être obsédé par la volonté de séduire les Français qui n'ont pas voté pour lui. C'est la mauvaise approche de l'esprit de rassemblement. C'est penser que l'on doit essayer de rassembler sur sa personne. Alors qu'on ne peut espérer – et encore ! – rallier ses opposants que de manière temporaire sur un sujet donné.

Ainsi s'explique cette manie très française de nommer au lendemain de son élection des commissions dont l'objet est de réfléchir et de proposer au nouveau président de la République des mesures sur l'opportunité desquelles il est pourtant censé avoir été élu !

Ce fut le cas de la commission consacrée à la « compétitivité de la France ». Nicolas Sarkozy, dès son élection, en a confié la présidence à Jacques Attali dont la sensibilité de gauche est connue. Le travail de cette commission n'est pas en cause, ni son président que je connais et que j'apprécie. Mais lorsqu'on lit ses conclusions, rédigées par… Emmanuel Macron et remises en janvier 2008 au terme de sept mois de travaux, on mesure qu'elles sont toutes de bon sens et qu'elles auraient pu être immédiatement appliquées par ordonnance au lieu d'être annoncées une par une pour faire l'objet d'un tir de ball-trap qui les a presque toutes conduites à être enterrées… Immense occasion manquée du quinquennat précédent.

La seconde erreur, c'est de penser que l'on peut étaler dans le temps d'un quinquennat les réformes importantes. Je le répète, le temps utile à la prise des décisions importantes est très court. Le temps d'une procédure législative ordinaire pour une loi, entre le moment où elle est annoncée et le moment où elle est applicable, décrets compris, n'est jamais inférieur à quinze ou dix-huit mois. Il faut donc utiliser cette procédure avec mesure, ce qui conduira d'ailleurs à faire beaucoup moins de lois, à réduire le temps de session (notamment extraordinaire) à Paris et renforcer la mission d'évaluation du Parlement.

Pourquoi, alors que cela paraît si simple, ne l'a-t-on jamais fait auparavant ? Pour la mauvaise raison que l'on présente les ordonnances comme un instrument réduisant le rôle du Parlement. Deux fois faux : d'une part, parce que, du début à la fin de la procédure, le Parlement est associé à leur élaboration ; d'autre part, parce qu'elles permettent au Parlement de réinventer le rôle qui devrait être le sien en consacrant davantage de temps au contrôle et à l'évaluation.

Dans cet esprit, avec cette méthode, le quinquennat n'aura plus du tout la même perspective. La première année aura été consacrée à appliquer les décisions prises dès les premiers mois et destinées à déverrouiller notre pays. Les quatre années suivantes seront dédiées à faire en sorte que toute une nation se mobilise pour les mettre en œuvre.

La nation mobilisée ? C'est cela maintenant que je veux partager avec vous.

Les Français, acteurs à part entière : « Les Français veulent être les préférés »

Un matin d'avril 2015, je rencontre le Grand Rabbin de France, Haïm Korsia. Jeune, intelligent, assez drôle, remarquablement cultivé, il me parle à bâtons rompus des heurs et des malheurs de la France. Les attentats du 7 janvier qui sont encore dans toutes les têtes et en particulier les angoisses de la communauté juive de France.

De manière plus personnelle il me confie son attachement pour la ville de Meaux dans laquelle il a grandi et étudié.

J'ai toujours aimé rencontrer des hommes de foi. Au fil des années, en particulier en tant que maire, j'ai eu la chance de côtoyer des hommes remarquables et souvent attachants, qu'ils soient chrétiens, musulmans ou juifs. Membres actifs de leur communauté religieuse ou ministres de culte, j'ai souvent ressenti, en les écoutant, un partage de complicité intellectuelle. Pourtant, la dimension religieuse a été pendant mes années de jeunesse la grande absente de mon éducation. D'abord parce que, dans la France des années 70, la laïcité était appliquée dans les écoles publiques de manière très stricte. Ni les cours d'histoire, ni même ceux d'éducation civique ne s'attardaient sur les questions cultuelles, sauf pour acter qu'au-delà des valeurs de respect et de tolérance elles n'avaient pas leur place dans les programmes scolaires. En clair, l'éducation religieuse devait relever strictement de la sphère familiale et privée.

Et il se trouve que dans ma famille, comme dans beaucoup d'autres familles françaises, le poids de l'histoire du XXe siècle et des souffrances endurées aidant, il n'y avait aucune place pour la religion. À l'origine, l'histoire d'une rafle nazie à Aubusson en novembre 1943 et le courage de Justes, la famille Léonlefranc, qui a tout fait basculer en sauvant la vie de la famille Copé. Je vous en ai déjà parlé et je l'avais déjà évoqué, en 2012, dans mon

Manifeste pour une droite décomplexée. Cette histoire est pour moi structurante, vous l'avez compris. Elle a été déterminante dans ma vie et dans mon choix de m'engager en politique. Elle explique aussi, pour une bonne part, la curiosité que je ressens toujours, en tant que laïc, lorsque j'interroge des religieux et sonde le regard qu'ils portent sur la France.

Le Grand Rabbin Korsia, ce jour-là, me raconte son histoire, le parcours spirituel qu'il a accompli. Il m'interroge sur mes choix, les raisons de mon engagement pour la France. Nous évoquons la complexité du caractère français.

Puis une phrase lui échappe :

« Vous savez, me dit-il, les Français, ils aiment être les préférés !

– Préférés ? Je ne comprends pas. N'ont-ils pas choisi une devise qui, à travers ses trois termes "Liberté, Égalité, Fraternité" est la négation même de la notion de préférence ?

– Justement, poursuit-il. Ils ressentent le besoin de s'interroger sur ce que doit être leur place, leur rôle, leur importance dans l'ordonnancement de ces principes.

Rappelez-vous la parabole biblique du "Fils préféré".

Les Français veulent que leur mérite, leur travail, leur effort soient reconnus. Pensez, me dit Haïm Korsia, à cette formule "Français par le sang versé". Ils détestent l'injustice. »

Oui, j'ai fait mienne cette idée : chaque Français veut être « le préféré », c'est-à-dire estimé, considéré, reconnu, valorisé individuellement pour ce qu'il est et ce qu'il fait. C'est le meilleur antidote à cette France des « pointés du doigt » si caractéristique du malaise français.

Un excellent antidote aussi à la « préférence nationale » développée par le Front national. Absurde doctrine qui, loin de valoriser le mérite de chacun à travers ce qu'il est et ce qu'il fait, retient la nationalité comme seul critère, opposant les Français à ceux qui ne le sont pas (et pourquoi pas un jour les bons et les mauvais Français ?) dans une approche nécessairement négative et clivante.

Bienveillance, une fois encore, pour que chacun, écrivant sa propre histoire, ait la conscience et la conviction qu'il participe au destin de la France.

Dans la réussite du contrat de gouvernement que je propose, la place de chaque Français sera déterminante. Elle le sera d'emblée, bien sûr, puisque c'est avec les Français qu'est d'abord passé le contrat de gouvernement. Mais la place de chaque Français sera déterminante tout au long de la mise en œuvre de ce contrat, soit tout au long du quinquennat, puisqu'ils en seront acteurs en même temps que juges. Et cela commande de bien avoir en tête ce qu'ils attendent plutôt que de leur asséner la parole d'en haut, le jugement moralisateur, le discours péremptoire.

Pour y parvenir, je vous propose que nous nous fixions quatre principes :

Principe n° 1 : on s'inspire des grandes épopées de notre histoire

Non pour culpabiliser ou plomber les esprits sur le thème « comme c'était mieux avant », mais au contraire pour y puiser l'énergie individuelle et collective, et aussi l'émotion nécessaire au Sursaut français. Charles VII, Louis XIV, le pont d'Arcole, la Marne de septembre 1914... Les succès d'audience des émissions historiques de Stéphane Bern devraient nous inspirer…

Rappelez-vous le pont d'Arcole. Certes, la légende tord un peu la réalité historique ! Mais elle vaut d'être contée.

Nous sommes en 1796. C'est l'histoire d'un pont sous la mitraille par lequel l'armée française doit passer pour sauver la patrie. Mais le feu de l'ennemi est si nourri que le porte-étendard, qui doit passer le premier, hésite, recule. Leur général, Bonaparte, comprend immédiatement le danger. Il s'adresse à la troupe et chaque soldat comprend qu'il lui parle personnellement : « J'ai besoin de l'engagement de chacun d'entre vous pour le salut de la France ! Si l'un seulement d'entre vous manque à l'appel ou recule, nous serons défaits. Si chacun passe ce pont, nous l'emporterons et chacun d'entre vous en tirera la gloire. »

Les hommes sont galvanisés et décidés à marcher à travers les flammes. Il reste un dernier problème : le porte-étendard censé ouvrir la marche est paralysé par la peur de passer le premier. Alors le général s'empare du drapeau tricolore et franchit le pont. La troupe enthousiaste le suit et la France est sauvée !

Voilà un passé qui peut aider à préparer l'avenir. On retrouve dans ce récit tout ce qui définit la gouvernance moderne : une interaction permanente entre le dirigeant et son peuple où s'expriment tout autant la raison que l'émotion ; la nécessité de faire prendre conscience à chacun qu'il est indispensable et que sans lui rien n'est possible ; le chef enfin est au-devant de ses troupes pour donner l'exemple.

Ainsi définie, l'autorité apparaît bien comme le contraire de l'autoritarisme. Elle est au service d'une construction du vivre ensemble.

Principe n° 2 : rappeler sans relâche qu'il n'y aura pas de Sursaut français sans la combinaison d'un élan collectif et d'un élan individuel porté par chacun

C'est ce qui concrétise le lien indissociable entre la raison et l'émotion. Cela correspond pleinement au message que les Français attendent. Il faut dire aux Français qu'on va faire les choses ensemble, en prenant appui sur le talent de chacun.

Il est très révélateur que la traduction de la maxime anglaise « to take a chance » donne en français « prendre un risque ». Le reflet de deux mentalités...

On a besoin de tout le monde à bord et chacun aura sa feuille de route, sa mission. C'est dire aussi qu'on va se soutenir les uns les autres, faire œuvre... de bienveillance !

Faire les choses ensemble, c'est accepter plus facilement de positiver le risque et l'échec. On accepte de donner – donc de perdre – aujourd'hui pour gagner demain. On peut perdre ensemble. Mais on va gagner ensemble ! Ainsi, plus de « pointés du doigt », mais l'idée que nous pointons tous le doigt dans la même direction.

Principe n° 3 : considérer chaque Français comme un acteur à part entière du changement et donc du redressement du pays

Dès lors que les ordonnances présentées par le président de la République ont toutes pour vocation de débloquer, de déverrouiller, de libérer de tous les carcans, les Français seront encouragés à agir, à prendre des initiatives. Ils ne seront plus seulement, comme c'est le cas aujourd'hui, cantonnés au rôle d'observateurs, attendant la prochaine loi, la prochaine hausse d'impôts, cherchant à se faufiler entre les gouttes d'une administration suspicieuse. Le mot clé devient la mobilité. Et on engage tout son être et toute son énergie pour relever le défi du changement et, progressivement, on se sent rajeunir.

Principe n° 4 : on ne confond pas la facilité et le plaisir

Vous connaissez la formule des entraîneurs sportifs avant l'épreuve : « Vous allez tout donner, le max de votre énergie ; vous allez en baver, mais régalez-vous, prenez du plaisir ! » Nos sociétés aiment le plaisir, jouir de la vie sous toutes ses formes. Au nom de quoi viendrait-on les en priver ? Mais trouver du plaisir dans l'effort, dans l'accomplissement, ce n'est pas la facilité. La facilité correspond plutôt à ces fausses bonnes décisions que l'on accepte par complaisance alors que l'on sait bien qu'elles ne sont pas très bonnes ni pour le pays, ni pour soi-même à terme. Les « 35 heures payées 39 » mises en œuvre au début des années 2000 correspondent assez bien à cette définition.

Le plaisir est une récompense. La facilité est un bien mal acquis.

*

Vous le voyez, au fil de ces pages, c'est une transformation profonde de notre modèle d'action politique que j'appelle de mes vœux. Où l'approche « micro » tient la même place que l'approche « macro ». Où l'on rénove profondément la parole politique.

Un jour de mars 2015, je participais à une réunion avec des habitants d'un quartier. Une jeune femme qui travaillait dans une chaîne de télé dédiée à la diversité, un auto-entrepreneur, un travailleur social, des responsables associatifs, bref, la vraie vie ! Et comme vous l'imaginez, on abordait tous les sujets : impôts, charges sociales, insécurité, racisme, islam radical…

L'un des participants, au départ très critique à mon endroit, m'interpelle dans un sens que je n'avais pas imaginé : « En fait, vous n'avez rien à voir en vrai avec la télé ! Là on comprend ce que vous dites au moins ! »

On comprend ce que je dis ? Message reçu !

Rénover la parole politique c'est comprendre qu'à l'ère du numérique c'est toute l'expression publique qu'il faut repenser. Relisez vos SMS, vos messages Facebook, vos tweets. Vous y verrez de la spontanéité, de l'humour, de la fraîcheur. On y parle de fraternité, de sentiments, d'amour, de sexe. On livre très facilement ce qu'on a sur le cœur. Ses joies comme ses colères. Sans oublier les concours de photos et de courtes vidéos qui racontent tant de choses et sont rediffusées à des centaines, voire des milliers de vos correspondants. Surtout si vous faites une fausse manœuvre !

Autant dire que la parole politique classique paraît à côté terriblement lourde et pesante. Les responsables politiques, et c'est une excellente chose, sont très présents sur la Toile. Mais cela ne suffit pas. Nous devons entrer le plus rapidement possible dans un modèle de gouvernance totalement connectée avec les citoyens. Cela suppose que la suppression de ce que l'on appelle la « fracture numérique » sous toutes ses formes soit une priorité nationale : formation de masse aux outils numériques, notamment pour les moins jeunes, couverture intégrale du territoire.

Tout le monde doit pouvoir franchir le pont d'Arcole !

En bref, si je devais résumer par une formule ce que les Français veulent entendre de leur prochain président, je le dirais ainsi : « Je ne vous demande pas de vous serrer la ceinture. Je vous demande de vous retrousser les manches et de vous serrer les coudes » !

Mais au fait ? On fait tout ça pour quoi déjà ? Pour servir des valeurs et pour l'avenir de nos enfants.

IV

Au service des valeurs :
pour l'avenir de nos enfants

Qu'est-ce qui donne du sens à un combat, à un engagement ?

C'est de le mettre au service des valeurs auxquelles on croit et sur lesquelles on a construit son identité morale, intellectuelle, philosophique.

Transmises par nos parents, souvent consolidées, étayées par nos professeurs, elles sont notre socle commun et structurent notre volonté de vivre ensemble et de construire notre avenir ensemble.

Et c'est bien parce que ce socle s'est trouvé bousculé, ébranlé, mis en cause, à la faveur des circonstances et des évolutions de la société occidentale, que beaucoup aujourd'hui se sentent perdus, déboussolés.

Nous l'avons vu ensemble, c'est parce que son rapport à l'information, à la santé et à la vie, au travail, à la religion et, plus généralement, au monde et à l'État-nation a été bouleversé, que la France est paniquée.

Et pourtant, dans ce monde nouveau, marqué par la révolution numérique et les bouleversements géopolitiques, l'Europe en général, la France en particulier, n'ont aucune raison de renoncer aux valeurs qui les ont construites. Je pense même qu'en se référant à ses valeurs notre pays donnera à son action réformatrice tout son sens et toute sa force.

Allez ! Revenons une dernière fois au général de Gaulle. Nous sommes entre les deux tours de l'élection présidentielle de 1965. Les choses ne se sont pas passées aussi bien que prévu puisque, à sa grande surprise, le Général n'a fait « que » 45 % des voix le 5 décembre, date du 1er tour. Il est donc en ballottage. Il est vrai qu'il n'avait pas jugé jusqu'alors utile de descendre dans l'arène, persuadé que le match ne concernerait que ses successeurs. Mais, dès le lendemain, il comprend le danger et choisit d'accorder trois interviews télévisées au journaliste vedette de l'époque, Michel Droit, dont la courtoisie limite obséquieuse pourrait nous rendre nostalgiques...

Son entretien du 15 décembre 1965, le troisième et dernier consacré aux institutions et à la République, mérite d'être relu. Un chef-d'œuvre de clarté et de hauteur de vue. Mais surtout, on sent qu'il est en verve ! Après quelques rappels historiques sur les vertus d'une France rassemblée grâce à la Constitution de 1958, le voici qui se lâche :

« Il y a, pour ce qui est de la France, dit-il, ce qui se passe dans une maison. La maîtresse de maison, la ménagère, elle veut avoir un aspirateur, elle veut avoir un frigidaire, elle veut avoir une machine à laver, et même, si c'est possible, qu'on ait une auto. Ça, c'est le mouvement. Et en même temps, elle ne veut pas que son mari s'en aille bambocher [*sic*] de toutes parts, que les garçons mettent les pieds sur la table et que les filles ne rentrent pas la nuit. Ça, c'est l'ordre. Et la ménagère veut le progrès mais elle ne veut pas la pagaille. Et ça, c'est vrai aussi pour la France ! »

J'adore ! Les clichés machistes des années 60 ont heureusement beaucoup vieilli ! Mais derrière l'image qui fait aujourd'hui sourire, il y a une vision.

Pour Charles de Gaulle, la « France éternelle », celle qui incarna les Lumières et inspira l'élan des grandes nations démocratiques européennes, celle qui inscrivit la Déclaration des droits de l'homme et du citoyen comme l'un des fondements du droit international moderne, s'est construite sur un socle avec deux grandes valeurs : l'Ordre et le Progrès.

J'en ajoute une troisième, la Liberté.

C'est au service de ces valeurs que nous devons nous dédier et à leur réalisation que la mise en œuvre de l'ensemble des moyens de l'action publique doit être consacrée. Des objectifs clairs et l'obsession de les atteindre. Cessons de nous disperser.

Dans cet esprit, ce sont exclusivement des réformes utiles qu'il faut proposer. Tendu vers l'objectif, ne proposer que ce qui garantit qu'il soit atteint mais proposer tout ce qui le permet.

Ce sont l'efficacité et le pragmatisme qui doivent nous guider. Par exemple, je suis convaincu qu'il faut arrêter de proposer un « grand soir » institutionnel. Le régime idéal est un leurre et, si la Ve République a peut-être des défauts, ce n'est pas le passage à une VIe République qui permettra le sursaut. C'est la raison pour laquelle je pense qu'il ne faut réformer les institutions que dans la mesure où cela s'avère utile et nécessaire pour atteindre nos objectifs : réduire le nombre de parlementaires pour leur permettre de mieux travailler ; repenser le découpage territorial pour que les décisions soient prises au niveau pertinent ; s'assurer que le Conseil économique, social et environnemental joue le rôle que la Constitution lui a donné ou le supprimer.

Mais l'essentiel est ailleurs. Liberté, Ordre, Progrès : le triptyque du prochain Sursaut français !

Liberté économique à tous les étages

Je l'avais analysé dès août 2013, lors d'une réunion publique à Châteaurenard, et je suis bien heureux de me trouver aujourd'hui rejoint par des responsables politiques plus hésitants quand ils étaient au gouvernement ! Après cinq ans de socialisme, les Français éprouveront plus que jamais le besoin profond de respirer à nouveau le grand air de la liberté ! De plus en plus, ils se sentent entravés, écrasés, déresponsabilisés. Par un État obèse, par le poids des impôts, la multiplication des normes, l'omniprésence des contrôles, par toutes ces chaînes qui découragent les initiatives et freinent les talents.

Le Sursaut français ne sera pas le fait d'un seul homme, décidant pour tous depuis Paris ce qu'il faut faire et comment il faut le faire. Le Sursaut français passera par une libération profonde et durable de toutes les énergies, bridées depuis des décennies dans notre pays. Libérer les talents, permettre à chacun de créer, d'innover, de prendre des risques, de rêver, de travailler… c'est le meilleur antidote et l'unique réponse au malaise français.

Je pense à cet électeur qui m'avait apostrophé en faisant ce constat à peine exagéré : « Mon pouvoir d'achat, il ne dépend pas de moi : les hausses de salaires sont à l'ancienneté et les primes au mérite ont été presque supprimées parce que les syndicats hurlaient à l'injustice. Ma durée de travail, elle ne dépend pas de moi : il y a les 35 heures pour tous, et les heures supplémentaires ont été coupées avec l'élection de Hollande. Ma façon de travailler, elle ne dépend pas de moi : trois jeunes consultants venus de Paris et qui avaient l'âge de mes gamins sont venus me dire ce qu'il fallait faire sans prendre le temps de nous écouter alors que j'ai plus de vingt ans d'expérience. Mon départ à la retraite, il ne dépend pas de moi, tout est fixé d'avance. Le choix de l'école de mes enfants, il ne dépend pas de moi, c'est la carte scolaire ou le piston. Les politiques, elles ne dépendent pas de moi : c'est l'Europe qui décide ; et quand le peuple n'est pas d'accord, on s'assoit dessus… Et maintenant, on veut me dicter ce que je dois manger, le sport que je dois faire… Il y en a même qui prétendent me dire ce que je dois penser et pour qui je dois voter. Qui sont ces gens qui pensent savoir mieux que moi ce qui est bon pour moi ? »

Le travailleur français du XXIᵉ siècle se trouve dans la situation du chevalier Bayard, qui serait propulsé dans une guerre moderne, au milieu des drones et des missiles longue portée. « Sans peur et sans reproches », mais avec un sacré handicap… Paralysé par son armure, il n'a qu'une envie : abandonner son équipement d'un autre âge pour adopter un armement adapté au nouveau contexte. Mais on l'en empêche. Au lieu de lui donner la liberté de s'adapter et de se protéger, on l'expose ainsi à tous les coups et on laisse de surcroît les nouvelles générations arriver au milieu du champ de bataille sans la moindre protection…

En 2017, nous devrons agir avec cette obsession : rendre aux Français du pouvoir sur leur vie. Leur redonner des marges de manœuvre pour qu'ils expriment tout leur potentiel, tous leurs talents. Oui, Liberté, ce sera notre maître mot. La liberté, et sa contrepartie, la responsabilité, notamment pour les dirigeants. À partir de là, tout est possible ! Une fois libéré, le génie français est imprévisible : il nous surprendra en bien.

La liberté, ce n'est pas seulement une batterie de mesures économiques pour lutter contre le chômage. C'est surtout la seule façon de tirer les leçons des grands bouleversements en cours dans notre système économique afin de remettre la personne au cœur de l'économie, dans toute sa dignité.

Mon programme de « libération » de l'économie est simple. Il tient en cinq axes.

Libérer le travail par le référendum d'entreprise et la TVA antidélocalisation

Le débat sur les 35 heures, comme celui d'ailleurs sur l'ISF ou la retraite à 60 ans, est d'une ringardise absolue. Lorsque je me rends dans une entreprise ou à l'étranger, j'en ai parfois honte, tellement il paraît déconnecté de la réalité : comment pouvons-nous encore discuter du fait de savoir si, en France, il est préférable de travailler 32, 35, 37 ou 42 heures par semaine… Comme si c'était la responsabilité du président de la République de s'occuper de relever la pointeuse de tous les travailleurs français !

Redonner du pouvoir à chacun sur sa propre vie, c'est arrêter de tout décider par la loi depuis Paris. Les négociations entre salariés et employeurs sont la meilleure façon de trouver le bon équilibre. Mais pas dans les bureaux des partenaires sociaux, à Paris, où des professionnels de la négociation s'entendent sans forcément tenir compte des intérêts de ceux qu'ils sont supposés représenter.

Faut-il pour autant renvoyer chacun à la négociation individuelle ? Le salarié seul n'est pas toujours en situation de force pour négocier. Le mieux, c'est donc le référendum d'entreprise : un vote à la majorité simple des salariés de l'entreprise sur les projets soumis par la direction. Ainsi pourra-t-on enfin régler sans drame le problème lancinant des 35 heures. Le temps de travail sera déterminé non plus de façon nationale et aveugle, mais entreprise par entreprise, en fonction des besoins et contraintes de chacune d'entre elles, au même titre que les évolutions de rémunération et les conditions de travail, tout en ayant fixé par ordonnance un cadre de règles globales à respecter.

Et cette pratique ne doit pas seulement valoir pour les 35 heures. C'est une nouvelle façon de concevoir les rapports sociaux.

Aux chefs d'entreprise de comprendre et d'anticiper les attentes de leurs salariés pour les accompagner dans leur épanouissement professionnel et personnel. Aux salariés de prendre en compte les contraintes de leurs entreprises et d'assumer leurs responsabilités. Ce dispositif, qui donne enfin corps à un principe gaulliste souvent un peu abstrait – la « participation » –, serait un puissant levier de modernisation des rapports sociaux dans notre pays.

Je suis convaincu qu'il faut un « grand soir du code du travail ». Après tout, de nombreux pays se contentent de quelques centaines de pages pour définir les règles fondamentales... Notre code du travail, tout le monde le sait, est aujourd'hui totalement inadapté : rédigé pendant les

Trente Glorieuses, il est d'un autre temps ; devenu obèse à force d'ajouts désordonnés, il ne compte plus que des interdictions là où la liberté devrait l'emporter pour les salariés autant que pour les employeurs ; devenu un maquis illisible et impossible à appliquer, il est le terrain d'élection du juge, en réalité de six juges – incroyable, non ? – dont il faut, *a minima*, revoir les compétences…

Ce travail de réécriture est indispensable. Je l'ai entamé avec un groupe d'experts de génération France qui a formulé en octobre 2015 plusieurs propositions essentielles pour flexibiliser le marché du travail : renouvellement du CDD trois fois, suppression des seuils, assouplissement des procédures de licenciement etc. Mais dans le même temps, je pense que nous pourrions donner au référendum d'entreprise le dernier mot dans les négociations sociales.

En clair, le référendum d'entreprise pourrait déroger aux dispositions du code du travail, dès lors que les salariés y sont majoritairement favorables et que la mesure ne s'oppose pas à l'ordre public. L'idée est bien de sortir des grands débats stériles au niveau national entre des partenaires sociaux qui ne peuvent matériellement pas appréhender la diversité et la complexité des situations à l'échelle de chaque entreprise. On sortirait ainsi des logiques idéologiques nationales pour faire du cas par cas et prendre en compte l'intérêt commun des entreprises et des salariés, car enfin on ne peut pas travailler de la même manière dans le numérique, le BTP ou l'hôtellerie-restauration.

En parallèle, il faut régler définitivement la question du coût du travail qui réduit le pouvoir d'achat des salariés, entrave les embauches et empêche les entreprises d'être compétitives non pas avec les ateliers chinois, mais avec les usines allemandes ! Bien sûr, nous devons abaisser le coût du travail, en baissant les charges et en les transférant sur la consommation – la fameuse TVA antidélocalisation que je propose depuis 2010 et que maintenant même François Hollande regrette… L'Allemagne, le Danemark et l'Italie l'ont déjà instaurée avec succès. Il est temps pour nous de suivre leur exemple. C'est indispensable afin de cesser de pénaliser le travail et de nous aligner *a minima* sur nos voisins européens.

Comment procéder ? En premier lieu, je propose de supprimer le CICE – crédit d'impôt pour la compétitivité et l'emploi – dont les entrepreneurs s'accordent à dire que c'est une usine à gaz au fonctionnement complexe. Ce dispositif est en outre largement financé par des économies « fantômes », c'est-à-dire par le déficit public. Je propose de le remplacer par un mécanisme de 30 milliards d'euros d'allégements de cotisations patronales qui ne demanderait aucune démarche aux entreprises. Ces allégements seraient financés de manière pérenne : en récupérant les 7 milliards d'euros de refonte de la TVA alloués jusqu'à présent au CICE, d'une part, et en ajoutant à cela une augmentation de trois points du taux supérieur de TVA qui passerait de 20 à 23 % (soit 23 milliards d'euros de recettes), d'autre part. Cette hausse de TVA nous situerait dans la moyenne européenne et encore en dessous de pays comme le Danemark ou la Finlande dont on vante, souvent à raison, le modèle.

Cette TVA antidélocalisation a un double avantage : elle rend le travail plus compétitif et améliore la balance commerciale puisque les produits français sont plus compétitifs à l'export. Certains pourraient craindre une hausse des prix, mais dans le contexte actuel de quasi-déflation une hausse de la TVA est activement préconisée par les économistes pour relancer la consommation et la croissance.

Je propose, en second lieu, de baisser aussi les cotisations salariales de 4 milliards d'euros – gagés sur la fiscalité environnementale qui finançait une partie du CICE – afin d'augmenter le salaire net. L'écart entre les salaires bruts et nets est devenu insensé ! Un seul exemple : un patron d'une concession Volvo que j'ai rencontré à Cesson-Sévigné près de Rennes m'a montré la feuille de paye de son chef d'atelier. Après vingt-deux ans d'ancienneté, il perçoit 2 900 euros brut (qui coûtent 4 300 euros après charges à son employeur). Mais, en bas de sa feuille de paye, il ne lui reste qu'environ 2 100 euros net... avant impôts... Et la soustraction peut continuer : après impôt sur le revenu et impôts locaux, il se retrouve avec 1 400 euros par mois. À quelques encablures du Smic. Ce n'est plus tenable !

Libérer le travail en soutenant sans frein la création d'entreprises et le cumul d'emplois : le numéro de Siret personnel

Je vous ai déjà dit les raisons pour lesquelles je pense que l'« ubérisation » va dynamiter notre rapport au travail. Cela ne veut pas dire que le salariat est terminé, mais que, de plus en plus, les individus vont vouloir, à côté de leur emploi principal, développer d'autres activités. Que ce soit pour arrondir leurs fins de mois, pour tenter une aventure entrepreneuriale ou pour s'épanouir dans un autre domaine où ils ont des talents particuliers : pourquoi un postier ne pourrait-il pas, une fois sa journée de travail terminée, donner facilement des cours de cuisine le soir dans son quartier ?

Pour libérer toutes les énergies des Français, je propose la création d'une forme de numéro de Siret pour chacun dès son entrée sur le marché du travail. À l'image du numéro de Sécurité sociale, on disposerait ainsi d'un numéro dès ses 16 ans qui permettrait aisément à chacun, sans formalités bureaucratiques harassantes, d'être rémunéré pour des activités en parallèle d'un emploi salarié ou d'être un travailleur indépendant répondant librement aux missions qu'on voudrait lui confier et, ainsi, d'avoir des possibilités de mobilité tout au long de sa carrière…

L'activation du numéro se fera en un simple clic et sans aucun frais d'immatriculation sur une plateforme numérique accessible à partir d'un identifiant électronique. Cette plateforme servirait ensuite à l'ensemble des procédures de déclaration de chiffre d'affaires et de paiement des cotisations. En dessous de 200 000 euros de chiffre d'affaires, les régimes des professions libérales et des auto-entrepreneurs seraient fusionnés, relevant alors d'un même régime fiscal avec franchise de TVA et unique impôt sur le revenu appliqué au chiffre d'affaires. Tous les citoyens-entrepreneurs, quelle que soit leur activité, pourraient prétendre à ce régime. Ceux dont le chiffre d'affaires serait supérieur pourraient ensuite choisir de créer une société ou de devenir profession libérale. Régime fiscal avantageux, simplification du recouvrement des cotisations et pragmatisme, avec notamment des messages de rappel de déclaration du chiffre d'affaires, seraient les maîtres mots du régime des citoyens-entrepreneurs. Le citoyen-entrepreneur, c'est pour demain !

Pour accompagner l'émergence de la nouvelle économie participative, je propose de relever aussi le plafond du *crowdfunding* de la part des particuliers (aujourd'hui limité à 1 000 euros par personne et par projet...). Pourquoi ne pas le passer à 10 000 euros ? De même, le montant maximum du crédit contracté dans ce cadre par un emprunteur, depuis 2014, est de 1 million d'euros, pourquoi ne pas doubler ce seuil ? Cela permettrait à toutes les TPE ou citoyens-entrepreneurs qui ne trouvent pas de crédit de remédier en partie à leurs problèmes de financement.

Autre point sur lequel je passe vite car c'est l'un de ces débats – comme les 35 heures payées 39 – que nous avons eus cent fois et sur lesquels il ne s'agit plus de parler, mais d'agir : il faut plafonner les *minima* sociaux (à 75 % du Smic) car celui qui travaille doit toujours gagner plus que celui qui ne travaille pas.

Libérer la fonction publique d'un carcan qui l'oppresse : la fin de l'emploi à vie

La fonction publique aussi doit être libérée : elle souffre d'un cloisonnement trop brutal avec les règles du secteur privé. On dit que le « statut » protège, je crois au contraire qu'il sclérose.

Les « avantages » des fonctionnaires – les « privilèges » diront certains salariés du privé qui en viennent à pointer du doigt ceux du public – sont devenus des trappes à carrière ou à pouvoir d'achat... Au motif qu'ils disposeraient de fait de l'emploi à vie dans un marché du travail grevé par le chômage, certains fonctionnaires n'osent pas s'imaginer ailleurs que dans le public[1]... Alors qu'ils seraient parfois plus épanouis, mieux considérés, mieux payés, dans le secteur privé. Les « placards » où se perdent des talents sont légion dans les couloirs de certains ministères. C'est mortifère pour eux comme pour l'État. Le constat est avéré, d'autant que le climat est celui d'une très grande pauvreté des moyens de fonctionnement. Le coût du statut de droit public et des 35 heures est tellement élevé pour l'État que, en réalité, il ne rend personne heureux : les tribunaux, les commissariats, les hôpitaux, les ministères sont débordés, les postes rarement pourvus en totalité et les conditions de travail souvent difficiles.

Mettons fin à l'emploi à vie : cela redonnerait de l'air à la fonction publique et ouvrirait des perspectives pour des salariés du privé. L'État pourrait aussi recouvrer des marges de manœuvre – les trois fonctions publiques (État, collectivités locales, hôpitaux) représentent 5,5 millions de personnes, un emploi sur cinq en France contre 16 % en moyenne dans les pays de l'OCDE. Et ne crions pas au libéralisme sauvage ! Dans les pays du Nord, Suède et Danemark, dont on admire tant en France le modèle social équilibré et harmonieux, l'emploi à vie a été supprimé depuis longtemps sans vagues ni tsunami... J'ajoute que l'État doit prendre ses responsabilités en tant qu'employeur. Je ne vois pas d'autre solution que d'avoir le courage de repasser aux 39 heures dans la fonction publique.

Une ordonnance de refondation de la fonction publique abrogerait les lois du 13 juillet 1983 et du 11 janvier 1984

---

1. En droit, le licenciement d'un fonctionnaire est théoriquement possible. Pratiquement, c'est rarissime. Selon l'Ifrap, en 2002, sur plus de 5 millions de fonctionnaires, il y a eu 52 licenciements...

relatives à la fonction publique d'État, ainsi que les lois du 26 janvier 1984 relatives à la fonction publique territoriale et du 9 janvier 1986 relatives à la fonction publique hospitalière, et fixerait les droits et les devoirs de l'ensemble des agents publics, en contractualisant les relations entre les employeurs et les agents publics.

La contractualisation des relations entre les employeurs publics et les fonctionnaires, conduite sur le modèle de la réforme réalisée en Italie à partir de 1993, deviendrait la norme. Les fonctionnaires seraient embauchés en contrat à durée indéterminée, après une période d'essai de trois mois. Les contrats seraient alignés sur le modèle des contrats de droit privé. Évidemment cette règle ne s'appliquerait qu'aux nouveaux entrants ainsi qu'aux fonctionnaires actuels qui souhaiteraient passer à ce régime.

Les emplois dans les secteurs régaliens demeureraient soumis à des obligations spécifiques (obligation statutaire d'intervention permanente pour les policiers et les gendarmes, indépendance des magistrats...) donnant lieu à des compensations matérielles. Je rappelle que la plupart des militaires sont d'ores et déjà recrutés comme contractuels sans que cela ait jamais suscité la moindre difficulté.

Pour les agents sous contrat, les régimes seraient établis par des accords collectifs – par exemple, pour les enseignants, un accord collectif concernant l'éducation nationale. De la sorte, les personnels publics seraient alignés sur le statut du secteur privé et les accords prévoiraient notamment les modalités d'avancement, de négociation salariale et de revalorisation en fonction de la nature des différents métiers, voire de l'organisation du temps de travail.

En alignant immédiatement les agents du secteur public sur le régime du secteur privé en matière de cotisations retraite, cette réforme est un puissant vecteur de mise en œuvre du régime unique de retraite. En contrepartie, les primes seraient évidemment incluses dans le calcul des cotisations retraite et des pensions futures.

Cette réforme qui, je le redis, s'appliquerait aux nouveaux entrants, doit naturellement conduire à des fonctionnaires progressivement mieux considérés et mieux rémunérés chacun dans leur métier. J'insiste : cela ne doit pas être perçu comme une sanction mais comme une chance. La fin du statut est la seule manière de retrouver des marges de gestion positive et individuelle des carrières, ce qui constitue la première marque de considération pour un homme ou une femme au service de son pays. Pour être concret, je propose que, parmi les économies générées par cette réforme, 1 milliard d'euros soit réservé pour accompagner les changements de chacun, encourager la mobilité et récompenser particulièrement tous ceux qui, au quotidien, font plus que le nécessaire au service des Français (le détail des économies et dépenses réalisées dans le cadre de cette réforme de la fonction publique se trouve en annexe).

Libérer les Français d'une fiscalité oppressante : moins d'impôt pour tous, l'équité pour chacun

La question fiscale est essentielle. La France est, juste derrière le Danemark, le pays de l'OCDE où la charge fiscale est la plus lourde (près de 45 % de la richesse nationale est ponctionnée par la puissance publique contre une moyenne de 33,7 % dans l'ensemble de l'OCDE…). Notre système est devenu tellement illisible, complexe et instable, que plus personne ne sait qui paie quoi et comment. Résultat :

chacun a l'impression de payer pour les autres et d'être le dindon de la farce. Explosif dans une société hypertendue !

La hausse de la pression fiscale, notamment pour les classes moyennes, est devenue insupportable. En toute honnêteté, si la gauche a, depuis 2012, largement chargé la barque, il faut reconnaître que les premières lourdes hausses d'impôts datent du plan de rigueur de 2011.

Je veux vous donner deux exemples concrets, parus dans la presse[1], pour prendre la mesure de ce matraquage des Français. Celui de la famille « Denis » composée de deux adultes et deux enfants. Chacun dans le couple a un salaire d'environ 3 300 euros par mois. À eux deux, ils gagnaient environ 80 000 euros par an en 2009. Leur revenu a augmenté de 2 % chaque année pour atteindre 88 326 euros en 2014. Entre 2010 et 2015, leur impôt sur le revenu est passé de 5 492 à 9 847 euros, soit presque 80 % d'augmentation à cause de la baisse du quotient familial et de la fiscalisation des heures supplémentaires. Autre cas, celui de la famille « Martin », deux enfants. Monsieur et Madame touchent environ 2 250 euros chacun par mois. Leurs salaires annuels cumulés sont passés de 65 000 euros par an en 2009 à 71 766 en 2014. En cinq ans leur impôt a augmenté de 3 728 à 5 351 euros, soit 43 % de hausse.

En clair, les impôts ont augmenté plus vite que les revenus. Ce phénomène porte un nom : l'appauvrissement des classes moyennes françaises, celles-là mêmes qui sont les forces vives de la nation, qui consomment, investissent, élèvent des enfants, préparent l'avenir... Aucun retour de la croissance ne sera possible sans allégement

---

1. Simulations effectuées en avril 2015 par le cabinet Fidroit pour France 2.

du fardeau fiscal qui pèse sur les ménages. Idem pour les entreprises qui ont subi la même peine que les familles alors même que leur taux de marge est au plus bas depuis trente ans.

Alors que faire ? À terme, notre objectif doit être de nous rapprocher des modèles fiscaux rhénans et scandinaves, c'est-à-dire un impôt raisonnablement progressif sur les revenus du travail, un impôt forfaitaire sur les revenus du capital et une TVA aux alentours de 25 %. Ce système, défendu par l'économiste Philippe Aghion et que j'ai mis en œuvre lorsque j'ai été ministre du Budget entre 2004 et 2007, permettrait de remplir trois objectifs : obtenir un bon rendement de l'impôt pour financer les services publics ; être simple et raisonnablement progressif pour assurer la cohésion sociale tout en n'ayant pas de coûts de transaction liés à la complexité fiscale ; ne pas surtaxer le capital productif pour favoriser l'investissement et l'innovation.

Dans cet esprit, je propose de baisser l'impôt sur le revenu (IRPP) de 5 milliards ainsi que l'impôt sur les sociétés (IS) de 5 milliards pour redonner immédiatement de l'air aux ménages et aux entreprises.

Je veux rétablir l'universalité des allocations familiales, dont la mise en cause a été un coup dur et injuste pour les familles nombreuses. Je veux aussi baisser de 1 milliard les cotisations patronales sur l'emploi à domicile, dont le coût a été considérablement renchéri depuis 2011, entraînant plus de chômage, plus de travail au noir et plus de difficultés pour les familles ; c'est d'autant plus important que les emplois à domicile sont un gisement considérable d'emplois peu qualifiés et par définition non délocalisables !

En ce qui concerne l'impôt sur les sociétés, afin d'avantager l'investissement productif sur notre sol, je propose de concentrer cette baisse de 5 milliards sur les bénéfices réinvestis en France dans des équipements productifs (machines, bâtiments, investissements immatériels). Les bénéfices distribués, réinvestis à l'étranger ou non réinvestis de façon productive devraient rester au taux actuel d'IS (33,3 %).

En parallèle, c'est l'un de ces symboles qui empoisonnent de manière ridicule la vie politique française depuis quarante ans, supprimons purement et simplement l'ISF dont chacun – y compris à gauche – s'accorde à dire qu'il coûte beaucoup plus à la France qu'il ne lui rapporte.

Ces baisses d'impôts représentent un coût. Elles ne doivent pas être financées par du déficit. Je propose donc de les financer intégralement par des économies détaillées en annexe.

Et libérer tout simplement : l'exemple des agriculteurs

De manière générale, c'est de liberté qu'il s'agit pour permettre à chacun de s'adapter, en fonction des choix qui sont les siens, aux bouleversements du monde.

La situation des agriculteurs en est une bonne illustration et la preuve que n'est pas révolu le temps où Sully vantait au « bon roi Henri IV » l'importance de « labourage et pâturage » !

L'agriculture fait partie de l'ADN de la France. Elle est l'ADN de nos zones rurales ! Son soutien doit être au cœur du programme de renouveau de la ruralité dont je vous reparlerai. Mais, comme d'autres secteurs, c'est de liberté qu'elle a profondément besoin.

J'ai été étonné, au-delà de quelques effets d'annonce, que la crise agricole que nous subissons n'ait pas donné lieu à plus de propositions concrètes venant de la gauche ou de la droite. Chacun sait pourtant que quelques aides ponctuelles ne peuvent régler une crise agricole dont les causes sont anciennes, profondes et, disons-le, malheureusement durables. Savez-vous que, depuis 2007, l'Allemagne – un territoire tellement moins bien doté que la France pour l'agriculture – a dépassé notre pays en matière de production agricole et d'exportations agroalimentaires ?

La question de l'agriculture est centrale car, je le dis depuis des années, les biens de la terre ne sont pas des biens « neutres ». Rien de comparable à un ordinateur ou à un pot de peinture ; ce sont des produits qui nous nourrissent, or l'alimentation, c'est la vie !

L'agriculture en France c'est aussi notre histoire et notre avenir. Notre histoire, parce que des siècles de travail de la terre ont façonné nos paysages, nos terroirs, notre géographie, ainsi qu'un art de vivre auquel nous tenons tous. Notre avenir, parce que la production agricole sera cruciale quand nous devrons nourrir 10 milliards d'êtres humains en 2100. L'indépendance alimentaire sera l'un des enjeux du siècle et l'excellence de notre agriculture l'un des socles du Sursaut français.

Notre agriculture, comme l'ensemble de notre économie, souffre d'un manque de compétitivité : un coût du travail trop élevé et une surcharge de normes, par rapport à nos voisins européens. Nous rendons souvent Bruxelles responsable de l'absurdité de ces normes. Vrai... sauf que, je vous l'ai déjà dit, la France applique les normes européennes avec plus de zèle que les autres États membres ! En d'autres termes, le problème est d'abord français !

Deux réponses concrètes sont souhaitables. En premier lieu, une baisse des charges pour nous mettre au niveau du coût du travail de nos concurrents européens. C'est l'objet de la TVA anti-délocalisation dont je vous ai parlé plus haut. En second lieu, une réduction des normes et des contrôles de toutes natures. La question de l'harmonisation des normes fiscales, sociales et environnementales en Europe est un vieux serpent de mer... En attendant d'avancer sur ce chantier, alignons tout simplement nos normes sur celles de la moyenne européenne. Quitte, et c'est un élément nouveau, à modifier courageusement des textes par lesquels nous avons transposé avec trop de zèle certaines directives.

En outre, la majorité des exploitations françaises sont de petite taille. Elles peuvent survivre sur un marché de niche en privilégiant la différenciation, la proximité et le haut de gamme. Il faut les y encourager ! En revanche, elles sont à la peine sur le « moyen de gamme » faute de produire suffisamment pour simplement se rémunérer. Pour résister sur ce segment, elles doivent atteindre des tailles critiques qui permettent des économies d'échelles à l'instar des grandes fermes allemandes. À cet égard, l'expérimentation de la « ferme des 1 000 vaches » en France devrait être moins « fliquée » et, pour tout dire, observée en toute objectivité plutôt que condamnée *a priori*. Un exemple, la préfecture lui interdit de dépasser les 500 têtes, quand l'Allemagne compte, sans que cela pose problème, 200 fermes de plus de 1 000 têtes... Laissons à ce modèle une chance de s'implanter en France en restant vigilant sur le bien-être animal. Il doit pouvoir cohabiter avec des exploitations plus petites, tournées vers la qualité.

Enfin, la question des marges doit être réglée. Le coût de production d'un porc est d'environ 1,50 euro le kilo, alors que ce même kilo n'est acheté qu'à 1,23 euro à l'éleveur pour être revendu au final souvent plus cher dans les rayons de supermarchés. Nombre d'éleveurs vendent à perte… Sur le prix de vente global d'un porc, l'éleveur va récupérer 32 % contre 39 % à la distribution, 8 % à l'abattage et 16 % à la charcuterie, alors que c'est évidemment l'éleveur qui a les coûts fixes les plus élevés. L'enjeu est d'arriver à réduire les marges de ces intermédiaires pour augmenter la part des éleveurs. Cela peut passer par plusieurs méthodes : réduire le nombre des intermédiaires (c'est la stratégie de Frédéric Debacker, éleveur que j'ai rencontré dans la Nièvre et qui vend en direct, au distributeur voisin ; résultat : 15 % de marge en plus pour lui et 15 % de prix en moins à la vente) ou organiser la filière des producteurs pour peser dans les négociations face à la grande distribution. C'est ainsi qu'on donnera corps à la « contractualisation » entre producteurs et distributeurs dont on parle depuis tant d'années sans succès. Pourquoi les éleveurs ne s'inspireraient-ils pas des producteurs d'oléoprotéagineux qui, en se fédérant, ont pu sécuriser les prix, créer des centres de recherche et d'innovation et, même, déboucher sur la naissance d'un leader mondial de l'agrobusiness comme Sofiprotéol ?

Qualité, compétitivité, filières structurées, réduction des normes sont les quatre piliers sur lesquels notre agriculture doit baser son sursaut. Tout cela n'est possible que si les agriculteurs sont libres de concevoir le projet d'exploitation qu'ils veulent développer.

Liberté à tous les étages ! Ordre aussi, parce qu'il permet de mieux vivre ensemble.

Ordre pour mieux vivre ensemble

Ah ! L'ordre. Quel sens peut encore avoir le mot du Général en ce début du XXIᵉ siècle ? Ce mot qui séduit la droite et horripile la gauche ! En vérité, il correspond à une attente de millions de Français.

Combien de fois ai-je entendu dire : « Ça, c'est votre boulot ! »

Les questions d'immigration, de sécurité, de justice, de laïcité, de communautarisme sont devenues des irritants majeurs. Et pour cause. J'ai eu l'occasion de vous le raconter. Ces questions sont omniprésentes dans l'esprit de beaucoup parce qu'elles dévorent la sérénité de leur vie quotidienne et que les gens sont exaspérés de voir l'État défaillant sur son cœur de métier. Les témoignages sont innombrables et maintes fois répétés depuis des années. Il faut en finir.

Pour y avoir beaucoup réfléchi, pour avoir beaucoup consulté, je voudrais maintenant vous proposer une méthode et des réponses point par point. Parce que mon but est de vous proposer des solutions concrètes sur chacun de ces sujets.

L'immigration choisie c'est maintenant !

Pour vous dire la vérité, j'ai longtemps hésité à évoquer cette question à ce moment de notre réflexion et j'ai même, un temps, pensé la placer délibérément au début de ce livre en réponse aux faux remèdes du Front national. Pourquoi tant d'hésitations ? Parce que l'ineptie des propositions de l'extrême droite le justifie, assurément. Mais, plus fondamentalement, parce que l'habitude a été prise de présenter de manière combinée immigration et intégration. Or, je pense que mêler ces deux sujets est une grave erreur car ils sont de nature très différente. L'immigration, c'est la gestion de la circulation des personnes et elle incombe à l'État en lien avec ses partenaires européens. L'intégration, c'est la capacité d'offrir à ceux et celles qui sont déjà légalement installés en France et qui, pour beaucoup, ont la nationalité française les conditions d'un parcours de réussite personnelle et professionnelle conforme aux ambitions de notre pays. Et cette mission est partagée entre l'État et les acteurs locaux sur le terrain.

J'insiste. Mes propositions sur chacun de ces deux sujets sont donc clairement distinctes et séparées.

Notre politique en matière d'immigration est à la fois européenne et française. Il faut faire des propositions simples dans cette double dimension. À l'échelle de l'Europe : « européaniser » la défense des frontières extérieures. Sur le plan strictement français : redevenir maître à l'intérieur de nos propres frontières.

« Européaniser la défense des frontières extérieures » de l'Europe, ça veut dire faire en sorte que l'Europe fasse enfin son boulot qui est de garder ses frontières extérieures. Or elle est devenue une passoire pour l'immigration illégale. La France doit être à la manœuvre sur ce sujet.

D'abord, renforcer les moyens de cette politique. Augmenter le budget de l'agence Frontex – l'agence européenne de coopération en matière de lutte contre l'immigration irrégulière – qui n'est actuellement que de 142 millions d'euros alors qu'il en faudrait probablement cinq fois plus, notamment pour financer la création d'un corps de gardes-frontières européen et des centres européens d'accueil des réfugiés à Lampedusa et dans les îles grecques ainsi que partout ailleurs en tant que de besoin. L'Italie ou la Grèce ne peuvent pas faire face, seules, à l'afflux d'immigrants. Leurs frontières sont les nôtres, les frontières de l'Europe. C'est l'Europe qui doit les surveiller et, si nécessaire, aller jusqu'à « militariser » la lutte contre l'immigration irrégulière dans les eaux internationales. Très concrètement, mener des opérations militaires maritimes d'envergure à la frontière des eaux territoriales des pays du Sud méditerranéen, y compris pour porter secours aux embarcations.

Certains proposent la mise en place de centres d'accueil en dehors de l'Europe, dans les pays à partir desquels les immigrants entrent sur notre territoire. C'est une vue de l'esprit. Aucune raison pour ces pays d'accepter d'accueillir et traiter, pour notre compte, les flux migratoires. L'Europe ne peut et ne doit compter que sur elle-même.

Dans le même temps, la France doit être un moteur dans la négociation d'un « Schengen II ». Deux priorités. La première : une clause permettant de suspendre la participation d'un État pendant un an, s'il n'assure pas correctement le contrôle de ses frontières extérieures. Si malgré l'aide européenne, Grèce et Italie ne jouent pas le jeu, alors il ne faut pas hésiter à les suspendre. Je l'ai dit, leurs frontières sont les nôtres et tirer les conséquences de leur inaction c'est reconquérir notre souveraineté. La seconde : réviser le « règlement Schengen » pour permettre la réintroduction temporaire pour une durée supérieure à trente jours des contrôles aux frontières intérieures en cas d'afflux massif de clandestins. Les périodes qui ont suivi la révolution tunisienne ou la guerre en Libye ont montré que nous étions alors démunis.

Enfin, favoriser la conclusion d'accords spécifiques, par exemple entre les États concernés par la situation des réfugiés à Calais (France, Royaume-Uni, Belgique, Pays-Bas).

Ils devraient permettre de négocier des accords de réadmission communs avec des États étrangers, de mettre en place des patrouilles communes et d'organiser des vols conjoints de retour dans les pays d'origine. Une des difficultés de la politique d'éloignement réside dans le refus de certains États étrangers de reconnaître leurs ressortissants et de délivrer les laissez-passer consulaires. Si les États européens négociaient « en bloc », et pas individuellement, la pression serait d'autant plus forte.

Dans sa dimension française, la question de l'immigration relève de notre seule décision.

À cet égard, trois mesures doivent être prises : d'abord, prévoir que le Parlement fixe une norme annuelle d'évolution de l'immigration légale en France, avec des chiffres par type d'immigration (familiale, économique, étudiante) ; ensuite, supprimer toute prestation d'aide sociale, d'allocation familiale ou d'aide au logement pour les étrangers résidant depuis moins de cinq ans en France dès lors qu'ils ne cotisent pas ; enfin, supprimer l'aide médicale d'État et son remplacement par une franchise pour les urgences médicales.

L'ensemble n'a évidemment de sens que si les textes relatifs aux immigrés en situation irrégulière sont appliqués avec la plus grande fermeté. Dans cette perspective, la circulaire de novembre 2012 relative aux conditions d'examen des demandes de régularisation des étrangers en situation irrégulière devra évidemment être modifiée. Pourquoi serions-nous le seul pays à prévoir que les immigrés illégaux pourraient voir leur situation régularisée à partir de cinq ans de présence sur notre sol alors que l'Allemagne en exige six à huit selon les cas et le Royaume-Uni dix ? Pourquoi serions-nous les seuls à prévoir que l'étranger en situation irrégulière puisse se contenter de faire la preuve de huit mois de travail sur les deux ans précédents alors que d'autres exigent qu'il fasse la preuve de son « indépendance économique » ? C'est dans le sens d'une harmonisation vers les normes les plus exigeantes que nous devons aller.

Par ailleurs, arrêtons de prendre argument de la jurisprudence de la Cour européenne des droits de l'homme pour expliquer que nous ne pouvons agir sur l'immigration familiale. Bien sûr, la Cour est attentive au respect du droit à une vie familiale normale et, spécialement, à l'intérêt des enfants, mais elle estime parfaitement légitime l'intérêt qu'ont les États à réguler les flux d'immigration. D'ailleurs, lorsque la France est condamnée, c'est à cause de la durée et de la complexité de ses procédures. Nous devons donc réformer pour les simplifier. Mais, une fois encore, nous avons des marges de manœuvre et, à la différence d'autres États, nous ne les utilisons pas !

En premier lieu, la durée de présence régulière sur le territoire pour pouvoir bénéficier du regroupement familial doit être augmentée à deux ans, comme c'était le cas avant 1998. En deuxième lieu, les autres conditions – notamment de revenu et de logement – doivent être appréciées strictement. En troisième lieu, l'accès aux prestations doit être différencié selon que l'on est national ou étranger, comme c'est par exemple le cas en Allemagne.

L'ensemble doit évidemment être articulé avec une politique étrangère spécialement tournée vers le continent africain. Je vous en ai déjà parlé.

En revanche, dès septembre 2015, j'ai dit ma position sur cette épouvantable tragédie des milliers de réfugiés syriens qui cherchent à échapper à la barbarie de Daesh et à l'horreur d'une guerre civile qui n'en finit pas. Personne ne peut rester indifférent au sort de ceux qui, après avoir tout perdu dans leur pays, viennent parfois mourir, dans des conditions atroces, sur les côtes de l'Europe. Et le fait que certains des auteurs des horribles attentats qui ont endeuillé la France en novembre 2015 aient pu entrer dans l'espace Schengen par cette voie ne doit pas nous le faire oublier.

Les Français sont profondément généreux mais doutent légitimement de la capacité de notre pays en crise à accueillir dignement des demandeurs d'asile, sans parler de la peur de faciliter ainsi l'entrée sur notre territoire de quelques-uns qui seraient une menace pour notre sécurité. Ces réserves sont parfaitement fondées. Nous devons enfin adopter une position claire, humaine et ferme. C'est celui qui défend depuis des années le concept d'une droite décomplexée qui vous le dit, il faut éviter deux dérives : l'inaction des pouvoirs publics qui institutionnalise de fait la clandestinité et la surenchère absurde dans le sens d'une inhumanité totale ou d'un angélisme naïf. Dire aussi que si nous gardons les mêmes législations économiques et sociales, ce sera l'échec assuré.

En clair, je suis favorable à un droit d'asile intelligent qui décline le mot responsabilité aux deux sens du terme. Responsabilité parce que l'Europe, fidèle à sa tradition historique, doit accomplir son devoir en accueillant les demandeurs d'asile et en les répartissant équitablement entre États membres. Mais responsabilité aussi de fixer dès le départ les règles d'une intégration qui fasse que ceux qui arrivent étrangers doivent devenir français. Certains veulent établir une distinction entre réfugiés politiques et réfugiés « de guerre », considérant que les seconds – dont feraient partie les Syriens – auraient vocation à rentrer dans leur pays sitôt la guerre finie. L'idée est fausse et, pour tout dire, absurde. Outre que nul ne peut savoir quand et comment cette guerre s'achèvera – ni même d'ailleurs qui la gagnera –, c'est à long terme que nous devons raisonner en créant les conditions qui permettent tout à la fois de respecter nos valeurs et de préserver nos intérêts. Et, évidemment, tout doit être mis en œuvre pour faire barrage à l'entrée de ceux qui utiliseraient cette voie pour entrer en Europe à des fins terroristes. Pour ce faire, la collaboration avec les autres pays européens est absolument indispensable et l'Europe doit s'engager pour relever ce défi. Mais je fais le pari que si l'Europe est une chance pour eux ils seront une chance pour l'Europe.

Il est souvent plus confortable pour un décideur politique de dire : « non, je ferme les frontières ». Mais, dans les circonstances présentes, face aux bouleversements du monde, avoir le courage d'imaginer un droit d'asile intelligent, c'est donner une chance supplémentaire à ce qui sera demain le Sursaut français.

Sécurité et justice : un plan Marshall

Pour ce qui est de la sécurité et de la justice, je fais mienne la formule de Tony Blair : « Il faut être dur avec le crime, dur avec les causes du crime. » Et j'ajoute qu'il s'agit là d'une priorité absolue parce que l'insécurité est la première cause de la peur qui paralyse et panique chacun de nos concitoyens. Garantir la sécurité et la justice, j'en ai fait l'expérience en tant que maire de Meaux, est la première étape indispensable, la condition *sine qua non*, à l'établissement de la confiance qui permet la bienveillance.

Le constat n'est pas nouveau. Ce sont les solutions qui doivent être renouvelées.

Mais il nous faut aussi prendre en compte l'un de ces bouleversements majeurs que nous avons évoqués. Depuis une quinzaine d'années et, spécialement, depuis le mois de mars 2012, l'insécurité revêt, pour la majorité des Français, une nouvelle dimension : le terrorisme.

Colère, sidération, effroi. Les mots sont peu de choses lorsqu'il s'agit de nommer l'innommable. Peu de choses face à l'horreur absolue. Et chacun se souvient de ce qu'il était en train de faire lorsqu'il a appris, le 7 janvier 2015 ou le soir du 13 novembre 2015, que l'incroyable et l'inacceptable s'étaient produits. Chacun a été touché, chacun a ressenti la peur, la frayeur pour ses proches, une forme de panique mêlée de sentiments d'incompréhension et d'impuissance. Et tandis que tant de nos compatriotes étaient atteints dans leur chair, c'est l'ensemble des Français qui ont été meurtris dans leur âme et dans leur cœur.

Bien sûr, c'est d'abord le cœur qui parle face à la lâcheté sans nom de djihadistes qui croient qu'il y a du courage à tuer au hasard des innocents, pacifiques et désarmés. Ils ne sont pas des héros, encore moins des martyrs. Ils incarnent ce qu'il y a de plus vil dans l'humanité et, pour tout dire, l'inhumanité. Le cœur qui parle, parce que de tels actes dépassent l'entendement au point que la raison peine à appréhender ce qu'elle ne peut ni comprendre ni expliquer. Parce que c'est au nom d'un obscurantisme qui cherche à nous ramener des siècles en arrière que ces meurtriers aveugles agissent et cherchent à faire triompher la terreur.

Mais c'est la raison qui doit guider notre réaction. La raison qui exige que notre priorité absolue soit l'efficacité de la riposte dans cette guerre que le terrorisme islamiste nous a déclarée il y a maintenant près de vingt ans. Et parce que ce n'est plus de lutte mais de guerre contre le terrorisme qu'il s'agit, elle nécessite un changement complet de notre doctrine d'emploi des forces et la sanctuarisation du territoire national.

Déjà, au lendemain des attaques qui ont endeuillé la France au mois de janvier, je pensais qu'il était temps d'ouvrir les yeux. La terrible nuit du 13 novembre l'a confirmé, de la manière la plus dramatique.

Et mon intime conviction est que nous ne remporterons cette guerre qu'en faisant face sur plusieurs fronts et dans le temps long.

D'abord, il faut changer notre politique antiterroriste. De manière radicale, rapide, sévère. Je propose de créer un parquet national antiterroriste dédié distinct du parquet de Paris et de le doter des moyens nécessaires à son action. Il faut davantage de juges et des instruments adaptés pour pouvoir mener cette guerre à plein temps. Ce parquet sera dirigé par le procureur général antiterroriste qui sera assisté de substituts et placé sous l'autorité du procureur général près la cour d'appel de Paris. Par ailleurs, je propose d'augmenter massivement les effectifs du renseignement, de la justice, de la police et de l'armée, j'y reviendrai. Les réduire était une erreur historique. En toute hypothèse, c'est l'anticipation qui doit être notre priorité parce que la menace d'une sanction est de nul effet sur ceux qui sont prêts à mourir pour tuer. Et, à cet égard, il faut donner aux forces de l'ordre tous les moyens permettant de remporter la guerre dans laquelle nous sommes engagés. La loi du 20 novembre 2015 renforçant l'efficacité des dispositions de la loi de 1955 sur l'état d'urgence était une nécessité ; je l'ai votée sans aucune hésitation ni aucun état d'âme. Ce qui compte c'est l'efficacité de l'action opérationnelle, d'où l'importance de pérenniser la possibilité de perquisitions élargies en toutes circonstances dès lors qu'elles visent des individus, étrangers ou français, en lien avec une activité terroriste.

Ensuite, il faut lutter systématiquement et sans faiblesse contre toutes les formes de radicalisation qui sont, à l'intérieur même de notre pays, le terreau du djihadisme.

Cela passe évidemment par des mesures d'application immédiate à l'égard de ceux qui sont déjà radicalisés.

En premier lieu, l'éloignement systématique, immédiat et sans concession des étrangers radicalisés qui, par leurs propos ou leurs actes, constituent une menace pour l'ordre public et pour le vivre ensemble. L'islamiste radical n'a aucun droit à se maintenir en Europe. Les étrangers radicalisés, ainsi que les imams salafistes, doivent être immédiatement éloignés du territoire de l'espace Schengen. Nous disposons des moyens de mener ce combat et ne devons en aucun cas hésiter à les utiliser.

Ainsi, par exemple, la « provocation à la haine ou à la violence » à l'occasion de discours proférés dans des lieux ou réunions publics est d'ores et déjà répréhensible mais elle constitue simplement un « délit de presse ». En clair, cela signifie qu'elle peut être sanctionnée mais est d'abord considérée comme l'expression d'une pensée ou d'une opinion. Cela n'est pas acceptable et les discours prônant un islamisme radical le montrent. Il n'y a pas lieu de tergiverser : l'argument de la liberté d'opinion ou de la liberté d'expression est irrecevable pour ceux qui commettent un abus de droit et mettent en cause les principes fondateurs de la République. Je propose que cette infraction ne bénéficie plus d'un régime dérogatoire laissant supposer que de tels propos sont acceptables. Comme pour l'apologie du terrorisme, la

« provocation à la haine ou à la violence » doit être intégrée dans le code pénal et assortie des mêmes sanctions (cinq ans d'emprisonnement et 75 000 euros d'amende, portées à sept ans d'emprisonnement et 100 000 euros d'amende lorsque les faits ont été commis en utilisant un service de communication au public en ligne). J'ajoute que tout étranger qui en serait l'auteur doit être systématiquement l'objet d'une mesure d'éloignement du territoire.

De même, la radicalisation en milieu carcéral doit faire l'objet d'une politique à part entière, articulant détection, lutte et sanction systématiques.

Mais, j'en ai aujourd'hui la conviction, c'est sur la prévention qu'une attention particulière doit être portée. « Déradicaliser » est nécessaire, mais c'est déjà constater que nous avons échoué, et nous devons tout mettre en œuvre pour empêcher la radicalisation. Il s'agit, à mes yeux, d'un objectif absolument prioritaire et qui ne se conçoit qu'à long terme. J'ajoute que le djihadisme ne concerne malheureusement pas que les étrangers. Les attaques et attentats des dernières années ont cruellement montré qu'ils étaient majoritairement le fait d'individus nés ou naturalisés français. C'est la raison pour laquelle, outre les actions coercitives, je propose, par exemple, de rétablir un service national obligatoire de trois mois pour l'ensemble des jeunes au sortir du cycle d'enseignement obligatoire. La suppression du service militaire était, en 1996, justifiée : devenu profondément inégalitaire puisque nombre de jeunes y échappaient et, surtout, conçu sur la base d'un modèle devenu périmé, il ne correspondait plus à rien dans l'esprit de la majorité des Français. Mais les temps ont changé. Il n'est donc pas question de réactiver le service militaire que les plus de 40 ans ont connu. C'est un service national obligatoire de durée brève qu'il faut imaginer en en faisant le prolongement systématique et naturel de l'enseignement scolaire et secondaire. Un moyen privilégié de conforter le lien républicain tout en permettant de détecter alors qu'il en est encore temps les germes de radicalité.

Enfin, nous devons traquer systématiquement les circuits de financement du terrorisme dans le cadre d'une action coordonnée au niveau européen mais aussi international. Les moyens de Daesh sont d'abord financiers et c'est notamment en leur coupant les vivres que nous les affaiblirons. Je vous ai déjà expliqué par ailleurs les raisons pour lesquelles je pense que notre diplomatie doit évoluer. Ce sont deux aspects essentiels de la guerre contre le terrorisme, donc indispensables pour la sécurité des Français.

Ces mesures ont un coût mais la paix et la sécurité n'ont pas de prix. Nous sommes en guerre. Et pour gagner la guerre face à la barbarie, il faut prendre des mesures de guerre.

Vous l'avez compris, je considère que toute proposition mérite d'être examinée, sans tabou, dès lors qu'elle est susceptible d'éradiquer le terrorisme. Mais, en la matière, c'est l'efficacité et le pragmatisme qui doivent nous guider. Toute mesure doit être prise, mais aucune qui soit cosmétique. Et, de la même manière, nous devons être conscients des implications financières de notre politique. J'ai soutenu l'ensemble des actions menées par le gouvernement au lendemain des attentats du 13 novembre. En revanche, je considère que dire, comme l'a fait le gouvernement, « laissons filer le déficit public pour financer notre défense » est une erreur. Augmenter la dette c'est se placer en situation de dépendance vis-à-vis de nos créanciers. C'est mettre en cause notre souveraineté financière puisque la majorité de nos créanciers sont étrangers. En d'autres termes, faire le choix, sur le plan financier, de l'insécurité.

La situation dramatique que nous connaissons impose un effort budgétaire majeur en matière de sécurité. C'est une nouvelle illustration de la nécessité pour l'État de redéfinir son périmètre d'action.

Depuis vingt ans, droite et gauche confondus, nous avons baissé la garde : les moyens et les effectifs de la défense, de la police et de la justice ont été rognés tandis que nous augmentions sans cesse les dépenses liées au « social ». Pourquoi ? Parce que nous avons cru que la chute du mur de Berlin et l'effondrement du bloc soviétique marquaient la fin de l'histoire. Nous avons cru que le monde entier aspirait à notre modèle démocratique, libéral, nous avons cru que nous n'aurions plus d'ennemis, que nous pourrions nous contenter de la protection de nos alliés américains. Naïveté ? Angélisme ? Nous sommes aujourd'hui rattrapés par le tragique de l'histoire... Les menaces n'ont pas disparu, elles se sont transformées. Soyons lucides, nous avons beaucoup d'ennemis et nous n'avons jamais été aussi vulnérables. Et il y a tout lieu de penser que la menace est durable.

Nous ne pouvons donc pas nous permettre de croire qu'il s'agit de financer quelques mesures sécuritaires temporaires par un éphémère relâchement budgétaire. Nous devons structurellement réorienter le budget de l'État vers le financement de sa mission première : assurer la protection de nos concitoyens. J'assume de dire qu'il faut plus de régalien et moins de social. La question n'est pas de savoir si le constat risque d'être impopulaire ; nous n'avons pas le choix. Ne tombons pas dans la caricature : il ne s'agit évidemment pas de fermer des hôpitaux pour ouvrir des casernes, de supprimer le RSA pour recruter des soldats ou de sacrifier la sécurité sociale pour assurer la sécurité des personnes... Simplement, si nous voulons gagner la guerre contre le terrorisme, il faut un effort de guerre. Et il ne doit être financé ni par le déficit, ni par les impôts, mais par plus de travail et moins de dépenses sociales (qui représentent 32 % de notre PIB). C'est un choix majeur. Un choix de bon sens. Et nous devons le faire dès maintenant car renforcer notre défense et notre sécurité ne se fera pas en un jour.

Ce qui vaut pour le terrorisme vaut évidemment pour l'insécurité dans son ensemble. C'est donc de manière globale que les questions de sécurité et de justice doivent être appréhendées. Qu'il s'agisse de lutte contre le terrorisme ou de lutte contre la délinquance, deux lacunes graves expliquent notre impuissance.

D'abord un manque de moyens évidents.

C'est la raison pour laquelle je propose un « plan Marshall pour la sécurité et la justice ». Jamais je n'aurais pu obtenir à Meaux les résultats spectaculaires de baisse de 50 % de la délinquance si je n'avais pas augmenté massivement les moyens. Jamais nous ne pourrons mener de front la lutte contre la délinquance et la guerre contre le terrorisme si nous n'augmentons pas massivement les effectifs.

De plus, à l'aune de nos voisins européens, sécurité et justice apparaissent, en France, nettement sous-dotées. Concernant le nombre de policiers par habitants, la comparaison est presque impossible, chaque État connaissant ses propres distinctions (policiers, policiers municipaux, gendarmes...). On peut, en revanche, constater que la police nationale a perdu 7 000 emplois – élèves inclus – entre 2007 et 2012. Les chiffres sont encore plus éloquents concernant les magistrats : la France a deux fois moins de magistrats que la moyenne des États parties au Conseil de l'Europe (10,7 pour 100 000 habitants contre 21 en moyenne et, par exemple, 24,7 en Allemagne). De même pour ce qui est des places de prison : près de deux fois moins en France qu'en Espagne ou au Royaume-Uni (1 place pour 1 141 habitants contre 1 pour 600 en Espagne ou 1 pour 660 au Royaume-Uni). Voilà pourquoi un « plan Marshall » me semble indispensable.

Concrètement, je propose de recruter sur cinq ans 50 000 personnels sur la base d'un contrat à durée indéterminée : 15 000 policiers (soit une augmentation de 10 % des effectifs), 10 000 gendarmes (soit, là aussi, une augmentation de 10 %), 10 000 militaires (correspondant aux effectifs de l'opération Sentinelle), 5 000 policiers municipaux et, c'est essentiel, 5 000 magistrats (soit quasiment un doublement par rapport aux effectifs actuels de 8 500 magistrats). Seront par ailleurs construites 20 000 places de prison et, par conséquent, créés 5 000 postes d'agents de l'administration pénitentiaire, avec une action prioritaire sur les détenus dont le comportement islamiste radical est le plus marqué.

Ce « plan Marshall » est une réforme de fond. C'est la raison pour laquelle il faut l'engager dès les premières semaines du quinquennat si l'on veut qu'elle produise ses effets le plus rapidement possible. Par exemple, il faut un an et demi pour recruter et former un policier ou un gendarme : six mois de concours et un an de formation. On peut évidemment imaginer de revoir les modalités de formation et, notamment, plutôt que de mettre un policier pendant un an dans une école de police, l'affecter dès son recrutement dans un commissariat où il suivra, en alternance, sa formation. Mais une part de cette formation demeure incompressible et la seule solution est de mettre en œuvre au plus vite ce « plan Marshall », tout en imaginant dans l'intervalle des réaffectations qui permettront de renforcer la politique de sécurité et de justice.

Ce « plan Marshall a un coût » : 5 milliards par an, durant le quinquennat, pour pourvoir les emplois, assurer les équipements nécessaires à ces nouveaux effectifs, construire les places de prison. Il sera financé, avec des économies annuelles, pour moitié par une réduction des effectifs de 25 000 personnes dans d'autres ministères (jeunesse et sports, agriculture, culture, social, finances avec le prélèvement à la source) et, pour l'autre moitié, par des économies ciblées (notamment, la suppression de l'AME, la suppression des trois jours de carence dans la fonction publique). Parce que la crédibilité d'une telle réforme suppose d'être précis, son plan de financement détaillé figure en annexe. L'augmentation des effectifs dans la police et la gendarmerie permettra en outre de décharger largement l'armée de ses obligations au titre du plan Vigipirate qui monopolise actuellement une grande partie de ses moyens humains et financiers. L'armée pourra ainsi se reconcentrer sur son cœur de métier qui n'est pas d'assurer le maintien de l'ordre sur notre sol.

Parce que ce dispositif a pour objet d'agir efficacement sur le terrain, au plus près de nos concitoyens, il doit s'accompagner d'un renforcement majeur des pouvoirs du maire. Je vous ai dit l'expérience qui est la mienne à Meaux. Ma conviction, c'est que si l'on veut des résultats, la sécurité est d'abord affaire de proximité.

La seconde lacune de notre système tient au fait que les peines prononcées ne sont pas appliquées. Songez que chaque année 100 000 peines ne sont pas exécutées !

Soyons concrets. Dès lors qu'on lance immédiatement un plan Marshall, on peut décider la fin des aménagements automatiques et poser comme principe que la peine prononcée intègre les conditions de son application, la suppression des réductions automatiques et l'interdiction des remises de peine tant que les deux tiers de la peine n'ont pas été accomplis.

Voici quelques pistes. D'autres viendront en leur temps mais, vous l'avez compris, ma conviction est que la sécurité et la justice sont des priorités sur lesquelles l'État doit se recentrer parce qu'il ne peut, en ces matières, ni transiger, ni échouer. Je vous l'ai déjà dit, l'État est d'autant plus respectable et respecté qu'il ne s'engage que sur ce qu'il peut et sait faire en fonction de ses moyens et ce « plan Marshall » en est l'illustration la plus concrète.

Viennent ensuite les trois mots qui fâchent : laïcité, intégration, communautarisme.

Dans nos esprits, les trois sujets se mélangent au point d'incarner l'échec de la République à préserver le « vivre ensemble » du modèle français. La sagesse et l'expérience commandent que l'on traite chacun avec des principes simples. Ou plus exactement, les deux premiers, car quel meilleur moyen de lutter contre le communautarisme que garantir la laïcité et réussir l'intégration ? Ces deux objectifs sont le gage que chacun ait conscience que les lois de la République sont toujours supérieures aux règles de la communauté.

La laïcité d'abord. Les termes du débat sont désormais archiconnus. Rappelons-les en trois points sans langue de bois :

– La laïcité, principe constitutionnel caractéristique de notre République, mis en œuvre par la loi de 1905 qui prévoit la séparation des Églises et de l'État, n'est en rien la négation des religions, mais la liberté d'exercer son culte, si on le souhaite, à condition de respecter celui des autres et de respecter les lois de la République.

– Les communautés chrétiennes et juive, dont cette loi, *de facto*, fixait le cadre d'organisation de l'exercice du culte, ne connaissent pas de difficultés particulières pour s'y conformer.

– Le problème, en revanche, est clairement posé pour les Français de confession musulmane puisque cette communauté a vu son importance numérique croître dans l'Hexagone à partir des années 70 pour dépasser (selon les estimations dont on dispose) les 5 millions de fidèles.

Dans ce contexte, l'exaspération de millions de Français habitués depuis un siècle à ne plus entendre parler de religion ailleurs que dans la sphère privée a atteint son paroxysme. Il faut y remettre de l'ordre, sans excès, mais sans trembler. Car, en fait, l'exercice ordinaire du culte musulman, dans sa pratique courante, est globalement tout aussi compatible avec les lois françaises que celui des autres religions.

Le problème n'a émergé que parce que certaines failles dans le système ont permis à des extrémistes radicaux de justifier un combat identitaire auquel un nombre croissant de fidèles est sensible faute de réponse claire. Je pense par exemple à l'insuffisance de lieux de culte qui génère des tensions et des voies de fait dans certains quartiers, à la question des imams (formation, nomination, financement) faute de clergé organisé en France, ou à des pratiques qui n'étant pas toujours codifiées (port du voile, pratiques alimentaires, fêtes cultuelles) sont devenues des irritants majeurs pour tout le monde.

J'ajoute qu'il ne faut être dupe de rien sur les tentatives d'instrumentalisation politique : les problèmes d'une population sont le fonds de commerce des extrémistes de tous bords. Quand un problème est résolu, c'est une bonne nouvelle pour la France et une mauvaise nouvelle pour les extrémistes. Ce n'est pas un hasard si, lorsque nous avons annoncé notre intention d'interdire le port de la burqa, les deux premiers à s'y opposer furent... Jean-Marie Le Pen et Tarik Ramadan !

En outre, nous savons tous que ces dérives radicales ont un lien étroit avec l'évolution dramatique de la situation au Moyen-Orient depuis les attentats du 11 septembre 2001 et la désastreuse guerre d'Irak.

Au passage, n'est-ce pas là une nouvelle illustration du combat multiséculaire qui oppose les religieux aux souverains dans l'exercice du pouvoir ? Rappelez-vous ! L'Inquisition, Galilée, les Borgia, les Templiers... Il n'est d'ailleurs pas anodin que, revendiquant les atroces attentats du 13 novembre, Daesh ait choisi de qualifier les victimes de « croisés ».

À la vérité, il me semble que la loi de 1905 ne consacre pas une indifférence de l'État par rapport aux cultes, mais tente d'établir un équilibre entre une objectivité et une neutralité de la puissance publique par rapport aux grandes religions et, symétriquement, des devoirs qu'ont les religions envers la République. C'est cette symétrie, ce principe de réciprocité entre l'État et les cultes qui, à mes yeux, est le fondement de la laïcité. La chose n'est pas simple et il y eut, par le passé, une opposition virulente entre les catholiques et la IIIᵉ République, par exemple lors des grandes conversions de 1886 (Claudel, Thérèse de Lisieux, Charles de Foucauld…) ou dans les prises de position politiques, telles certaines déclarations de Léon Gambetta (« Le cléricalisme, voilà l'ennemi ! »). La laïcité « à la française » n'a pas toujours été apaisée !

La neutralité ne signifie donc pas la passivité. Les religions ne peuvent pas vivre sans le soutien de la puissance publique. Je pense tout particulièrement à la communauté juive qui, souvent menacée, fait l'objet de mesures de protection spécifiques des forces de police et des militaires. Notre attention à son égard doit d'ailleurs être constante, dans une période où les chiffres de l'émigration des Français de confession juive vers Israël n'ont jamais été aussi importants. Le message d'angoisse face à l'antisémitisme est réel ; je l'ai clairement entendu à l'occasion d'un échange avec la communauté juive de Toulouse, en avril 2015. L'affaire Merah a été longuement évoquée, sur fond d'indifférence nationale, réelle ou supposée, mais très durement ressentie à l'époque. Plus de 200 familles juives de la région ont quitté la France, me dit-on. Et à nouveau les mêmes mots reviennent : stigmatisation, peur de l'avenir, manque de considération.

Donc, l'islam n'a évidemment pas le droit de négocier le contenu de la laïcité, mais l'islam doit tout aussi évidemment être traité comme les autres religions présentes en France. Puisque l'islam de France pose une difficulté, il est désormais temps que l'État puisse s'en occuper.

Nous ne pouvons plus tolérer les prières de rue, la mainmise de puissances étrangères sur les imams ou les financements étrangers opaques pour les mosquées. L'islam de

France ne peut devenir une terre d'influence pour certaines puissances étrangères. Même si la situation s'est améliorée, les croyants musulmans n'ont pas suffisamment de mosquées pour pratiquer leur culte. Les carrés musulmans dans les cimetières sont rares. Il n'y a pas d'institut de formation des imams en France. Or, près de 5 millions de musulmans vivent en France et nous devons avancer avec les musulmans de France, et non contre eux.

Mon idée est simple : il faut s'appuyer sur l'article 1er de la Constitution pour proposer un nouveau cadre de relations entre l'État et l'islam de France. L'objectif : établir un « concordat », qui réglerait définitivement la question de la légitimité de l'islam de France et fixerait ses droits et ses devoirs envers la République. C'est une démarche pragmatique qui apporte des solutions là où c'est le devoir de la République.

Entendons-nous bien, il ne s'agit pas de signer un concordat à la « romaine », c'est-à-dire, au sens catholique du terme, l'équivalent d'un traité entre la France et le Saint-Siège qui aurait pour objet de définir les domaines respectifs et d'établir les relations entre l'Église et les pouvoirs publics. C'est ce que nous avons connu en 1801 et la loi de 1905 y a mis un terme. En revanche, il faut fixer, comme la loi de 1905 le fait à l'égard des religions qui étaient alors déjà représentées sur le territoire de la République, le cadre permettant à chacun de ceux qui le souhaitent d'exercer le culte musulman.

Dans mon esprit, il s'agira d'un texte permettant d'assurer la réussite d'un projet que je résume ainsi : établir définitivement la concorde entre l'islam de France et la République. Voilà pourquoi je tiens à utiliser le mot de « concordat ». J'ajoute que, au-delà des enjeux de laïcité, c'est une nécessité car, ne nous mentons pas, l'objectif numéro un des islamistes radicaux, dans l'ensemble des démocraties, est de rallier à eux l'ensemble des musulmans pour susciter une fracture au sein des communautés nationales. D'où l'exigence d'un corps de règles qui, aujourd'hui, n'existe pas formellement et établirait clairement les droits et les devoirs.

Juridiquement, il prendrait la forme d'une ordonnance qui, établie après une ultime consultation du CFCM, viserait quatre objectifs principaux : organiser le culte musulman en France et l'éloigner des influences extérieures ; créer un institut de formation des imams ; consacrer la reconnaissance de la communauté musulmane française dans les cimetières ; poser le principe d'un programme de construction de lieux de culte musulmans, élaboré en lien étroit avec les maires et dont le financement serait assuré par un fonds, géré par la Caisse des dépôts, et alimenté par les dons des musulmans de France. Cette dernière idée avait été avancée par Dominique de Villepin mais il n'y a, à tort, jamais été donné suite.

En contrepartie, le contrat doit être clair. La République n'a pas à négocier sa neutralité. Le rôle de la République est de lever toutes les ambiguïtés et de définir clairement les règles applicables aux musulmans de France comme c'est déjà le cas pour tous les autres cultes. Le rôle des autorités de l'islam de France est non seulement d'accepter, mais de défendre les règles républicaines, notamment l'interdiction du port du voile dans la fonction publique, dans les écoles, les crèches ou le respect de la mixité hommes-femmes dans les piscines. Plus encore, je l'ai proposé en 2011 lors d'une convention de l'UMP sur la laïcité qui avait généré à l'époque des polémiques d'une violence incompréhensible, les prêches dans les mosquées doivent se faire en français. Nulle atteinte à la liberté de culte dans cette mesure, pas non plus d'intrusion excessive de l'État dans la sphère de la liturgie. Les religions chrétiennes et juive l'ont spontanément accepté et mis en application : le rite s'impose aux seules prières qui peuvent donc être prononcées dans la langue prescrite par chacune des églises. En revanche, le prêche est le lieu du message et, lorsqu'il est prononcé en France, il est normal et légitime de considérer qu'il doit être passé dans la langue que l'ensemble de nos compatriotes comprend, c'est-à-dire en français.

S'ajouteraient à ce dispositif, des éléments de souplesse comparables à ceux qui ont été laissés à l'appréciation des autres cultes mais une absolue fermeté quant à l'application des lois de la République. Souplesse, par exemple, concernant les menus de substitution dans les cantines. Vouloir les interdire, c'est-à-dire, pour être clair, obliger tous les enfants de confession musulmane (ou juive d'ailleurs) à manger du porc alors que leurs parents le leur interdisent, c'est les placer devant un dilemme absurde. Surtout lorsque l'on sait que, dans beaucoup de quartiers, le déjeuner à la cantine scolaire permet à de nombreux enfants d'avoir au moins un repas complet par jour. Et à ceux qui objecteraient que la laïcité ne doit souffrir aucune entorse, je rappelle que lorsque les « laïcards » ont imposé la loi de 1905, ils n'ont pas remis en cause les jours fériés qui avaient été fixés tout au long du XIXᵉ siècle en référence à la religion catholique.

Mais, en revanche, absolue fermeté lorsqu'il s'agit de faire respecter les lois de la République. Absolue fermeté dans l'application de la loi sur l'interdiction de la burqa : il n'est pas acceptable que l'on préfère fermer les yeux sur une pratique que la loi prohibe au motif que l'on craint les réactions de ceux auxquels on doit l'appliquer. Absolue fermeté encore face à certains comportements qui, par exemple, dans les hôpitaux, instrumentalisent la religion pour faire obstacle à une mission de service public et emportent un climat d'insécurité pour les soignants en même temps qu'un danger pour les patients.

En bref, une loi pour clarifier ce qui doit l'être tout en demeurant intransigeant sur les principes. Une loi qui fasse la part entre les droits et les devoirs ; bienveillance et pragmatisme. Il suffit d'y réfléchir quelques instants. Un nouveau concordat pour assurer la concorde entre islam et République. Voilà qui est tout sauf déraisonnable et permettra à la République d'être au clair et de se consacrer par ailleurs, sans états d'âme et au titre de la sécurité, à combattre les islamistes radicaux avec une fermeté totale. L'ambition est la même que celle qui animait les auteurs de la loi de 1905 : pour reprendre les termes d'Aristide Briand, rapporteur du texte devant la chambre des députés, « affranchir ce pays d'une véritable hantise, sous l'influence de laquelle il n'a que trop négligé tant d'autres questions importantes » !

Intégration : fermeté et accompagnement

L'intégration ensuite. Elle est le point de passage obligé pour un Sursaut français. Un lien entre l'ordre et le progrès, entre le respect de la loi et l'égalité des chances, entre les devoirs et les droits.

Mais j'insiste, intégration et immigration sont distinctes et si les règles relatives à l'immigration se décident à Paris, entre l'Élysée et le Palais Bourbon, le chemin d'intégration se définit avant tout sur le terrain, dans sa ville, dans son quartier.

Il y a d'ailleurs un débat récurrent et un peu dépassé : doit-on parler d'« intégration » ou, comme au début du xxe siècle, d'« assimilation » ? Pour s'« assimiler » quand on venait dans les années 20 et 30 de la lointaine Europe centrale d'où l'on fuyait tous les fléaux possibles – la guerre, le bolchevisme, le fascisme, l'antisémitisme – on demandait la nationalité française, on « francisait » son nom, on essayait de faire disparaître son accent et on gardait ses coutumes locales ou religieuses pour la stricte intimité familiale…

En 2015, difficile de proposer la même chose à celles et ceux qui, Français aujourd'hui, sont issus de parents ou grands-parents venus d'Afrique du Nord ou d'Afrique subsaharienne depuis les années 60 et à qui on n'a précédemment rien demandé de tel !

En revanche, il faut en finir avec certaines situations absolument inacceptables. De véritables zones de non-droit que nous avons laissé s'établir sur certaines portions de notre territoire. Nous ne pouvons rester sans réaction face au tableau qui est brossé de la vie quotidienne dans certains départements. Un ancien membre de la mission laïcité du Haute conseil à l'intégration en témoignait au lendemain des dramatiques attentats du 13 novembre. Parlant de la Seine-Saint-Denis : « On a vu s'y mettre en place un communautarisme qui fonctionne comme un marqueur, avec une tendance à la désertion de la mixité sociale, où les valeurs de la République passent à l'arrière-plan d'un religieux qui tient la place. Du fast-food 100 % halal (Mak d'Hal) au coiffeur strictement réservé aux femmes avec une salle spéciale pour les femmes voilées ».

Notre devoir est d'agir. De ne pas tolérer qu'une partie de notre jeunesse soit en conflit avec la République. De ne pas accepter qu'une partie de nos compatriotes subissent une « loi » qui ne soit pas une loi de la République. Et j'affirme, en connaissance de cause, que la réussite de l'intégration repose sur un partenariat entre l'État et les maires.

Il existe déjà un cadre national très clair sur ce qu'il faut faire en matière d'apprentissage de la langue française et de la citoyenneté. C'est aux maires, avec le concours de l'État, de veiller sur le terrain à son application. Ce cadre, je l'ai mis en œuvre depuis 1995 à Meaux. Le succès a dépassé toutes mes espérances. Non que tout soit parfait, loin de là. Mais l'esprit et la méthode qu'avec mon équipe municipale nous avons insufflés à Meaux, comme cela se fait dans de nombreuses villes confrontées à ces problèmes, sont certainement la solution pour notre pays. La clé du succès, c'est de combiner la fermeté et l'accompagnement. Fermeté contre toutes les formes de débordement et d'abus. Accompagnement de toutes les initiatives qui permettent l'épanouissement et la valorisation individuels.

D'abord, une politique de sécurité urbaine fondée sur la tolérance zéro avec suivi de chaque famille concernée. Polices municipales armées, caméras de surveillance, coordination locale de la chaîne police/parquet/chefs d'établissements scolaires, accompagnement personnalisé des victimes. Tolérance zéro aussi à l'égard des comportements, quels qu'ils soient, manifestant une mise en cause des principes républicains ou une possible radicalisation. Rien, jamais, ne peut expliquer ou excuser des manifestations de joie ou d'assentiment au lendemain d'un attentat et la seule réponse possible doit être d'absolue fermeté.

Ensuite, une politique de rénovation urbaine : démolition des tours, reconstruction d'immeubles à taille humaine, mixité sociale par l'accession à la propriété.

Enfin, détaxation des entreprises et des commerces qui embauchent les gens du quartier (zones franches urbaines) et les forment à des métiers.

Parallèlement, c'est au maire d'encourager toutes les initiatives qui permettent aux habitants de prendre confiance en eux à travers des actions positives : sport, projets éducatifs, danse, théâtre, musique, partage d'émotions collectives et bienveillantes autour du talent.

Le rôle du maire n'est pas de se mettre en avant. C'est de mettre ses administrés en avant. C'est un chef d'établissement qui organise des spectacles pour ses élèves en grec ancien, c'est un groupe de jeunes qui crée une école de danse et forme des centaines d'enfants, c'est une association qui accompagne les victimes de violence conjugale.

Ainsi, de nouveaux mots apparaissent dans le vocabulaire. Des mots qui dépassent les barrières de religions, d'origines, de couleur de peau : respect, écoute, partage, fierté d'appartenir à la même ville, au même quartier.

Ne pensez pas en me lisant qu'il y a de ma part un quelconque angélisme. Je l'ai dit, des problèmes demeurent. Les groupes de jeunes qui, par leurs comportements agressifs, exaspèrent les habitants ne disparaîtront jamais totalement ! Le chômage, l'extrême précarité, l'assistanat aussi, sont des réalités dont je vous ai parlé avec la même constance.

Mais je l'ai observé de manière continue à Meaux. Petit à petit, au fur et à mesure que les choses se mettaient en place, le ton a changé pour devenir plus apaisé. Et la meilleure illustration de cette évolution, c'est le vote des habitants. En 1995, première année de mon élection, la liste que je conduisais avait été élue en triangulaire avec 47 % des voix au deuxième tour. En 2014, nous avons été élus dès le premier tour avec 64 % des voix malgré la présence d'une liste

FN. Mais surtout, à Beauval, dans l'un des secteurs les plus difficiles, j'ai recueilli au premier tour 25 % en 1995 et... 73 % en 2014. Et j'ai toujours pensé qu'en votant ainsi, mes administrés se félicitaient eux-mêmes d'avoir porté ensemble le redressement de notre ville.

L'étalage de ces bons résultats pourrait évidemment laisser penser que la cure de silence que je m'impose ne m'a pas guéri d'une autosatisfaction pathologique... Il me faut donc la tempérer : ils sont inversement proportionnels aux sondages catastrophiques qui me mettent généralement à des niveaux tellement bas d'impopularité nationale que je peux y trouver du pétrole ! Heurs et malheurs de l'engagement politique. Ah si seulement tous les Français pouvaient habiter à Meaux...

Mais les choses sont dites. Si nous devons légitimement tirer la sonnette d'alarme sur ces millions de Français qui n'arrivent pas à trouver leurs marques dans la République au point que notre Nation est fissurée dans tous les sens, des solutions existent et les résultats obtenus le prouvent.

D'où l'importance de montrer que le Sursaut français passera aussi par le Progrès.

Progrès à travers l'égalité des chances

Qu'est-ce que le progrès pour une société ? C'est sa transformation progressive vers plus de connaissance et plus de bonheur. Une sorte de but que l'on a conscience de poursuivre sans jamais l'atteindre complètement. C'est aussi l'arrivée d'un changement parfois soudain dans notre mode de vie. C'est enfin une modification dans notre rapport à l'autre puisque chacun, en fonction de sa personnalité, de son degré de maturité, mais aussi de sa situation géographique ou sociale, réagit de manière différente à l'irruption du progrès.

Le progrès ne m'a jamais fait peur. Ni en tant que responsable politique, ni en tant qu'homme. Mon père, chirurgien, qui a consacré une part importante de sa vie à la recherche dans la lutte contre des formes très particulières de pathologies cancéreuses, en a fait un point fort de l'éducation qu'il a transmise à ses trois enfants. Adolescent, je m'indignais, en découvrant les polémiques lamentables qui avaient mis en cause à la fin du XIXe siècle les travaux de Louis Pasteur sur la microbiologie.

Certes, je n'ignore rien des dangers innombrables inhérents au progrès dans tous les domaines de la vie humaine. Il est de la responsabilité du pouvoir politique de fixer les règles de vigilance qui s'imposent. Mais son devoir est surtout d'accompagner et de conforter ceux qui ont la capacité et la chance de pouvoir conduire les recherches dédiées au bien de l'humanité.

Et surtout, je regrette qu'on ne lie pas plus la question du progrès à celle de l'égalité des chances. La mission de la République n'est-elle pas de faire en sorte que chacun puisse avoir la chance de tirer le meilleur profit du progrès auquel la société dans laquelle il vit permet d'accéder ?

L'égalité des chances, nous l'avons dit mille fois, n'est pas l'égalitarisme, cette conception absurde qui conduit à niveler vers le bas à force de vouloir refuser toutes les différences et de la concevoir comme une sanction. Sanction à l'égard des plus riches, des plus talentueux, ou simplement des plus rapides.

L'égalité des chances, ça n'est pas non plus la répartition de la pénurie, où l'on se partagerait les parts de plus en plus petites d'un gâteau qui ne croîtrait jamais.

Les Français que j'ai rencontrés n'ont cessé de me le dire : nous voulons le meilleur pour nos enfants. Tout ce que nous entreprenons, c'est pour leur avenir. Et si aujourd'hui ils sont si nombreux à s'expatrier dès qu'ils ont des facilités, c'est bien que quelque chose ne fonctionne plus en France. À l'inverse, il n'est pas normal que tant de nos compatriotes considèrent que « l'ascenseur social est en panne » pour reprendre une formule rabâchée depuis des années.

Donner à chacun la chance d'avoir sa chance, c'est donc reconnaître qu'un certain nombre des fractures que Jacques Chirac avait dénoncées il y a vingt ans sont toujours bien ancrées, hélas, dans notre pays.

Égalité des chances de 0 à 120 ans !

Il est une première fracture dont personne ne parle. Du moins en ces termes. C'est la fracture générationnelle. Celle qui vise à faire peser sur nos enfants notre indécision pour ne pas dire notre lâcheté.

D'abord en accumulant les dettes publiques. En refusant de revoir notre système de retraites, notre assurance maladie, nos déficits accumulés, nous faisons peser sur nos enfants une charge insupportable qu'ils n'ont aucune raison de payer au nom de notre préférence pour le confort du temps présent.

La question de la dette que l'on va laisser à nos enfants est l'une des pires injustices qui soient. Aujourd'hui, la dette française a dépassé les 2 000 milliards d'euros. Concrètement, cela veut dire que, dans son berceau, chaque petit Français qui naît trouve une créance de plus de 30 000 euros… La République est devenue une fée Carabosse pour ses enfants. Insupportable !

Présentée en ces termes, on comprend que réduire la dette est une nécessité morale autant qu'économique vis-à-vis des jeunes générations !

Pendant longtemps, les leaders – de gauche comme de droite – ont évacué ce problème en expliquant que pour réduire la dette il s'agissait avant tout de relancer la croissance et que pour relancer la croissance il fallait faire de la dette. Raisonnement pseudo-keynésien assez absurde qui nous a menés à presque 100 % de dette sans pour autant créer la croissance recherchée.

En réalité, une seule voie pour contrôler la dette : baisser les dépenses publiques de 10 % pour revenir dans la moyenne des pays européens – qui ne sont pas sous-administrés – et un déficit zéro !

Mon objectif : 50 % de dépenses publiques par rapport au PIB en 2022, contre 56,4 % aujourd'hui. En se basant sur une hypothèse – prudente – de 1 % de croissance par an sur la durée du prochain quinquennat, cela suppose de réduire les dépenses d'environ 100 milliards.

Mais il ne suffit pas de donner un objectif *in abstracto*. Quand on annonce de telles économies, il faut, sans rien cacher aux Français, dire lesquelles. Je n'en cite que quelques-unes ici : retraite à 65 ans par étapes d'ici à 2026, alignement des régimes public/privé, dégressivité des allocations chômage, baisse du nombre de fonctionnaires, réduction du nombre d'échelons administratifs, etc. Le détail précis de ce plan d'économie se trouve en annexe et il inclut le financement de toutes les nouvelles dépenses que je propose.

Ensuite, autre dette considérable que nous faisons peser sur nos enfants : la dette environnementale.

La réalité du réchauffement climatique liée à l'activité humaine ne semble plus faire de doute. La mondialisation à marche forcée que nous connaissons depuis quarante ans en est la cause directe. Les sept premiers mois de l'année 2015 ont ainsi été les plus chauds jamais enregistrés…

Ce phénomène, couplé à la pollution, peut rendre la planète invivable à court terme. À cause de la surpêche, du réchauffement et des pollutions, la moitié des espèces marines ont disparu depuis 1970. En 2010, 3 millions de décès ont été liés à l'exécrable qualité de l'air (soit plus que les décès liés au sida et au paludisme !). Il faut lire le livre de l'Américain Jared Diamond, *Effondrement*[1]. En mêlant histoire, biologie, climatologie, démographie, il démontre que le pire n'est jamais impossible. Les civilisations de l'île de Pâques, Maya ou des Anasazis – pourtant brillantes comme en attestent les vestiges archéologiques – ont soudainement disparu à cause de dérèglements liés à des choix humains (notamment la déforestation) qui ont fait voler en éclats l'équilibre sur lequel elles reposaient.

Face à ce constat, deux réactions classiques. L'optimisme forcené : « La Terre en a vu d'autres ! Pas question de changer quoi que ce soit. » Le pessimisme millénariste : « Si l'on ne change rien, l'apocalypse est pour demain… Mieux vaut le retour à l'âge de pierre que l'extinction de l'humanité. » Entre ces deux voies également radicales, il faut trouver un chemin raisonnable mais courageux. Le *statu quo* me

---

1. J. Diamond, *Effondrement. Comment les sociétés décident de leur disparition ou de leur survie*, Gallimard, 2006.

paraît tout aussi impossible que la régression économique et sociale prônée par certains extrémistes verts...

Beaucoup d'investissements ont été réalisés dans la filière du nucléaire, qui assure près de 70 % de la production française d'électricité, permettant d'obtenir une énergie à faible coût. Il faut préserver cet acquis qui est le résultat d'une formidable réussite française et que l'on doit au génie de nos chercheurs et de nos ingénieurs. Mais la France est confrontée à un double défi : d'une part, celui du renouvellement du parc qui risque de renchérir le prix de l'énergie dans les prochaines années ; d'autre part, la nécessité de diversifier sa production pour assurer sa sécurité et son indépendance énergétiques. Quant aux énergies fossiles, non seulement la France dépend fortement de leurs importations mais elles sont en plus extrêmement polluantes car fortement émettrices de gaz à effet de serre... Sauf à pouvoir extraire – très loin des habitations et dans des conditions sécurisées pour l'environnement – du gaz de schiste.

C'est pourquoi il est indispensable que la France réalise un nouveau « mix énergétique ». Il s'agit de trouver des énergies tout à la fois respectueuses de l'environnement et à bas coûts afin que les entreprises françaises conservent leur compétitivité. Une réponse serait la production d'énergies renouvelables par tous les Français (ménages, entreprises et administrations publiques). À l'image de la « révolution collaborative » qu'a théorisée Jeremy Rifkin[1], les consommateurs d'énergie étant aussi producteurs, ils deviendraient des « prosommateurs ». Cette voie est déjà bien explorée par l'Allemagne où 27 % de la production d'énergie provient

---

1. J. Rifkin, *La Nouvelle Société du coût marginal zéro*, éd. Les liens qui libèrent, 2014.

des renouvelables et les particuliers sont toujours plus nombreux à produire leur propre énergie. Elle est embryonnaire en France.

L'enjeu est de pousser au développement du photovoltaïque, de l'éolien, du pompage thermodynamique, de la méthanisation, de la géothermie… Je propose d'accorder un crédit d'impôt à taux unique de 50 %, sans conditions de ressources, sur le prix des équipements, des matériaux et de la main-d'œuvre, dépensé pour participer à la production d'énergie renouvelable entre le 1er septembre 2017 et le 31 décembre 2020. Il sera accordé dès la première dépense sur l'ensemble des habitations (principales et secondaires) et le montant plafond de dépenses pour une personne seule sera relevé à 10 000 euros et majoré en fonction de la situation familiale.

Parce que nous avons une responsabilité à l'égard des générations futures, sur ce sujet non plus nous n'avons plus le droit de différer.

Enfin, je l'ai déjà évoqué à plusieurs reprises, l'allongement de la vie est l'un des enjeux majeurs du xxie siècle. Il est, j'en suis convaincu, très positif : il n'y a qu'à voir combien les grands-parents sont aujourd'hui investis pour le meilleur auprès de leurs petits-enfants.

Mais le vieillissement fait aussi légitimement peur quand il se traduit par la perte d'autonomie des personnes âgées ou quand celles-ci souffrent de terribles affections dégénératives comme la maladie d'Alzheimer. D'après les chiffres de l'Inserm (Institut national de la santé et de la recherche médicale), 900 000 personnes sont frappées par ce fléau aujourd'hui. Elles devraient être 1,3 million en 2020, soit des millions de familles souvent démunies pour faire face à cette épreuve.

Notre but doit être de favoriser l'allongement de la vie, mais surtout de permettre au plus grand nombre de vieillir en bonne santé. Et la puissance publique doit agir et avoir un rôle majeur dans le financement de la recherche sur les maladies liées au vieillissement et l'accompagnement des personnes âgées. Ma proposition : supprimer un jour férié pour financer cet effort en faveur de nos aînés. Travailler un jour de plus par an, c'est, selon les estimations de l'Insee, 0,06 point de PIB, soit environ 1,3 milliard d'euros. Ce montant pourrait être consacré à la recherche.

Je sais que le sujet est épineux : le gouvernement Raffarin, dont j'étais membre, s'était heurté à un front réunissant syndicats et catholiques sur la suppression du lundi de Pentecôte.

Mais il faut surtout être pragmatique. Il y a 11 jours fériés chaque année en France. En mai, l'accumulation de ces jours (1er mai, 8 mai, Ascension, Pentecôte) crée un mois où les « ponts » s'enchaînent, posant souvent des problèmes d'organisation aux entreprises et aux administrations, donc aussi à chacun d'entre nous. Et cela d'autant que nous sommes le pays de l'OCDE où l'on travaille le moins en nombre d'heures chaque année (avec 1 661 heures par an, la France est avant-dernière pour les salariés à plein temps, devant la Finlande mais loin derrière les Allemands, les Espagnols et les Britanniques) et que beaucoup de pays européens ont moins de jours fériés (8 au Royaume-Uni et aux Pays-Bas, 9 en Allemagne). Il s'agirait donc simplement de s'approcher de la moyenne européenne en nombre d'heures et de jours travaillés.

Quel jour férié pourrait-on supprimer ? Il n'est évidemment pas question de revenir sur les jours fériés qui ont le plus de sens pour les Français et créent des moments importants de vivre ensemble familial ou national (tels que le 25 décembre ou le 14 juillet). Ces dates fortes font notre histoire commune. Pourquoi ne pas travailler le 8 mai ? Nous continuerions à fêter la victoire des Alliés de 1945 sans pour autant chômer ce jour. Je rappelle d'ailleurs que, sous la Vᵉ République, il en fut ainsi jusqu'en 1981.

Une telle mesure correspond à la philosophie positive que je veux porter : la générosité ne doit plus se financer par la dette dans notre pays, mais par le travail.

Égalité des chances pour les territoires

La deuxième fracture est territoriale. J'ai arpenté la France « périphérique » dans tous les sens. L'exaspération des « bonnets rouges » sur les portiques mort-nés de l'écotaxe résume la gravité de la situation.

Je propose la création d'une AN2R. Une Agence nationale pour le renouveau de la ruralité pour la France périphérique sur le modèle de l'ANRU qui, pour les quartiers sensibles, est un succès de politique publique.

L'ANRU a permis de changer la face de quartiers sensibles sinistrés. Les cités de Meaux en sont la preuve vivante, je l'ai déjà évoqué ici ! Le nouveau programme national de renouvellement urbain (NPNRU), doté de 5 milliards d'euros auxquels devraient s'ajouter, par effet levier, 15 milliards d'euros, vient d'être lancé. Il n'est pas question d'y toucher.

Au contraire, je propose d'étendre cette recette qui fonctionne aux zones rurales et périurbaines dans lesquelles, nous l'avons vu, on rencontre désormais autant, voire plus, de pauvreté et de difficultés que dans les banlieues.

Il s'agit donc de créer l'AN2R qui financerait des grands projets dans les zones rurales les plus déshéritées. Pour moi, il y a trois grandes priorités.

D'abord, la couverture numérique de tout le territoire, alors que l'absence de réseau devient un handicap rédhibitoire pour certaines zones reculées. Avez-vous déjà essayé de passer un coup de téléphone en voiture dans la Nièvre ? Impossible : le réseau saute tous les 2 kilomètres ! Ensuite, investir sur les transports pour désenclaver les territoires. Un exemple concret et assez ubuesque des difficultés pour se déplacer : il faut une heure trente-six pour rallier Poitiers depuis la gare de Paris Montparnasse via le TGV, les deux villes étant distantes de 350 kilomètres. Mais si vous n'avez pas de véhicule personnel et voulez ensuite aller de Poitiers à Loudun, distantes de 60 kilomètres, il vous en coûtera quatre heures, en comptant le temps d'attente, via un TER puis un autocar… Enfin, troisième priorité : l'accès à tous les services à la personne, depuis la garde d'enfant jusqu'à l'accompagnement des personnes âgées à domicile en passant par tout ce qui a trait à la santé. En zone rurale, il faut parfois faire des kilomètres en voiture pour trouver un service auquel on accède en dix minutes à pied en ville. C'est aux communautés de communes d'assurer le commandement des opérations en coordonnant l'action des uns et des autres, acteurs publics et privés. Si l'ensemble de notre territoire peut avoir résolu dans les dix ans qui viennent les problèmes de transport et de couverture numérique, tout alors sera possible !

Comment financer cette AN2R pour la ruralité ? Par une grande réforme des territoires.

J'avais proposé dès janvier 2014 une fusion des départements et des régions. Je maintiens cette proposition, y compris après la réforme, ratée, des nouvelles grandes régions. Pourquoi, par exemple, constituer un mastodonte Alsace, Lorraine, Champagne-Ardenne, alors que l'Alsace ou la Lorraine ont des identités propres très fortes. Pour autant, il me paraît vain d'y revenir et de remettre en cause, en 2017, un découpage qui sera entré en vigueur en 2016 alors que les Français ont, sur ce sujet, besoin de stabilité...

Pourquoi proposer une diminution du nombre des collectivités locales alors que, dans notre histoire récente, les réformes qui ont été plutôt bien acceptées par les Français sont celles qui ont créé de nouveaux échelons territoriaux ou leur ont donné plus de pouvoirs (loi Defferre 1982 avec la création des régions et Raffarin 2003 qui leur donne plus d'autonomie financière et plus de compétences) ?

Parce que aujourd'hui nous arrivons à un tel empilement de structures que cela devient contre-productif ! C'est ce qu'on appelle le millefeuille territorial ; il est d'abord un millefeuille administratif : conseil régional, conseil départemental, métropole, communauté de communes, communauté d'agglomération, communauté urbaine... ! Plus personne ne sait qui fait quoi ! Il existe en France plus de 39 000 assemblées délibératives locales qui se prononcent régulièrement sur tout un ensemble de sujets souvent redondants, et des milliers d'élus locaux. Concrètement cela se traduit par un coût croissant pour les finances publiques et le contribuable, un manque de lisibilité pour le citoyen et une perte d'efficacité pour nos politiques publiques.

Le coût : en France, il y a près de 2 millions de fonctionnaires territoriaux dont 290 000 dans les conseils départementaux et 80 000 dans les régions. Ce chiffre est en progression constante depuis des années. De même, les dépenses de fonctionnement des collectivités sont celles qui ont le plus progressé au sein des administrations publiques : 3,1 % en plus de l'inflation chaque année en moyenne depuis 1983 selon Didier Migaud, c'est-à-dire beaucoup plus que la croissance. Tout cela sans pour autant que le contribuable ait le sentiment d'avoir gagné en qualité de service public.

Un manque de lisibilité : il y a eu coup sur coup, en 2015, des élections départementales puis régionales… quel citoyen peut dire avec certitude quelle collectivité fait quoi ?

Une perte d'efficacité. Un exemple, cela a-t-il vraiment du sens qu'il y ait un service communal qui s'occupe des écoles, un service départemental qui s'occupe des collèges, un service régional qui s'occupe des lycées, et les services d'État qui s'occupent des universités ?

Loin de moi l'idée de rouvrir l'éternel débat français entre Jacobins et Girondins. Je veux simplement dire, avec beaucoup de pragmatisme, que les Français ont tout à gagner à une rationalisation de notre système actuel qui, parfois – souvent –, confine à l'absurde ! Moins de collectivités, c'est moins de dépenses publiques, moins de fonctionnaires, moins d'élus, moins d'impôts, plus de lisibilité et d'efficacité de l'action publique !

Il faut agir avec beaucoup d'humilité et beaucoup de pédagogie.

D'abord, il faut conserver l'échelon communal dès lors qu'il est pleinement intégré à l'intercommunalité : il est l'échelon de proximité avec les Français, l'échelon d'efficacité, l'échelon de confiance aussi. Tout le monde connaît son maire, alors que tout le monde ne connaît pas, loin s'en faut, l'identité de son conseiller départemental ou de son conseiller régional, si talentueux soit-il ! Je refuserai toujours une réforme qui conduirait à la disparition du dernier rempart contre l'aggravation des maux de la France périphérique.

Je pense en revanche qu'il faut fusionner les services et les compétences des départements et des régions de manière à arriver à des économies de fonctionnement et à une clarification de l'action publique. Concrètement on estime à 7 milliards d'euros à terme le gain d'une telle fusion[1]. C'est considérable ! Cela ne reviendrait pas à supprimer l'identité d'un département (la carte de France compterait toujours 101 départements, la Vienne resterait la Vienne, la Seine-et-Marne resterait la Seine-et-Marne, les Français pourraient continuer à avoir une plaque minéralogique 86 ou 77), mais simplement à supprimer son administration. De même, les Français ne perdraient pas leur élu local car il est essentiel que nos territoires soient représentés et que les élus ne soient pas hors sol mais ancrés dans la réalité. Le nouveau conseiller territorial, élu dans un canton, siégerait dans l'assemblée régionale où il représenterait les administrés de son canton. En corollaire, on supprimerait les postes des 1 757 conseillers régionaux beaucoup plus désincarnés et lointains…

En résumé, on regroupe des administrations en gagnant en cohérence du service public, on diminue le nombre d'élus sans nuire à la représentativité, on réduit les coûts pour financer un plan de renouvellement de la ruralité… C'est l'exemple type d'une réforme qui doit être gagnante pour tous ! Articulée avec la suppression des contraintes qui pèsent sur les Français et, spécialement, sur les agriculteurs, elle permettra à chacun d'avoir le choix du cadre dans lequel il veut vivre.

Parallèlement, dans le cadre urbain, il faut donner une nouvelle impulsion aux politiques de logement.

---

1. Voir le détail de ce chiffrage en annexe.

Le logement est le premier poste budgétaire des Français (20 % de leurs revenus)... Difficile de devenir propriétaire sans hériter... Difficile d'accéder au logement social... Les barrières sont légion. Il faut les faire sauter !

D'abord, en plafonnant le taux de logements sociaux. Au même titre qu'il existe un *minima*, il faut fixer un *maxima*. Je propose qu'il soit de 50 %. Pour éviter de concentrer toutes les difficultés dans les mêmes villes et d'encourager là où c'est nécessaire l'accession privée à la propriété, on ne pourrait pas construire de nouveaux logements sociaux dans les communes dépassant déjà le plafond. Ensuite, il faut, en parallèle, faciliter le droit à l'achat pour les locataires du logement social, réviser tous les six ans les conditions de maintien en logement social (changement de logement si changement de revenu, de situation familiale...). Le logement social n'est pas un droit à vie, mais une étape dans un parcours de logement. Enfin, il faudra évidemment revenir sur la délirante loi Duflot.

Égalité des chances par l'éducation

La troisième fracture est connue : elle est éducative.

Tous les responsables politiques en font une priorité et ils ont raison. C'est l'école qui doit donner sa chance à chacun de nos enfants.

Nous avons toutes les cartes en main pour proposer un projet éducatif adapté aux défis de notre époque. Les ressources budgétaires ? Nous dépensons plus que la moyenne des pays de l'OCDE pour l'éducation. Les talents ? Nous pouvons compter sur des enseignants de qualité, à condition d'en finir avec la paupérisation et la dévalorisation sociale de la profession. Les méthodes pédagogiques ? Après des années d'expérimentations hasardeuses, souvent inspirées par de bonnes intentions mais dictées par l'idéologie, nous avons désormais les outils pour évaluer ce qui marche et réformer ce qui ne fonctionne pas. Les équipements ? Sauf exceptions, nous n'avons pas à nous désoler de nos établissements scolaires, plutôt bien gérés par les collectivités locales.

Alors, pourquoi un tel taux d'échec de notre système scolaire ? Pour deux raisons.

En premier lieu, nous avons, au cours des décennies passées, diminué de façon spectaculaire la part des enseignements fondamentaux et assigné à l'école toute une série de missions qui ne relèvent pas de sa vocation première.

En second lieu, et surtout, nous continuons de rêver d'un modèle éducatif unique, défini rue de Grenelle et appliqué sur l'ensemble du territoire à coups de circulaires et de compromis syndicaux bancals sans tenir compte des réalités du terrain.

Pourtant, l'éducation, c'est d'abord une relation unique entre un enseignant et un élève. Un art qui se révèle dans la classe, au plus près des enfants. La bonne réforme, c'est donc celle qui arrête de raisonner par grandes masses et de vouloir imposer un seul modèle éducatif ! Il faut évoluer vers l'idée que chaque périmètre scolaire est différent et que chaque enfant est unique. Rendre possible un système où l'on s'adapte à chaque élève, en fonction de son potentiel, de ses capacités, de ses évolutions. En finir avec une vision unique de la réussite qui fait fi des qualités propres à chaque enfant.

C'est donc à l'échelle de l'établissement, et pas à l'échelle du ministère, que doit se concevoir le projet éducatif. Cette idée porte un nom : « autonomie ». Certes, il y a bien un cadre national à définir qui a trait à l'objectif global de connaissances et de compétences à acquérir pour chaque cycle de scolarité. Mais je suis partisan d'une très grande autonomie laissée au chef d'établissement et à son équipe. J'ai observé à Meaux que le climat de chaque établissement scolaire, autant que les résultats, pouvaient changer du tout au tout en fonction de la manière dont ils sont dirigés. Autonomie pour composer les équipes enseignantes : les professeurs ne sont évidemment pas tous formatés de la même manière. Chacun a son histoire, sa personnalité, sa motivation. Autonomie pour tenir compte sans langue de bois de la réalité sociologique : en zone urbaine sensible, enseigner aux enfants ce n'est pas le même métier – je dis bien métier – que dans un centre-ville ou dans un secteur plus rural. Cette observation est devenue tellement banale qu'elle ne génère plus de protestation. Mais personne n'en tire vraiment les conséquences. Par exemple, si un chef d'établissement constate que les collégiens ont, à l'entrée en 6e, trop de lacunes en français, pourquoi ne pourrait-il pas décider, en lien avec son équipe pédagogique, de rajouter une heure de cours de français par semaine afin de rattraper les retards ?

Le modèle expérimenté en Grande-Bretagne ou en Europe du Nord des « *free schools* », dans son esprit, mérite d'être étudié. Il ne s'agit pas bien sûr de confier l'éducation des enfants à des parents et enseignants regroupés en communautés caritatives ou religieuses, mais de retenir une idée simple. On pourrait proposer que des établissements publics volontaires deviennent totalement autonomes dans la conception de leurs projets éducatifs. Sous la houlette du chef d'établissement, formé pour cela, se constituerait avec l'équipe enseignante un projet pédagogique propre, associant les parents pour la part qui les concerne. Ce projet se ferait bien sûr sous contrat avec l'État et sur la base d'un financement public, le cas échéant augmenté pour tenir compte des spécificités proposées. Une attention toute particulière serait portée à l'apprentissage des bases fondamentales dès l'école maternelle puis en primaire pour en finir avec le fléau de l'illettrisme à l'entrée en sixième.

J'ai visité, à Montfermeil, le cours Alexandre-Dumas, une école privée hors contrat qui s'inspire de ce modèle des « *free schools* » et qui accueille des élèves de Seine-Saint-Denis, majoritairement issus de l'immigration, avec un projet éducatif original : des effectifs limités à dix-huit élèves par classe ; des équipes interâges, où les plus âgés sont responsables des plus jeunes ; un uniforme – un sweat à capuche de couleur – que les élèves sont fiers de porter ; la levée des couleurs nationales le lundi matin après un « topo » inspirant du directeur ; une équipe éducative ultramotivée par un projet enthousiasmant au service de jeunes des quartiers à qui ils veulent transmettre le meilleur de la culture française et les clés pour réussir dans la vie… Que risque-t-on à encourager ce type d'initiatives qui contribuent à la concorde dans nos quartiers difficiles et redonnent confiance à des jeunes qui pourraient désespérer de leur avenir ?

Le corollaire de l'autonomie très forte donnée aux établissements, c'est, à mes yeux, le maintien d'examens nationaux qui garantissent aux familles que les objectifs fixés aux établissements scolaires sont atteints. Là où certains prônent la suppression du bac, je préconise au contraire son maintien, ainsi que la revalorisation du brevet. Brisons un tabou. L'objectif n'est pas 100 % de bacheliers avec un bac bradé ! C'est au contraire un bac un peu plus exigeant qu'il faut combiner avec une revalorisation de l'apprentissage. Revalorisation du bac et revalorisation de l'apprentissage sont, je vous en reparlerai, liées : il faut réaffirmer le rôle du bac comme clé d'accès à l'enseignement supérieur et réaffirmer l'apprentissage comme une voie de réussite et d'excellence à part entière. Brader les diplômes du bac ou du brevet, c'est jouer un mauvais tour à l'éducation, de manière générale, et à l'apprentissage, en particulier, en laissant penser que celui-ci n'est réservé qu'à une minorité d'élèves qui n'arriverait pas à décrocher les diplômes généraux. Concernant le baccalauréat, je propose de le recentrer sur l'évaluation de la maîtrise des cinq ou six disciplines fondamentales de chaque filière, plutôt que de se noyer comme aujourd'hui dans un flot d'options et de matières facultatives qui, en plus de poser d'immenses problèmes d'organisation, diluent sa force et sa clarté.

Revalorisation des diplômes et réforme de l'éducation vont de pair ! Adapter la méthode aux cas particuliers pour atteindre un objectif commun : bienveillance pour une éducation innovante qui, fondée sur le pragmatisme, permettra à nos enfants de réussir demain.

Dans cet esprit, j'ai proposé, dès octobre 2010, un examen préalable à l'entrée en 6e pour évaluer l'acquisition des fondamentaux : lire, écrire, compter. Cet examen aurait lieu au début du CM2 afin de permettre de mobiliser les moyens pour les enfants qui ont plus de mal que les autres. Cette proposition a alors déclenché une controverse, certains me reprochant de vouloir laisser des enfants au bord de la route. C'est pourtant exactement ce qui se passe aujourd'hui : des dizaines de milliers d'enfants perdent pied au collège. Cette proposition – contrepartie d'une plus grande autonomie – est au contraire fondée sur une conviction, confortée par l'expérience : hors problèmes particuliers qui ne seront pas résolus au collège, tous les enfants ont les capacités pour savoir lire, écrire, compter à la fin du primaire. Si cet objectif n'est pas atteint, c'est que la méthode proposée aux élèves n'est pas la bonne et qu'il faut la revoir immédiatement, quitte à mettre en place un renforcement du suivi personnalisé de chaque enfant dès son entrée à la maternelle pour l'aider à prendre confiance en lui.

En revanche, je considère que, sauf cas exceptionnels motivés par les enseignants, on pourrait remplacer la procédure de redoublement, coûteuse pour la société et décourageante pour les élèves concernés, par un renforcement du suivi personnalisé dès que l'élève commence à décrocher dans l'année. Le conseil de classe trimestriel pourrait être l'instance décisionnelle en la matière dès la première inquiétude.

Je suis conscient que l'autonomie peut effrayer.

Elle peut effrayer les enseignants qui craignent de passer sous la coupe de directeurs d'établissements qui n'auraient pas la compétence pour juger et évaluer leur discipline. Il faut inventer un nouveau métier de chef d'établissement ! Mais, surtout, l'autonomie sera pour eux une source de motivation supplémentaire, la possibilité de travailler en équipe, de manière soudée, avec un véritable soutien de leur direction, et pour un projet éducatif à la conception duquel ils auront pleinement pris part.

Elle peut effrayer aussi en raison du risque d'établissements de moindre qualité. En d'autres termes, que faire lorsqu'un établissement décroche, à force de mauvais choix ? La solution la plus simple : changer l'équipe de direction pour redresser la barre dès les premiers signaux, avec une reprise en main de l'établissement par une équipe de direction qui a fait ses preuves. Je l'ai vécu à Meaux, ça a marché !

À l'idée d'autonomie, formidable source de responsabilisation et de liberté nouvelles pour les enseignants, je crois indispensable d'ajouter une politique ambitieuse visant à accroître l'usage des outils numériques comme cela se fait partout dans le monde (et de plus en plus, d'ores et déjà, en France). Pour ce faire, l'appel à des financements privés aurait du sens.

Quoi qu'il en soit, la suppression des rythmes scolaires obligatoires dont le résultat pédagogique est très faible et le coût pour le contribuable abyssal sera une source d'économies non négligeable.

Après l'autonomie, le second mot clé pour réduire la fracture éducative c'est l'apprentissage. Populariser l'apprentissage dès la 5e, en l'introduisant dans l'enseignement général. Là aussi, il est temps de prendre le taureau par les cornes.

Avant de partager avec vous des propositions concrètes, je voudrais illustrer mon éloge de l'apprentissage par une image. En mars 2015, je suis allé visiter un atelier de cuisine, baptisé « Cuisine mode d'emploi(s) », dont j'avais lu l'écho dans la presse. Installé dans le 20e arrondissement de Paris, il s'adresse à des personnes ayant traversé de grandes difficultés, n'ayant pas d'emplois, peu de qualifications, voire ayant connu la prison. Coachées par des professionnels de haut niveau, elles acquièrent au fil des semaines, à force de travail, de motivation et de discipline, une vraie formation à la cuisine, à la boulangerie ou au métier de serveur.

Résultat, 80 % d'entre elles trouvent un premier emploi à l'issue de la formation.

Après l'avoir lu, j'ai voulu voir.

Et j'ai vu effectivement ce qui n'est dans aucun livre, ni aucun manuel : la clé du succès, c'est l'état d'esprit. Un état d'esprit incarné par un couple, Véronique et Philippe, mariés dans la vie, qui dirige la structure. Issus du monde associatif. Anciens élus à Paris. De gauche. Motards en Harley-Davidson le week-end.

Autant dire que, d'emblée, tout nous sépare !

En fait, au bout de quelques minutes, je deviens fan. L'état d'esprit d'exigence et de rigueur dans la maison, c'est eux qui l'incarnent. Je les trouve chaleureux et drôles. Image vivante de la bienveillance.

On a tout visité ensemble. Les plans de cuisine, la boulangerie, les bureaux. Discussions avec les formateurs et avec les apprentis. Ces derniers me sont apparus positifs, motivés, convaincus qu'ils allaient tourner eux-mêmes la page de leur « ancienne vie ».

Il m'a semblé évident que si cela marchait pour eux qui avaient affronté tant de difficultés, comme pour ces jeunes pour lesquels nous avons dans un autre cadre créé à Meaux un « Programme pour la 2e chance », il y avait toute raison d'espérer les meilleurs résultats pour des collégiens orientés précocement et naturellement dans un parcours d'apprentissage en alternance.

D'autant que le créateur de « Cuisine mode d'emploi(s) » n'est pas un inconnu. C'est Thierry Marx, l'un des grands chefs cuisiniers français.

Pour illustrer le parcours de réussite républicaine, on parle souvent de l'« ascenseur social », Thierry Marx parle, lui, de l'« escalier social ». Cette formule est plus conforme à la réalité. La réussite se conquiert marche après marche, à force de travail et de constance. Et surtout à son rythme.

Regardez le modèle allemand. En visite dans un centre d'apprentissage dans la Ruhr, à trente minutes de Forbach, j'ai vraiment eu le déclic. Et ma rencontre avec Bertrand Martinot, qui fut mon collaborateur lorsque j'étais ministre du Budget et dont les travaux en ce domaine font autorité, a achevé de me convaincre. Un chiffre pour comprendre l'enjeu : 16 % des 15/24 ans sont en apprentissage en Allemagne contre 5 % en France, résultat 24 % des moins de 25 ans sont au chômage en France contre 7,5 % en Allemagne.

La réforme de l'apprentissage proposée par Bertrand Martinot tient en quelques points. Je la fais mienne : elle peut redonner à l'apprentissage ses lettres de noblesse et mener vers l'emploi des milliers de jeunes. Cela imposera nécessairement de prendre dès le début du quinquennat par ordonnances quelques décisions fortes.

Première mesure : transférer aux conseils régionaux la compétence sur l'ensemble des établissements de formation professionnelle initiale (apprentissage et enseignement secondaire professionnel). C'est le cas des *Länder* allemands, alors qu'aujourd'hui les conseils régionaux ne gèrent que les locaux.

Deuxième mesure : placer la politique de l'apprentissage sous la responsabilité exclusive du ministère de l'Éducation nationale afin d'avoir un seul chef de file au niveau national.

Troisième mesure : proposer à partir de 14 ans au sein d'un même collège la possibilité de suivre un enseignement général allégé (une seule langue vivante par exemple), des cours de rattrapage sur le socle de compétences fondamentales, le tout complété par des enseignements « professionnalisants » afin de préparer une meilleure orientation vers l'apprentissage de ceux à qui cette voie correspondrait le mieux.

Enfin, quatrième série de mesures : elles sont de rationalisation. D'abord, basculer la majeure partie de l'enseignement secondaire professionnel scolaire vers l'apprentissage. Si 75 % des élèves en second cycle professionnel basculaient vers l'apprentissage cela ferait 450 000 apprentis de plus à terme, ce qui serait financé par le basculement des budgets consacrés aux lycées professionnels vers l'apprentissage. Il ne s'agit naturellement pas de fermer les lycées professionnels ni de supprimer leurs crédits, mais d'aller progressivement vers un rapprochement, sous une même appellation, des centres de formations d'apprentis (CFA) et des lycées professionnels, qui ont les mêmes objectifs et dont la dualité est, dans la plupart des cas, peu justifiée. Les lycées professionnels se mettraient ainsi à l'heure de l'apprentissage. À terme, pour reprendre la proposition de Bertrand Martinot, CFA et lycées professionnels seraient regroupés sous un unique label, celui d'« Institut des métiers ». Ensuite, rapprocher les contrats d'apprentissage et de professionnalisation, dont la fusion est recommandée par la Cour des comptes, car cette dualité génère des complexités pour les entreprises. Enfin, rapprocher les programmes scolaires des besoins réels des entreprises en organisant et impliquant les commissions professionnelles consultatives sur le modèle allemand et en raccourcissant la procédure d'adaptation des programmes aux évolutions des métiers...

Troisième mot clé pour réduire la fracture éducative : après l'autonomie et l'apprentissage, la culture ! Oui, je crois vraiment que nous devons retrouver la passion de transmettre aux jeunes générations la culture dont nous avons hérité. Les grands textes, les belles œuvres, l'histoire de notre pays, l'amour de notre langue et de ses racines grecque et latine. Le propos vous surprend ? Je vous ai déjà parlé de l'importance des « humanités ». Lors d'une réunion de Génération France, François-Xavier Bellamy réfutait à juste titre l'expression « choc des cultures » pour désigner les tensions identitaires qui traversent aujourd'hui notre société, considérant que nous sommes d'abord témoin d'un « choc des incultures ». Les premières victimes en sont des jeunes déracinés, qui n'ont plus de terreau culturel pour faire grandir leur personnalité de façon sereine, qui n'ont plus les mots pour s'exprimer sans user de la violence... Et si nous proposions à ces jeunes le meilleur de notre culture, plutôt que de les considérer comme inaptes à goûter ses saveurs ? Je suis parfois choqué d'entendre certains hypocrites s'enthousiasmer quand des classes de banlieue apprennent des textes de rap en guise de littérature, alors qu'ils veillent scrupuleusement à ce que leurs propres enfants bénéficient d'abord de la fréquentation de Racine et de Molière. Bien sûr, l'école doit être ouverte à tous les registres mais pourquoi devrait-elle se contenter d'offrir aux jeunes ce qu'ils peuvent trouver tout seul ?

Cette exigence de transmission culturelle – qui peut, tout en s'adaptant, enthousiasmer aussi bien des élèves de filière générale que des apprentis – ne concerne pas uniquement l'école. Cette belle mission de la transmission doit être une priorité pour les acteurs du monde culturel, les artistes, les médias... Et c'est d'autant plus vital que nous sommes au quotidien des habitués de l'immédiat, des réseaux sociaux, du « tout, tout de suite »...

La clé de voûte de ce projet éducatif fondé sur l'auto-nomie, l'apprentissage et la transmission culturelle : la confiance. La confiance des parents dans l'établissement de leur enfant et vis-à-vis d'un interlocuteur responsable : le chef d'établissement. La confiance des enseignants dans le chef d'établissement qui doit animer une équipe et dans le programme qu'ils ont ensemble élaboré. La confiance des jeunes dans leurs enseignants et l'enseignement qui leur est dispensé. Et surtout, la confiance des jeunes en eux-mêmes. Le principal manque de notre système éducatif actuel : la capacité de donner à nos jeunes confiance en leurs capaci-tés. Bienveillance pour permettre aux talents de s'épanouir – talents des enfants, talents des enseignants. Bienveillance plutôt que pression permanente et critique incessante. Cela ne veut pas dire qu'il faille supprimer les notes et l'émulation, mais il revient aux enseignants – et aux parents – de transmettre par leurs paroles et leur regard cette estime de soi qui permet à chacun de prendre des risques et de se développer sereinement, quelle que soit sa situation. Pragmatisme, en s'adaptant à chaque élève et à chaque établissement.

C'est l'égalité des chances par l'éducation que cette réforme permettra de réaliser ; fracture éducative – la troisième identifiée – résolue !

Égalité des chances pour les plus vulnérables : l'exemple de l'accessibilité des personnes handicapées

On mesure le degré de modernité d'une société à la place qu'elle réserve aux plus vulnérables, à l'attention qu'elle leur accorde et à la capacité qu'elle a de les accompagner. Pas seulement en paroles, mais surtout dans les actes.

Dans mon quotidien en tant que maire de Meaux ou lorsque je me déplace partout en France, je veille ainsi à aller souvent à la rencontre des personnes handicapées.

Je me souviens de ce samedi après-midi de février à la Résidence des Servins à Nanteuil-lès-Meaux. Une structure moderne et exemplaire d'accueil de personnes adultes handicapées mentales. La gentillesse, la chaleur, l'attention du personnel encadrant. Notre société repose sur le dévouement admirable de ces personnes pour lesquelles le mot « service » n'est pas un slogan mais une réalité de tous les jours. Et puis la richesse de l'échange avec Michel, Alexandra, Marc, Cédric, Anne-Marie, Nicole et les autres, qui vivent dans ce centre. Une discussion vraie, directe, souvent drôle. Au-delà de tout préjugé. Des rires, des sourires. La vie. La vraie.

Simple, belle et rude à la fois. Dans notre monde qui érige la « normalité » en modèle (sans trop savoir pourtant en quoi elle consiste), j'étais ressorti de cet échange heureux, apaisé et touché : les personnes handicapées nous ramènent toujours à l'essentiel, elles nous montrent par leur exemple que toute vie est belle et mérite d'être vécue.

Je me souviens aussi de cette visite de l'IME (Institut médico-éducatif) Jacques-Maraux d'Andilly dans le Val-d'Oise à l'été 2015. Un centre qui accueille près de 90 enfants polyhandicapés, de 6 à 20 ans. Il faisait beau. J'avais discuté avec plusieurs enfants dans la cour. Ils ne me connaissaient pas forcément, mais il y avait de la joie d'accueillir un visiteur. De découvrir un nouveau visage. D'échanger avec quelqu'un qui s'intéressait à eux. Ils débordaient d'affection. Une gaieté gratuite, saine et communicative… Une humanité simple et bouleversante.

Malheureusement, notre pays n'est pas aussi exemplaire qu'il devrait l'être en matière de handicap. Manque de moyens pour accueillir les enfants ou les adultes handicapés dont les parents, trop souvent, doivent se tourner vers l'étranger – la Belgique en particulier – pour trouver des solutions. Manque de moyens aussi sur l'accessibilité des lieux publics ou des transports aux personnes handicapées. Prévu depuis 2005, cet objectif ne cesse d'être repoussé… On estime aujourd'hui à environ 40 % la proportion d'établissements recevant du public accessibles aux handicapés. C'est excessivement insuffisant ! D'autant plus que de nouveaux délais viennent d'être octroyés à l'été 2015 : neuf ans par exemple en ce qui concerne les transports ferroviaires… Cela ne me semble pas acceptable. Je propose donc de mobiliser 1 milliard d'euros par an (financement en annexe) pour rendre au plus vite les lieux publics accessibles. Ce milliard sera mobilisé durablement pour financer des projets pour le handicap. Faciliter la vie quotidienne des personnes handicapées, c'est cela aussi, l'égalité des chances.

Réduire ces quatre fractures passera, pour partie, par la réduction de la fracture numérique tant il est vrai que les progrès en la matière offrent d'exceptionnels moyens de retisser les liens entre générations ou entre territoires, sans parler de sa nécessité en matière d'éducation et d'aide aux plus vulnérables.

Liberté économique, Ordre pour mieux vivre ensemble, Progrès au service de l'égalité des chances, tels sont les piliers du Sursaut français. Ce sont eux que nous érigerons par ordonnances dans la foulée de l'élection présidentielle.

Conclusion

Pour une France décomplexée

Nous voici arrivés à une étape du chemin tout au long duquel j'ai souhaité que vous m'accompagniez. Une plongée que j'ai voulu que nous fassions ensemble au milieu et au cœur des Français pour apprendre et comprendre, mais surtout pour imaginer et proposer. Autant vous dire que ces dernières feuilles ne sont pas vraiment une « conclusion ». C'est plutôt un point d'étape, ce moment où, alors que l'on sait que la route reste longue, on prend le temps d'un premier bilan pour identifier l'objectif et déterminer les voies qui permettent de l'atteindre, ensemble et sans laisser personne sur le bord de la route.

Un lundi d'octobre 2015, alors que la rédaction de ce livre est presque achevée, je dîne avec l'imam d'une grande ville française, dont j'ai lu les écrits et dont j'admire la sagesse et la culture. Tandis que je partage avec lui quelques-unes des réflexions que je viens de vous livrer, je l'écoute disserter avec humour sur le « tempérament français ». Je lui confie aussi des interrogations plus personnelles sur les fondements et le sens de l'engagement politique.

Enhardi par la bienveillance qui est la sienne, je me lance : « Si vous aviez trois conseils à me prodiguer, que me recommanderiez-vous ? »

Sa réponse est rapide et sans hésitation : « D'abord, ne soyez plus clivant, car vous aurez besoin de tout le monde ; ensuite, soyez intransigeant sur les principes, les Français attendent de leur chef de l'ordre, une forme d'autorité qui tranche avec l'autoritarisme des faibles ; enfin, soyez dans votre action comme dans votre discours en harmonie avec ce que vous êtes et ce en quoi vous croyez profondément. »

Accident, épreuve, résilience, silence, écoute, rencontres, découverte, bienveillance, pragmatisme. Tels sont les mots qui ont jalonné mon chemin depuis dix-huit mois sur les routes de France.

Ce livre en est le reflet sincère et sans fard. J'en ai tiré des enseignements que je veux partager avec vous.

Sur moi-même d'abord. Cette conscience que l'on est faillible. Que l'on a le droit de dire « je ne sais pas ». Et que l'épreuve est le test pour mesurer jusqu'à quel point on est prêt à donner de soi-même pour la France. Je vois bien les choses qui ont bougé dans ma tête : l'écoute, le silence. Relativiser les choses. Méditer le choc des épreuves sans jamais – une fois le temps passé – laisser de place à la rancœur ou à l'amertume. Hiérarchiser les difficultés. Jouer toujours plus collectif. Sans jamais renoncer à être exigeant vis-à-vis de soi-même et plus indulgent vis-à-vis des autres. La vie politique est violente. Je l'ai – plus brutalement que d'autres peut-être – appris à mes dépens. Mais la vie politique n'est pas la vie et la violence qui aujourd'hui la nourrit et dont elle-même se nourrit ne résout rien des difficultés des Français. Pire, elle les éloigne de ceux qui ont pour mandat – pour mission – de les représenter en leur laissant penser que, pour les hommes politiques, les querelles de personnes ont plus d'importance que l'avenir du pays.

Alors, le cœur avant l'intelligence ? Oui, bien sûr. Sans hésiter. Ou bien plutôt, l'intelligence du cœur, celle des hommes et des situations, celle qui, à l'opposé de l'examen froid et clinique, sait faire preuve de cette capacité d'adaptation qu'incarnent bienveillance et pragmatisme.

Et aussi la très exacte conscience de ce à quoi je ne renoncerai pas : les valeurs auxquelles je crois depuis toujours ; mon amour de la France ; le besoin et l'envie de demeurer au milieu des Français, au cœur de la cité ; le besoin de servir ; la force que je puise de ma famille et de son histoire.

Mais, ensuite et surtout, des enseignements sur la France. Sur la France de cette année 2016. Et des enseignements pour ce que la France sera – et doit être – demain.

J'ai vu une France paniquée.

Les Français sont à bout de nerfs. Étranglés d'impôts et de charges, affolés par les menaces multiples, du terrorisme au dérèglement climatique en passant tous azimuts par le poids de la dette publique et les vagues migratoires ni organisées, ni assumées.

Oui, l'inquiétude première a trait pour les Français à l'avenir de leurs enfants. Que sera la France quand ils seront adultes ? Comment vivront-ils ? Vont-ils s'en sortir ? Qu'est-ce que cela signifiera alors d'être français ? Comme lorsqu'on se sent vieillir et que l'on ressent une sorte de vertige dès lors que l'on essaie de mesurer si les enfants que l'on a mis au monde auront, par l'éducation qu'on leur a donnée, la capacité et la force de prendre la relève, la confiance en eux nécessaire pour réussir leur vie.

J'ai vu une France segmentée.

Il m'est souvent arrivé, lors de mes pérégrinations, de songer aux « bonnets rouges » symbole de cette protestation qui a enflammé les régions du Grand Ouest il y a deux ans. Des mondes qui s'opposent et s'éloignent les uns des autres : la France périphérique et la France du très haut débit sont en train de perdre le contact l'une de l'autre. Pendant toutes ces dernières années, faute de voir leurs gouvernants obtenir des résultats concrets et durables dans les domaines dont ils avaient la charge, beaucoup de nos compatriotes ont construit leur vie en dehors et en parallèle de la société politique.

J'ai vu une France désabusée.

La tentation du vote aux extrêmes, le repli sur soi ou sur sa communauté, le leitmotiv du « on ne vous croit plus », ont jalonné mon parcours. Tensions, divisions, jalousies, querelles, autant de signes qui témoignent d'une menace très sérieuse sur la volonté de vivre ensemble.

Les Français, lassés de voir l'incapacité collective de leurs dirigeants à leur proposer une vision claire, étouffent. Comme ces nuits de canicule qui ne laissent plus aucun espace pour se rafraîchir et retrouver son souffle, tandis que les heures d'insomnie s'écoulent interminablement !

En bref j'ai vu une France qu'il faut ré-unir et, surtout, une France qui demande à être ré-unie.

En rencontrant pendant ces dix-huit mois les Français, en les écoutant, tous différents mais partageant les mêmes craintes et le même désarroi, j'ai acquis une conviction : cette fois, même en grognant un peu, parce qu'ils sont à bout de nerfs et parce qu'ils veulent protéger l'avenir de leurs enfants, les Français sont prêts à faire bouger les choses.

Alors ! Quelle France veut-on imaginer pour 2020 ? Dans quelle France voulons-nous que nos enfants vivent demain ? Je propose que nous bâtissions ensemble une France décomplexée.

Une France décomplexée, c'est d'abord une France qui accepte de parler de tout sans tabou, sans drame. Dont les élites ne simulent pas l'évanouissement au moindre mot maladroit ou déplacé de tel ou tel… Il ne faut évidemment pas confondre maladresses de forme – qui appellent l'indulgence – et dérives de fond – qui doivent être sans relâche combattues. Mais, non, tous les lapsus ne sont pas révélateurs ! Et, oui, nous devons pouvoir et savoir aborder tous les sujets.

Une France décomplexée, c'est ensuite une France qui, ayant exprimé ses peurs sans tabou, met sur la table, avec la même lucidité, la liste des forces et des atouts qui vont lui permettre de les surmonter : l'intelligence, la créativité, le courage, la force de travail de ses hommes, de ses femmes, de ses entreprises ; la qualité de son organisation, de ses infrastructures ; la solidité des valeurs démocratiques et humanistes qu'ont forgée 2 000 ans d'histoire autour d'une identité.

Une France décomplexée c'est enfin, pour le dire simplement, une France qui remonte à cheval ! Avec une feuille de route simple et claire. Une France qui, réconciliée avec le pragmatisme, sur la base d'un contrat connu de tous (la mise en œuvre du programme électoral qu'elle a majoritairement choisi), décide, agit, avance vite : c'est le gouvernement par ordonnances. Et qui, sur la base de ce même contrat, grâce aux décisions immédiates qui ont été prises, retrouve le goût d'être libre, créative. Une France qui ose, qui risque… et qui renoue avec le goût de la victoire individuelle et du succès collectif.

C'est donc entrer de plain-pied dans ce nouveau siècle et ce nouveau monde avec un état d'esprit positif, projeté vers l'avant, bienveillant, à l'image de ce que d'innombrables Français ont déjà entrepris, et qui doit être raconté, valorisé, et peut être reproduit à l'infini... Comme l'ont montré tous ceux dont l'exemple m'a inspiré pour écrire ce livre.

C'est l'espérance d'un Sursaut français qui a été le fil rouge de notre histoire. La plus exacte référence pour moi demeure ces six mois, de juin à décembre 1958, si précisément racontés par Georgette Elgey[1], qui ont changé le destin de la France.

Je vous l'ai montré tout au long de ce livre, la clé du succès reposera sur la capacité à décider, et à décider tout de suite. Parce que libérer les Français pour leur permettre de ne plus douter d'eux-mêmes est la condition de la réussite. D'où l'importance – je le répéterai sans cesse – de gouverner par ordonnances. Et à ceux qui m'objecteraient qu'il y a une contradiction entre préconiser la liberté et gouverner par ordonnances, je répondrai ceci : la liberté, c'est pour les Français ; les ordonnances, c'est pour que la main du dirigeant politique ne tremble pas au moment de décider.

Disant cela, vous l'aurez compris, ce sont bienveillance et pragmatisme qui doivent guider l'action publique en même temps que l'action de chacun des Français. L'une et l'autre sont indissociables : le pragmatisme suppose la bienveillance à l'égard de toutes les initiatives, individuelles et collectives, qui peuvent enrichir le vivre ensemble, et, symétriquement, la bienveillance entraîne le pragmatisme en ce qu'elle incite à expérimenter, en prenant des risques, quitte à momentanément échouer pour mieux réussir ensuite. Bienveillance et pragmatisme sont, pour le XXIe siècle, les deux piliers d'un cercle vertueux qui conduit au succès.

Voilà, c'est dit et c'est écrit. Je vais avec ce livre retourner sur les routes pour en partager le contenu avec les Français.

---

1. G. Elgey, *Histoire de la IVe République. De Gaulle à Matignon. La République des tourmentes. 1954-1959*, tome VI, Fayard, 2012.

Car, je suis certain, je dis bien certain, que c'est en prenant ce chemin, qui est tout autant celui du cœur que celui
de la raison, que viendra le temps du sursaut. Du Sursaut
français.

ANNEXE
Financement des mesures proposées

Ce travail va vous paraître un peu technique, mais il est essentiel pour la crédibilité de ce livre. Il a été effectué par un groupe de spécialistes de grande compétence. Tous les chiffres cités sont issus des institutions publiques ou de l'Ifrap (Fondation pour la recherche sur les administrations et les politiques publiques), dont le travail sur les finances publiques est unanimement reconnu. L'efficacité des propositions que je vous fais réside, je l'ai dit, dans la méthode du gouvernement par ordonnances. Leur sérieux repose sur la possibilité de leur financement. C'est l'objet de cette annexe.

Les économies proposées seront réalisées sur le montant budgétaire constaté en 2014 ou l'année la plus récente disponible. Chaque économie produit des effets dans le temps par rapport au montant qui aurait été engagé sans la réforme proposée. C'est sur cette base que les chiffres pour les années N+1, N+2, N+3 et N+4 ont été calculés, ce qui représente une économie réelle de 80,96 milliards d'euros sur la durée du quinquennat (c'est-à-dire sur 4 années, de 2018 à 2022) et de 101,2 milliards d'euros sur 5 ans puisque le prochain chef de l'État aura fait voter la loi de finances pour 2023.

Les données ne tiennent pas compte des effets macroéconomiques favorables, dont l'estimation aurait nécessité des modèles de simulation économétrique. Il est cependant possible d'affirmer que l'ensemble des économies proposées impliquent la possibilité pour les pouvoirs publics d'abaisser *in fine* substantiellement le taux de prélèvements obligatoires, et donc de favoriser l'expansion du secteur privé.

Les économies présentées incluent le financement des dépenses supplémentaires induites par le plan Marshall pour la sécurité et la justice (50 000 recrutements), la construction de places de prison, la création de l'Agence nationale pour le renouveau de la ruralité, le plan accessibilité handicap, la baisse des prélèvements obligatoires concernant l'impôt sur le revenu et l'impôt sur les sociétés, ainsi que la suppression de l'impôt sur la fortune. Y sont également intégrées des mesures complémentaires de rationalisation des politiques publiques qui n'ont, pour certaines, pas été évoquées dans la présentation du projet. L'ensemble correspond à une baisse de la dépense publique de 5 points de PIB à PIB constant. En prenant comme hypothèse prudente un taux de croissance de 1 % pendant le quinquennat, cela permet de conduire à une réduction de la dépense publique comprise entre 7 et 8 points de PIB, soit un niveau de dépenses publiques qui descendrait à moins de 50 % du PIB de notre pays en 2023.

Enfin, le montant de chacune des économies et dépenses est présenté sur une base annualisée.

Ce plan de financement sera bien sûr adopté dès l'été dans le cadre d'une loi de finances rectificative.

Cadrage général

Avec un PIB français de 2 132,4 milliards d'euros en 2014[1], un point de PIB représente environ 21 milliards d'euros.

La France fonctionne sur la base d'un modèle hérité de l'après-guerre ; efficace à l'époque, il est désormais largement inadapté.

Aujourd'hui, les dépenses publiques françaises sont les plus élevées de tous les pays de l'OCDE (56,4[2] % du PIB, soit un

---

1. Source Banque de France
2. Chiffres clés du PLF 2016, exécution 2014.

niveau équivalent à celui de la Suède, mais plus élevé que celui du Danemark) et augmentent encore plus vite que la production. Bien que les impôts soient eux aussi les plus élevés d'Europe, la France connaît un déficit budgétaire continu depuis 1974 et les intérêts de la dette absorbent plus des deux tiers de l'impôt sur le revenu.

L'inefficacité de notre modèle accentue les inégalités. Même si chaque Français produit 5 % de plus par heure travaillée qu'un Américain, il produit 35 % de moins que lui au long de sa vie active[1]. Les rentes se sont multipliées grâce aux prix de l'immobilier, au système de recrutement des élites et au conservatisme social. Seules 5 000 entreprises ont plus de 250 salariés. Trop peu d'universités françaises sont de taille mondiale, comme l'atteste le classement de Shanghai[2]. Les inégalités scolaires se développent : chaque année, entre 120 et 150 000 jeunes sortent du système scolaire avant la terminale, c'est-à-dire sans véritable diplôme (autre qu'un éventuel diplôme national du brevet). Le taux de chômage des jeunes est l'un des plus importants de l'OCDE avec une moyenne annuelle de 25 %.

Au total, en 40 ans, la croissance potentielle de l'économie française est passée de 5 % à 1 %, alors que la croissance mondiale suivait une courbe inverse. Or, ce potentiel de croissance doit être ramené à l'évolution de la dette publique qui devrait, si on n'agit pas de manière courageuse, représenter 100 % du PIB en 2017 et 130 % en 2020. Même s'il faut comparer notre dette à la valeur des actifs, la charge du remboursement pour les nouvelles générations sera le double de celle assumée par les générations actuelles. De plus, compte tenu des évolutions démographiques, le maintien des taux actuels de remplacement des retraites est compromis : la part des dépenses de retraites devrait passer de 13 % à 16 % du PIB en 2050.

---

1. Jacques Attali, Rapport de la Commission pour la libération de la croissance française, La Documentation française, 2008.

2. La France compte 21 établissements dans le classement des 500 premières universités mondiales de l'université de Shanghai en 2014. La première université française, Pierre-et-Marie-Curie, arrive au 35e rang, et la deuxième, Orsay-Paris-Sud, est à la 42e place.

Le modèle de croissance fondé sur la dette publique et privée (160 % du PIB) n'est plus soutenable. L'effort pour ramener les comptes publics au niveau de nos partenaires européens s'élève à plus de 100 milliards d'euros. Avec une population de 67 millions d'habitants contre 82 millions en Allemagne, la France affiche des dépenses publiques supérieures de 163 milliards d'euros et compte 500 000 fonctionnaires de plus. Il faut rétablir nos comptes publics à un niveau soutenable et comparable à celui de nos principaux partenaires. Les stratégies de redressement conduites dans les pays développés démontrent que cet effort devrait être soutenu pour un quart par des hausses d'impôts et pour trois quarts par la baisse des dépenses. Or, en raison du poids des impôts en 2017, je considère que la totalité de l'effort d'ajustement devra reposer, durant le prochain quinquennat, sur la baisse de la dépense.

1. La baisse du nombre de fonctionnaires (- 2,4 Mds €), le gel du Glissement Vieillissement Technicité (GVT)[1] (- 1,32Mds €), la réintroduction du délai de carence (- 0,5 Md €) et le reversement d'une part de ces économies aux fonctionnaires (+ 1 Md €)

Les dépenses de personnel représentent en 2014 un montant de 132 milliards d'euros, soit le premier poste de dépenses de l'État (40 %).

Il faut donc appliquer sur la durée d'une mandature un gel total du recrutement dans les fonctions publiques d'État et territoriale, ce qui signifie aller beaucoup plus loin que le taux de renouvellement des années 2007-2012 (le fameux « 1 sur 2 »). La seule exception serait le « principe du 1 pour 1 » dans la fonction publique hospitalière et dans les services publics de la sécurité intérieure (police, gendarmerie, justice, pénitentiaire, armée), lesquels seront au surplus renforcés de 50 000 postes pendant le quinquennat. À cela, il faut ajouter sur la mandature le maintien du gel du point d'indice et le gel des avancements d'échelons et de grades. Si

---

1. Le GVT (glissement vieillesse technicité) est une technique de finance publique visant à calculer l'évolution naturelle de la masse salariale compte tenu du vieillissement et de l'ancienneté des fonctionnaires, ainsi que des mesures statutaires et catégorielles.

l'on considère un GVT de 1 % dans la fonction publique, le gel de ce dernier sur un an représente une économie de 1,3 milliard d'euros rien que sur le budget de l'État (sans compter les collectivités territoriales et les hôpitaux).

Si ces mesures se cumulent avec l'augmentation du temps de travail, soit un passage de 35 à 39 heures, cela permet de libérer un potentiel horaire très significatif (de l'ordre de 12 %) dans la fonction publique, compensant largement les non-recrutements. Sur 5,5 millions de fonctionnaires, environ 75 000 partent à la retraite chaque année, soit 1,3 % de l'effectif. Si l'on estime à 48 000 euros par an le coût employeur total moyen d'un fonctionnaire[1], cela représenterait une économie brute de 2,4 milliards d'euros.

Si l'on ajoute ces 2,4 milliards d'euros au 1,32 milliard d'euros sur le GVT, cela permet de dégager *a minima* une économie de 3,7 milliards d'euros par an sur la masse salariale. Cela dégage aussi un potentiel de travail permettant aux administrations publiques de continuer à remplir leurs missions de manière satisfaisante tout en diminuant les effectifs et en offrant la possibilité de redéployer des postes d'un ministère à l'autre en fonction des besoins, notamment dans l'Éducation nationale.

La mise en œuvre de cette réforme supposera une adaptation des pratiques en termes de ressources humaines d'une envergure sans précédent dans l'histoire de l'administration moderne. Elle reposera sur trois principes : accompagnement des mouvements de personnel ; formation des agents à leurs nouvelles missions ; reversement d'une part des économies réalisées aux fonctionnaires[2]. En effet, 1 milliard d'euros seraient reversés aux fonctionnaires sous forme d'une indemnité spéciale pour

---

1. Sachant que les départs à la retraite concernent des fonctionnaires en fin de carrière donc mieux rémunérés...

2. Le poste de directeur général de l'administration et de la fonction publique va devenir l'un des plus fondamentaux et surtout évoluer de la gestion des ressources humaines statutaire vers une véritable gestion prévisionnelle des emplois, des effectifs et des compétences. Cela fait vingt ans que l'on en parle, il faudra le faire ! C'est une occasion unique d'accompagner et

accompagner les coûts de mobilité (changement de résidence) et assurer une meilleure rémunération des fonctionnaires qui devront travailler plus » (4 heures par semaine ou un peu moins de 50 minutes par jour).

Par ailleurs le délai de carence sera réintroduit en l'alignant sur la règle en vigueur dans le secteur privé (soit 3 jours et non plus 1 jour). L'économie engendrée serait de 163 millions d'euros (coût du jour de carence dans la fonction publique) multiplié par trois (soit pour chacun des fonctions publiques), soit près de 500 millions d'euros.

2. Gérer la couverture sociale des étudiants et des fonctionnaires par le régime général (- 0,4 Md €)

La délégation de gestion à des organismes tiers des prestations d'assurance maladie obligatoire, qui représentent 10 % des dépenses du régime général, présente de nombreuses limites : modes de gestion coûteux ; dérives financières (MNEF, LMDE…) ; qualité fréquemment insatisfaisante.

S'agissant des régimes étudiants, la Cour des comptes a régulièrement relevé les graves et persistantes difficultés éprouvées par les étudiants pour être remboursés, ainsi que le coût de ce régime délégué de Sécurité sociale. Le rattachement de couverture sociale des étudiants aux caisses d'assurance maladie générerait une économie de près de 70 millions d'euros par an[1], ainsi qu'une très nette amélioration de la qualité de service.

La gestion déléguée de la Sécurité sociale des fonctionnaires par les mutuelles de fonctionnaires présente les mêmes limites : coûts de gestion élevés, qualité de service médiocre dans l'ensemble. Ce mode de gestion devrait également être revu au bénéfice d'une reprise en gestion directe des personnes concernées par le réseau de l'assurance maladie obligatoire, pour une économie de l'ordre de 300 millions d'euros par an.

---

de valoriser avec bienveillance chaque fonctionnaire dans son développement professionnel d'une administration à l'autre, d'un métier à l'autre.

1. Rapport de la Cour des comptes : Sécurité sociale 2013, chapitre XVIII « La sécurité sociale des étudiants ».

3. Réformer l'indemnisation chômage (- 4,4 Mds €)
L'indemnisation chômage doit être réformée.

Les économistes Pierre Cahuc et Stéphane Carcillo ont démontré, dans un ouvrage récent[1], que notre système d'indemnisation chômage était l'un des plus généreux des pays de l'OCDE, l'Islande et la Norvège étant les seuls pays à faire « mieux ».

Or, les recettes de l'assurance chômage représentent un point et demi de PIB, soit quatre fois le budget de la justice, avec un déficit de 4 milliards d'euros et un endettement de 18 milliards d'euros.

Le montant annuel des cotisations patronales et salariales à l'assurance chômage représente environ un mois de salaire net. Les allocataires perçoivent, en moyenne, un revenu net de 70 % de leur salaire passé, un des plus importants de l'OCDE, sur 24 mois, sans dégressivité et même 36 mois pour les seniors. Le régime d'indemnisation français est donc l'un de ceux qui s'appliquent sur la plus longue période – en Allemagne, comme dans la majorité des pays de l'OCDE, l'indemnisation dure 12 mois – et son montant maximal est le plus élevé au monde. Dans ce cadre, une réforme d'ampleur de l'assurance chômage doit être conduite en quatre volets :

– **la réduction du montant et de la durée des allocations** pour les aligner sur la moyenne des pays de l'OCDE ;

– **l'introduction d'un système de dégressivité des allocations**[2] qui seraient supprimées dans l'hypothèse d'un refus par le bénéficiaire de trois propositions d'emplois par Pôle emploi ; le système de dégressivité pourrait être variable, c'est-à-dire plus rapide pour les allocations les plus élevées, la littérature économique démontrant que les travailleurs les plus qualifiés sont les plus sensibles à une diminution du montant de l'allocation, le retour à l'emploi en serait favorisé ;

– **la création d'un dispositif autorisant le cumul salaire et allocation chômage** : il devient inconcevable d'avoir en même temps des emplois vacants et des chômeurs indemnisés qui auraient les qualifications pour pourvoir ces emplois ; dans certains cas un dispositif

---

1. Pierre Cahuc et Stéphane Carcillo, *L'Efficacité de l'assurance chômage*, Presses de Sciences Po, 2014.
2. Rapport de la Cour des comptes sur l'assurance chômage 2013.

autorisant le cumul salaire et allocation chômage dégressive devra pouvoir être activé afin de rendre incitative la reprise d'emploi ;

– **la réforme des régimes des intermittents et des intérimaires**[1] : les salariés du régime « général » financent à perte ces deux régimes, particulièrement déficitaires, raison pour laquelle il est impératif d'opérer une réforme progressive des régimes des intermittents et des intérimaires. La seule application à cette catégorie des règles d'indemnisation relatives au travail intérimaire générerait une économie annuelle d'au moins 300 millions d'euros. Sur cinq ans, l'économie constatée serait de 1,5 milliard d'euros.

Les dépenses d'assurance chômage atteignent un total de 37,6 milliards d'euros par an en France. Ces réformes représentent, *a minima*, une économie de 4,4 milliards d'euros par an. La contrepartie de ces réformes doit être un effort massif de formation des demandeurs d'emploi dès leur inscription à Pôle emploi. C'est pour cela que je propose de recentrer l'enveloppe de 30 milliards d'euros actuellement consacrée à la formation professionnelle en priorité sur les demandeurs d'emploi qui en ont le plus besoin.

4. Augmenter la durée de cotisation retraites (- 3Mds €), aligner les régimes (- 3 Mds €), fusionner les caisses (- 1 Md €).

Il est indispensable de travailler plus longtemps. La France est l'un des pays qui connaissent les chiffres les plus faibles en termes de durée d'activité, le constat étant justifié par une entrée tardive et difficile sur le marché du travail et un recours excessif aux dispositifs de préretraite.

Parallèlement, indépendamment même du fait que tout le monde devra travailler plus longtemps, l'équilibre de nos régimes de retraite est fondamental pour garantir l'équité intergénérationnelle. Or, la coexistence de régimes spéciaux avec le régime général représente la moitié du surcroît de dépenses publiques de la France par rapport aux pays de l'OCDE. Aujourd'hui, un quart des salaires bruts sert à financer les pensions. Dans le même temps, la plupart des Français

---

1. Rapport de la Cour des comptes sur le régime des intermittents du spectacle 2014.

sont, à juste titre, sceptiques sur la pérennité du système actuel ce qui créé un aléa intergénérationnel majeur.

La réforme indispensable de nos régimes de retraite repose sur deux priorités.

D'une part, passer à la retraite à 65 ans par étape à partir de 2018 et jusqu'en 2026, soit 1,5 trimestre supplémentaire par an. L'économie, chiffrée par l'Ifrap[1], générerait, au moins, entre 2 et 3 milliards par an[2].

D'autre part, unifier les régimes de retraite sur la durée de la mandature. Cela signifie que les régimes spéciaux disparaîtraient et que le régime général et le régime public seraient fondus dans un même système : **le régime unique.** L'Ifrap a évalué à 4 milliards d'euros, voire 4,5 milliards, par an l'effet d'une telle convergence en 15 ans[3]. Il semble plus raisonnable de retenir une hypothèse à 3 milliards. Une telle réforme ne sera pas possible sans fusion préalable des différentes caisses de retraite qui, par elle-même, permettrait d'économiser 1 milliard d'euros[4].

5. Supprimer l'AME et la remplacer par une franchise pour les soins d'urgence (- 0,8 Md €)

Le montant de l'aide médicale d'État (AME) devrait avoisiner 1 milliard d'euros pour l'année 2015[5]. Ce coût ne cesse d'augmenter depuis la création du dispositif.

---

1. Ifrap : « Retraite Reculer l'âge de la retraite : quelle économie ? » 26 mars 2015, Philippe François ; calcul réalisé sur la base des régimes de retraite complémentaire qui, appliqué au régime général, représenterait une économie minimale de 3 milliards d'euros.

2. En 2010, le Conseil d'orientation des retraites (COR) avait calculé que la combinaison d'une hausse de la durée à 43,5 ans en 2050 et d'une augmentation, à raison d'un trimestre par an, de l'âge d'ouverture des droits de 60 à 63 ans et de l'âge du taux plein de 65 à 68 ans, conduirait, pour le régime général (CNAV), à une amélioration du solde de 17 Mds € en 2030 et de 23 Mds € en 2050.

3. Ifrap : « Etude de micro-simulation sur les conséquences d'un alignement des retraites publiques sur les retraites privées » 5 février 2015, Sandrine Gorreri.

4. Ifrap : Retraites : fusionner les caisses et les régimes, 25 mars 2014.

5. Estimation de Claude Goasguen, rapporteur de la loi de finances (PLF) 2015 pour le budget de l'aide médicale d'État.

Le rétablissement de la franchise médicale de 30 euros pour les bénéficiaires, supprimée après l'élection de François Hollande, représentera une économie significative puisque, à l'instar de ce que font les autres pays européens, une enveloppe de 200 millions suffirait à répondre à l'urgence humanitaire.

6. Simplifier la carte territoriale et mieux gérer les régions (- 7 Mds €)

La question dite du « millefeuille territorial » taraude la réflexion politique et administrative depuis vingt ans.

Je propose trois pistes d'économies.

D'abord, la fusion des compétences, des services et des élus des départements et des régions doit permettre d'aboutir à des économies de fonctionnement et à une clarification de l'action publique. Plusieurs estimations des gains escomptés d'une telle réforme sont sur la table. Sur la base de son expérience de président du Conseil départemental du Loir-et-Cher, Maurice Leroy, a calculé qu'une telle réforme permettrait de réduire de 30 % les dépenses de fonctionnement d'un département. En extrapolant ce chiffrage à la France entière, il estimait possible un gain de 13 milliards[1], Valérie Pécresse ayant de son côté évalué – de même que l'Ifrap – que 10 milliards d'économies étaient possibles. Le député socialiste de l'Aisne René Dosière, donnait de son côté une fourchette de 15 à 20 milliards d'euros d'économies[2] possibles dans le cadre d'une grande réforme territoriale dont « 2 milliards d'euros par an et par région » sur « les dépenses d'administration générale » et « 2 à 3 milliards d'euros par an avec la suppression des départements ». Devant la difficulté d'évaluer précisément les gains d'une telle réforme, je propose de tabler sur une réduction de 20 % des 17,2 milliards de dépenses de fonctionnement des départements, soit 3,5 milliards d'euros d'économies.

---

1. « Fusionner les départements et les régions permettrait à la France d'économiser 13 milliards d'euros », Maurice Leroy, *Capital* 26 février 2009.
2. René Dosière : « Réforme territoriale : 15 à 20 milliards d'économies par an », *Le Figaro* du 9 avril 2014.

Ensuite, l'Ifrap a calculé dans un récent rapport[1] qu'une convergence vers les meilleurs ratios de gestion des régions permettrait des économies considérables. Ainsi, selon l'Ifrap, si chaque région dépensait autant que l'ancienne région Poitou-Charentes, qui n'a pas la réputation d'être sous-administrée (soit 348 euros par habitant contre 390 en moyenne), cela permettrait une baisse de la dépense de 3,5 milliards d'euros par an. C'est vers cet objectif qu'il faut tendre. On retiendra une fourchette basse à 2,5 milliards d'euros.

Enfin, on pourrait imaginer une modulation de la dotation de l'État en fonction de la convergence des régions vers ces meilleurs ratios de gestion (- 1 Md €).

Au total, la somme de ces trois mesures sur les collectivités permettrait de dégager 7 milliards d'euros d'économies par an par an.

7. Rationaliser les coûts de gestion de la Sécurité sociale (- 3,5 Mds €), supprimer le tiers payant généralisé (- 0,3 Md €), développer la chirurgie ambulatoire (- 4 Mds €)

D'abord, selon les calculs de l'Ifrap[2], les frais d'administration de notre système de protection sociale sont de 35 milliards d'euros, soit 6,24 milliards d'euros de plus chaque année que l'Allemagne dont le budget social est excédentaire depuis 2004, et cela alors même que notre système n'est pas tellement plus efficace. La fusion des caisses d'allocations familiales, des centres communaux d'action sociale, des caisses primaires d'assurance maladie au niveau régional devrait permettre à terme une économie de 4 à 5 milliards d'euros par an.

Un rapport de l'IGAS et de l'IGF[3] sur les coûts de gestion de l'assurance maladie estime pour sa part qu'une politique suivie de rationalisation de l'assurance maladie obligatoire permettrait d'économiser 2 milliards d'euros par an.

---

1. Ifrap : « Régions, les pistes pour une vraie réforme 23 octobre 2014 », Sandrine Gorreri.

2. Ifrap : « Mettre fin au surcoût de gestion de la Sécurité sociale », 3 avril 2014.

3. IGAS, IGF « les coûts de gestion de l'assurance maladie », septembre 2013.

Une option médiane, mêlant les recommandations de l'IGAS, de l'IGF et de l'Ifrap, pourrait mener à 3,5 milliards d'économies sur les coûts de gestion de la Sécurité sociale.

Ensuite, la mise en place du tiers payant, en plus de déresponsabiliser les patients et d'ajouter un surcroît de charge administrative aux médecins, a un coût pour les finances publiques difficile à estimer mais, probablement, au bas mot, de 300 millions d'euros. Il s'agit simplement de supprimer ce dispositif contestable.

Enfin, la chirurgie ambulatoire doit être développée. Elle concerne « des actes chirurgicaux […] réalisés dans des conditions techniques nécessitant impérativement la sécurité d'un bloc opératoire […] permettant sans risque majoré la sortie du patient le jour même de son intervention[1] », tels que, pour les actes les plus courants, la chirurgie de la cataracte ou la libération du canal carpien, mais aussi des interventions plus complexes, de l'épaule par exemple.

Son développement répond à des objectifs de santé publique et est considéré comme moins traumatisant pour les patients. Il est aussi un levier pour une meilleure maîtrise des dépenses de soins.

L'introduction de la chirurgie ambulatoire en France a été plus tardive que dans d'autres pays anglo-saxons ou européens. Vingt ans après sa reconnaissance légale en 1991, quatre interventions chirurgicales sur dix sont désormais pratiquées sous cette forme. **Le ministère de la Santé a pour objectif de rendre sa part majoritaire à l'horizon 2016, ce qui reste en deçà du potentiel de huit interventions sur dix réalisées en ambulatoire dans plusieurs pays occidentaux qui nous sont comparables.**

La Cour des comptes estime à 5 milliards d'euros par an les économies liées au développement de la chirurgie ambulatoire à l'instar de ce que font nos voisins européens[2]. De son côté, l'Ifrap évalue le gain possible à 4 milliards. Une fois encore, c'est l'hypothèse basse que, par prudence, je retiens.

---

1. Fondation de l'avenir pour la recherche médicale appliquée, conférence de consensus, « La chirurgie sans hospitalisation », Paris, 22, 23 et 24 mars 1993.

2. Cour des comptes Sécurité sociale 2013, chapitre VIII « La chirurgie ambulatoire ».

8. Geler les dépenses de l'État (- 5 Mds €) et les dépenses des organismes sociaux (- 7 Mds €)

En 2016, les dépenses de l'État devraient s'élever à 383 milliards d'euros[1] (contre 372 milliards d'euros prévus en loi de finances initiale en 2015, soit 9 milliards d'écart).

Conformément aux recommandations des rapports annuels de la Cour des comptes (2013, 2014, 2015), je propose **un gel de 5 milliards sur l'ensemble des dépenses de l'État**, ce qui ne représente jamais que 1,3 % des dépenses prévues pour 2016…

Parallèlement, en 2015[2], les dépenses consolidées tous régimes de base et complémentaires obligatoires des régimes de Sécurité sociale s'élèvent à 581,3 milliards d'euros. Conformément aux recommandations des rapports annuels de la Cour des comptes (2013, 2014, 2015), je propose un gel de 7 milliards des dépenses des organismes sociaux, soit 1,2 % des dépenses de 2015.

9. Chasser les dépenses inutiles de nos politiques publiques (- 3 Mds €)

Rationaliser le maquis des aides économiques (- 2 Mds € par an)

En juin 2013, l'Inspection générale des finances réalisait avec le président socialiste du Conseil régional Rhône-Alpes, Jean-Jack Queyranne, un exercice d'examen d'un spectre de 46,5 milliards d'euros de dépenses d'intervention économique réalisées par la sphère publique[3]. Dans son champ de vision, l'important maquis d'aides (660 dispositifs identifiés au niveau de l'État), parmi lesquelles nombreuses sont celles dont l'efficacité peut être remise en question : méconnaissance de leurs objectifs par les destinataires visés, effet incitatif faible ou nul, coûts d'administration très élevés, objectifs datés et injustifiés et enfin ciblage réalisé pour le seul bénéfice d'intérêts catégoriels.

D'après ce rapport, il s'agit d'« interventions fragmentées, sédimentées, qui ne sont pas majoritairement orientées vers les priorités de la compétitivité de demain […] », la moitié des dispositifs

---

1. PLF 2016.
2. LFSS 2015.
3. *Pour des aides simples et efficaces au service de la compétitivité*, juin 2013.

évalués représentant des interventions de moins de 5 milliards d'euros annuels. Il concluait à l'existence d'un gisement de 3 milliards d'euros d'économie annuelle. Compte tenu des aides réformées depuis ce rapport, et avec la volonté de retenir une hypothèse de rendement fiable dans un contexte de stagnation de la conjoncture, on peut estimer à 2 milliards d'euros par an le potentiel d'économies pouvant être tiré de ces dispositifs d'aides.

Recentrer l'aide au logement (- 0,5 Md € par an)

L'aide au logement est aujourd'hui devenue, en montant, la première prestation sociale de France, la puissance publique y consacrant 16,3 milliards d'euros en 2013. Les effets du « bouclage » réalisé en 2001 par l'inclusion du public étudiant ont contribué récemment à renforcer le caractère dispendieux de la mesure.

Au cours d'un quinquennat, une piste de réforme aisée à mettre en œuvre pourrait se concentrer sur la réduction des avantages que fournit l'aide aux familles des étudiants, tout en limitant l'aide à l'accession par ailleurs redondante avec de nombreux autres dispositifs comme le prêt à taux zéro (PTZ). Les familles d'étudiants sont en effet bénéficiaires d'une aide double : l'étudiant ne déclarant pas les subsides que lui verse sa famille, il obtient de manière quasi systématique l'aide au logement[1]. Cependant, cette aide fondée sur l'individu n'est pas prise en compte par le système fiscal, qui raisonne en termes de « foyer ». Ainsi les familles des étudiants bénéficient d'une aide double sous forme de subvention directe à l'étudiant et d'une réduction d'impôt que permet la demi-part fiscale que représente un étudiant rattaché à la déclaration d'impôts de ses parents. Cette situation injustifiée a été pointée à de nombreuses reprises. La direction du budget avait estimé en 2011 que l'interdiction du cumul de ces deux avantages permettrait de réaliser une économie de 400 millions d'euros. Quatre ans plus tard, l'économie estimée serait plutôt de 500 millions d'euros par an.

---

1. Sauf s'il travaille de sorte à obtenir un salaire égal ou supérieur à 1 Smic.

Tableau de synthèse

	Dépenses nouvelles sur un an	Économies réalisées sur un an	Total sur un an
Baisse de l'IRPP	+ 5 Mds	0	+ 5 Mds
Baisse de l'IS	+ 5 Mds	0	+ 5 Mds
Suppression de l'ISF	+ 4,5 Mds	0	+ 4,5 Mds
Universalité allocations familiales	+ 0,86 Mds	0	+ 0,86 Mds
Baisse des cotisations patronales sur les emplois à domicile	+ 1 Md	0	+ 1 Md
Plan Marshall pour la police, la gendarmerie, la justice et les prisons	+ 5 Mds	0	+ 5 Mds
Service national obligatoire de 3 mois	+1,5 Mds	0	+1.5Mds
Agence nationale pour le renouveau de la ruralité	+ 1 Mds	0	+ 1Mds
Plan accessibilité handicap	+ 1Mds	0	+ 1Mds
Budget formation des chômeurs	Redéploiement de crédits existants[1]	0	0
Crédit d'impôt énergie	Redéploiement de crédits existants[2]	0	0
Financement de la recherche sur les maladies du vieillissement	+ 1,3 Mds	0	+ 1,3 Mds
Travailler le 8 mai (qui ne serait plus férié)	0	- 1,3 Mds	- 1,3 Mds
Diminution du nombre de fonctionnaires	0	- 2,4 Mds	- 2,4 Mds

1. Au sein de l'enveloppe budgétaire supérieure à 30 milliards d'euros consacrée à la formation professionnelle.
2. Au sein de l'enveloppe des niches fiscales supérieure à 70 milliards d'euros.

Gel du GVT	0	- 1,3Md	- 1,3 Md
Délai de carence (3j) fonction publique	0	- 0,5 Md	- 0,5 Md
Reversement d'une part des économies au traitement des fonctionnaires	+ 1 Mds	0	+1 Mds
Couverture sociale étudiants/fonctionnaires par le Régime Général	0	- 0,4 Md	- 0,4 Md
Dégressivité des allocations chômage	0	- 4,1 Mds	- 4,1 Mds
Réforme du régime des intermittents du spectacle	0	- 0,3 Md	- 0,3 Md
Retraite à 65 ans	0	- 3 Mds	- 3 Mds
Régime unique de retraites	0	- 3 Mds	- 3 Mds
Fusion des caisses de retraite	0	- 1 Mds	- 1 Mds
Suppression de l'AME	0	- 0,8 Md	- 0,8 Md
Fusion des départements/ régions et maîtrise des dotations aux collectivités	0	- 7 Mds	- 7 Mds
Rationnaliser les coûts de gestion de la Sécurité sociale	0	- 3,5Mds	- 3,5Mds
Suppression du Tiers payant généralisé	0	- 0,3 Md	- 0,3 Md
Développer la chirurgie ambulatoire	0	- 4 Mds	- 4Mds
Gel des dépenses de l'État	0	- 5 Mds	- 5 Mds
Gel des dépenses des organismes sociaux	0	- 7 Mds	- 7 Mds
Simplification des aides économiques	0	- 2 Mds	- 2 Mds
Recentrer l'aide au logement	0	- 0,5 Md	- 0,5 Md
TOTAL	+ 27,16 Mds	- 47,4 Mds	- 20,24 Mds

TABLE

Deuxième partie
AVEC LES FRANÇAIS :
LE DIAGNOSTIC DU MALAISE

Cet ouvrage a été composé
par Nord Compo à Villeneuve-d'Ascq
et achevé d'imprimer en France
par CPI Brodard et Taupin
à La Flèche (Sarthe)
pour le compte des Éditions Stock
31, rue de Fleurus, 75006 Paris
en janvier 2016

Imprimé en France

Dépôt légal : janvier 2016
N° d'édition 02 - N° d'impression : 3015800
66-07-3080/9